格 致 经 济 史 译 丛

供应学派革命

华盛顿决策内幕

[美] 保罗 · 克雷 · 罗伯茨 著
杨鲁军 虞虹 等 译

Supply-Side Revolution

An Insider's Account of Policymaking in Washington

格 致 出 版 社 上海人民出版社

评供应学派

——代译者序

一

在与统治西方经济学界长达三四十年的凯恩斯主流经济学相抗衡的保守主义经济思潮中，供应学派是个后起者。论历史，当货币主义和新自由主义早已推进到成熟阶段的时候，供应学派还囿于襁褓之中；论影响，当米尔顿·弗里德曼和冯·哈耶克等人早已蜚声西方的时候，供应学派主要代表人物马丁·弗尔德斯坦和阿瑟·拉弗等才初露头角。但是，自20世纪80年代伊始，在美国经济面临30年代大危机以来最严重困难的关键时刻，这样一个缺乏完整体系的、尚在发展之中的“异端”学派，却异乎寻常地受到美国政府的垂青而成为里根“经济复兴计划”的主要理论依据。拉弗等由此而成为“自30年代凯恩斯以来最迅速地施展了政治影响的经济学家”。①这是西方经济学说发展史上罕见的现象。

应当如何评价供应学派？国内外学术理论界对供应学派的基本看法是：供应学派是对凯恩斯主义的全盘否定，而凯恩斯主义是对萨伊定律的全盘否定，因而供应学派是萨伊定律的复活。因为萨伊定律早在30年代资本主义经济大危机中陷于破产，所以供应学派也难逃厄运。然而，这些论断却是大可置疑的。

---

① 〔日〕教育社编著:《里根政权》,新华出版社1981年版,第122页。

二

供应学派是否是萨伊定律的复活？

第一，从供给与需求是否趋于一致来看。萨伊定律（即萨伊的销售论）认为，“当一个产品一经产出之际，即在它自己的全部价值限度以内为另一个产品提供了市场”，“是生产开辟了对产品的需求”。①这就是说，供给自创需求，总供给和总需求一定相等。而供应学派则认为，当前西方经济“滞胀”的症结在于供给不足，总供给和总需求大有轩轾。

第二，从供给与需求如何趋于一致来看。根据萨伊定律，在竞争机制的自发调节下，供求会自动达到均衡，不可能出现生产过剩的危机，“除非政府当局愚昧无知或贪得无厌，否则一种产品供给不足而另一种产品充斥过剩的现象，决不会永久继续存在”②。而供应学派则提出，在当前资本主义经济机制中，供给并不能自动达到均衡；供给不足，因而就必须通过政府的一系列干预措施（例如减税）刺激供给，以使供求趋于一致。一种意见认为，供应学派主张的增加供给是指听任市场机制充分发挥调节作用条件下的供给的增加。这是一种误解。供应学派主张增加供给的基本措施是减税；如果供给只需通过市场机制便能增加，那么，供应学派又何必如此大张旗鼓宣扬通过大规模削减税收来刺激供给呢？

第三，从反对国家对经济生活的干预来看。供应学派和萨伊定律都反对国家干预，但是两者存有质和量的差别。萨伊定律是在19世纪初叶提出的（萨伊的代表著作《政治经济学概论》出版于1803年），其时，资本主义正处于蓬勃向上的自由竞争阶段，生产过剩的经济危机还未形成（第一次资本主义经济危机爆发于1825年）。萨伊主张让资本主义经济完全听任市场机制的调节，反对任何性质、任何形式的国家干预。而供应学派则是在20世纪70年代以来资本主义经济陷于“停滞膨胀”和“衰退膨胀”境地、国家垄断资本主义的发展几乎渗透到资本主义经济的所有领域这一特定历史条件下出现的。供应学派反对

---

① 季陶达主编：《资产阶级庸俗经济学选辑》，商务印书馆1963年版，第115—116页。

② 萨伊：《政治经济学概论》，商务印书馆1963年版，第145页。

国家干预，不是也不可能不要国家干预——供应学派主张通过减税刺激供给，这本身就是一种国家干预——而是要减少国家干预的重要性，调整国家干预的方向、内容，把国家干预的程度和范围缩小到最低或最适限度。

因此，供应学派并不是萨伊定律的复活。应当指出，供应学派还不是一个成熟的经济学流派；它缺乏严密的、明确的体系，在许多方面是紊乱甚至自相矛盾的。例如，同属供应学派主要代表人物的费尔德斯坦和拉弗在某些问题上却是存在着明显的分歧。费尔德斯坦曾经尖锐批评拉弗使里根政府醉心于减税的快速效应，误以为减税就会很快结束多年来的高通货膨胀率和低增长率的局面。供应学派在体系上的不统一性和复杂性，使得对供应学派的研究更形困难。此其一。其二，一定的经济政策往往反映着一定的哲学观念，但是也不尽然。我们认为供应学派的经济政策与其哲学观念是有很大偏离的。在哲学观念上，供应学派完全承袭萨伊定律的衣钵，反对国家干预，信奉自由竞争。但是在经济政策上，供应学派却没有也不可能倒退到自由竞争的资本主义时代。恰恰相反，供应学派要通过国家干预来刺激供给，他们在这个问题上从来不曾含糊过——谁也没有怀疑减税是刺激供给的基本政策。偏重于供应学派的哲学基础而忽略其具体的经济政策，这是目前对供应学派的研究失之偏颇的又一重要原因。其三，西方宏观经济学之父当推凯恩斯。凯恩斯主义（尔后又经过汉森、哈里斯、希克斯、罗宾逊、萨缪尔森、托宾等人的诠释、补充和发展）拓展了宏观经济学的几乎所有重要领域。诚然，面对着70年代以来日益严重的通货膨胀问题，以失业和反衰退为基本内容的凯恩斯主义日见失灵。但是，随着凯恩斯主义的衰落而日渐兴起的保守主义经济思潮，并没有能够在宏观经济理论方面另辟蹊径，并从整个体系上去取代凯恩斯主义，而只是驻足于凯恩斯主义的宏观经济理论的基础上，仅在某些具体经济政策上反凯恩斯主义而行之。可以认为，供应学派在宏观经济理论方面是贫乏的，它本身未能提出与凯恩斯主义迥然有别的宏观经济理论——事实上它是建立在凯恩斯宏观经济理论基础之上的。而为了突出它的反凯恩斯主义的性质，它又需要以不同于凯恩斯主义的理论体系出现，这样，萨伊定律就应运“复活”了。用被凯恩斯主义直接否定的萨伊定律来直接否定已失灵的凯恩斯主义，在暂时还找不到新的替代物的情况下，似乎更容易为人们所接受。因此，借“复旧”之名对抗凯恩斯主流经济学，乃是当代西方经济学最新发展的主要特征，也是当前西方经济学危机深刻化的重要标志。其四，供应学派和萨伊定律确实存在某些共同之处。例如，两者都主张“供给可以创造自己的需求”，都强调“利息率调节储蓄—投资的机制”，在哲学观上都反对国家干预，等等。但是，如前所述，两者之间，既有“同”，更有“异”，“异”是主要的，实质性的。

三

供应学派是否是对凯恩斯主义的全盘否定？首先，供应学派与凯恩斯主义的经济政策的前提是相同的，都承认经济中单纯依靠市场机制不能实现供给和需求的自动均衡，需要国家干预。30 年代大危机后，凯恩斯提出资本主义经济的症结在于有效需求不足，供给过剩，需要借助国家干预来刺激需求。70 年代出现“滞胀”以后，供应学派认为经济的症结在于供给不足，需求过旺，需要借助国家干预来刺激供给。从“需求管理”到“供给管理”的转变，表明供应学派对凯恩斯主义的直接否定。但是，供应学派的政策基础同凯恩斯主义的政策基础并无二致。

其次，供应学派和凯恩斯主义都主张通过财政政策实行国家干预。凯恩斯主义主张通过补偿性财政政策实行“需求管理”，刺激消费；供应学派则主张通过减税政策实行“供给管理”，刺激投资。两者在国家干预的方向、内容上显著不同，但在干预的形式或手段(财政手段)上却是相似的。

再次，供应学派与凯恩斯主义的哲学基础确是截然不同的。凯恩斯主义推崇国家干预，而供应学派则信奉市场机制。供应学派的哲学基础是偏异于其经济政策的。供应学派和凯恩斯主义在经济政策上的分歧，不在于要不要国家干预，而是要怎样的国家干预和干预到何等程度。供应学派以“供给管理”反对“需求管理”，这可以认为是国家干预的质的方面的变化。供应学派以“有限”“有效”的干预反对“过多”“过细”的干预，这可以认为是国家干预在量的方面的变化。供应学派是对凯恩斯主义的直接否定，而不是对国家干预本身的直接否定。供应学派和凯恩斯主义的经济政策都是国家干预的产物。

因此，供应学派是适应当代资本主义经济从需求不足到供给不足这一巨大变化的产物，是驻足于凯恩斯主义的宏观经济理论基础，倚重于政策方面的西方经济学的新的流派。凯恩斯主义是对萨伊定律的直接否定，供应学派是对凯恩斯主义的直接否定，所以供应学派是对萨伊定律的否定之否定。

经济理论的发展最终决定于经济实践的发展。萨伊定律在提出100多年之后，在30年代大危机中被凯恩斯主义突破了。但是，能否由此而否认萨伊定律在这100多年中对资本主义经济发展所起的作用呢？萨伊定律所以被凯恩斯主义取而代之，其基本原因在于萨伊定律所依据的经济实践发展了、变化了。资本主义从自由竞争走向垄断，面对着大规模的失业和生产过剩危机，萨伊定律一筹莫展，于是就产生了凯恩斯主义。凯恩斯主义统治西方经济学界达三四十年之久，在70年代以来的“滞胀”中陷入了深刻的危机。但是我们同样不能由此否认凯恩斯主义对战后资本主义经济的迅猛增长所起的重要作用。凯恩斯主义所以陷于深刻的危机，也是因为凯恩斯主义所依据的经济实践发展了、变化了。国家垄断资本主义的发展几乎达到了它的极限，面对着持续的、高达两位数的通货膨胀，轮到凯恩斯主义一筹莫展了，因而就出现了供应学派、货币主义等保守主义经济思潮。毋庸讳言，只要经济实践在不断发展和变化，就不能企望一种经济理论可以固定不变、可以解释所有的经济现象。换言之，随着经济实践的不断发展，经济理论也处在不断变化和创新的过程中，这是一种正常的、必然的现象。离开了对资本主义经济发展和变化的考察，把两种产生于不同历史时期、不同时代的经济理论作机械的类比，以萨伊定律早在30年代就已破产推断出供应学派必然失败，这种方法论恐怕不能认为是正确的。

四

那么，应当如何看待供应学派、货币主义和凯恩斯主义这三者之间的关系呢？

从哲学观及其基本理论来看，供应学派与货币主义是一致的，它们与凯恩斯主义的分歧在于：是搞“大政府”还是搞“小政府”？是主要依靠国家干预还是主要依靠市场机制？从经济政策来看，供应学派、货币主义与凯恩斯主义则互存异同，各有侧重。

凯恩斯主义主张干预经济的需求方面，供应学派主张干预经济的供给方面，但是凯恩斯主义与供应学派都注重于财政政策。

供应学派和货币主义的经济政策则大不相同，前者主张减税以鼓励投资，后者主张控制货币供应量以抑制通货膨胀。但是它们的政策目标却是一致的，前者刺激供给，后者控制需求。殊途同归，供给和需求是经济生活相辅相成和不可分割的两个方面。

凯恩斯当时所面临的主要问题是需求不足。他的宏观经济理论提供了解决这一问题的有效处方，这已为战后资本主义经济发展实践所证明。70年代以来，西方经济的发展出现了与凯恩斯时代完全不同的新的现象。西方经济面临的主要问题已经不是需求不足，而是供给不足。这样，一方面刺激供给，一方面控制需求，便构成了当前保守主义经济思潮在英美实验的基本内容。我曾经提出过这样一个看法：里根的经济复兴计划，是以供应学派政策对付经济停滞，以货币主义政策对付通货膨胀，因而……是供应学派理论和货币主义理论的混合物。①这里需要进一步指出的是，从近年来美国和英国的经济政策来看，相对于供应学派的刺激供给的政策，货币主义的控制需求的政策似被置于更加优先的地位。这是因为，通货膨胀仍是当前西方经济所面临的一个最重要和最棘手的问题。解决通货膨胀问题的根本出路在于增加供给。但是从时效上说，减少或控制需求比增加供给更能直接地发挥作用。减少需求（包括削减货币供应量和政府支出）费时少，奏效快，但却要冒很大的风险（削减社会福利开支所引起的政治上、社会上的巨大压力），付出很高的代价（提高利率、控制货币供应量所引起的经济衰退和大量失业）。而增加供给（主要是通过减税刺激投资和促进生产），则周期长，见效慢（减税从开始实行到产生效应有一个“时滞”的过程），并且容易受到其他随机因素的影响和干扰而不能达到预期的目的。因此，里根经济政策的成败，关键取决于：(1)能否按照货币主义的政策控制货币供应量；(2)能否按照供应学派的政策实行减税，如果实行减税，又能在多大程度上达到减税的预期效果。短期地说，里根经济政策的关键在于控制需求。

里根执政期间，着重以货币主义政策控制需求；而供应学派刺激供给的政策目前尚在实验之中，还未显示结果（一般认为，减税要经过相当长的时间才能产生效果），既然还没有结果，就无所谓成败。有人把里根以货币主义的政

① 参见杨鲁军：《关于保守主义经济思潮及其在英美的实验》，《世界经济》1981年第9期。

策对付通货膨胀所引起的经济衰退和高失业率归咎于供应学派政策的失败，这是不无偏颇的。里根恰恰要依靠供应学派的政策来解决经济衰退和高失业率的问题，即通过减税、刺激投资和效率，促进经济发展，增加就业机会。我认为供应学派政策的最大障碍来自两个方面：减税的效果受到货币主义者反通货膨胀政策的掣肘以及社会福利支出的不可逆性。迄今看来，里根的失策在于：由于对上述方面的困难缺乏足够的估计和准备，因而一方面，预定的减税方案虽经通过，却被打了不小的折扣；另一方面，不得不一反初衷，大量增加财政赤字，使得原先的预算平衡方案成为泡影。

应当强调，凯恩斯主义与供应学派之间的需求与供给之争，并不意味着凯恩斯主义不重视供给，而是凯恩斯主义认为需求比供给更加重要。凯恩斯主义和货币主义之间的财政政策与货币政策之争，并不意味着凯恩斯主义不重视货币政策，而是凯恩斯主义认为财政政策比货币政策更加重要。因此，货币主义对凯恩斯主义的否定，亦即从财政政策转向货币政策，是资本主义经济的局部的、政策性的调整。而供应学派对凯恩斯主义的否定，即从需求方面转向供给方面，则是资本主义经济的整体的、战略性的转折。仅仅是在这个意义上说，供应学派对凯恩斯主义的否定具有根本性的意义。货币主义并未构成对凯恩斯主义的真正威胁——自 60、70 年代以来它们反而出现了“合流”的趋势。显然，真正对凯恩斯主义在西方经济学中的主流地位构成严重威胁的，是 70 年代末形成的、迄今仍在继续发展之中的供应学派。

五

《供应学派革命：华盛顿决策内幕》，是美国学术界的一部有影响的、比较系统地论述供应学派经济学的理论和实践的著作，1984 年由哈佛大学出版社出版。作者保罗·克雷·罗伯茨，是一个早就抛弃了凯恩斯主义的、自诩“不崇拜任何偶像”的年轻经济学家。他长期在乔治敦大学的战略和国际问题研究中心从事经济政策研究，并曾担任《华尔街日报》副总编和专栏撰稿人。作为供应学派革命发轫的“肯普—罗斯法案”，记载着他当时作为杰克·肯普的经济智囊对供应学派革命的重要建树。1981—1982 年，他在里根政府的财政部中担任主管经济政策的助理部长；在此期间，他深入考察了供应学派革命在美国的发源、发展和演变的过程，尤以对华盛顿决策内幕的谙熟而掌握了大量第一手材料。这本著作不仅详细披露了国内外鲜为提及的美国最高经济决策的内幕，而且也凝结了作者对供应学派革命的多年的研究成果。当然，供应学派经济学并不是清一色的；这本著作的论点也仅仅代表了供应学派内部诸家中的"一家"——不消说，这并不妨碍我们从中窥见当代西方经济理论及经济政策发展的最新趋向。

诚如国内一些著名学者所指出的，用语艰涩，好造新词，这是当代西方经济学著作的一个通病，这本著作也未能例外。对于原著中的一些冗长的细节描述和前后重复之处，我们在翻译时作了必要的压缩和删节。

本书的导言及第1—4章由虞虹翻译，第5—6章由李捷理翻译，第7—10章由杨鲁军翻译。全书由杨鲁军统校。限于译者的水平，译文若有不当之处，敬希读者指正。

杨鲁军

目 录

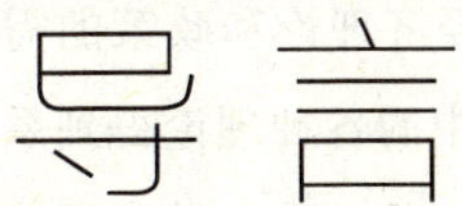

导言

这是一本关于经济政策革命的书。这场革命 1975 年夏天发源于国会议员杰克·F.肯普(Jack F.Kemp)的办公室,一直持续到里根政府的头 30 个月。杰克·F.肯普是第一个供应学派的政治家,罗纳德·里根(Ronald Reagan)则是第一个供应学派的总统。这场变革是在少数几个人的不懈努力下发生的。到 70 年代中期,美国经济在当时的政策指导下显然再也不能实现没有通货膨胀的经济增长了。人们担心是否仍可能维持社会保险的福利水平、提供充足的国防开支、满足其他社会目标,并创造足够的新的工作机会以保证充分就业。一场关于资本形成的辩论开始了。但是,在供应学派经济学①提出一种新观点之前,这场辩论并没有形成一项新政策。

到 1978 年底,供应学派经济学已经在预算政策辩论中取得成功,并为国会所接受。在里根总统的领导下,产生了被称为"历史上规模最大的减税"的《1981 年减税法案》。1 年以后,这个政府又推行了一次"历史上规模最大的增税"。9 个月以后,里根总统以一个供应学派领袖的姿态重新出现。这些事件包含了个人在决策过程中的作用以及对成功的领导者的制约因素。一旦公共政策的决策过程被人们所理解,人们对它所寄予的期望就要小得多了。

对一个作者来说,对材料作简单分析是受人欢迎的。这里有两种明确的选择:一种是围绕相互斗争的各派经济理论组织材料,并把这种斗争作为它们

① 供应学派经济学(supply-side economics),又译"供给经济学"。信奉供应学派经济学的人,本书中称为供给主义者。——译者注

之间为控制华盛顿的决策而进行的一场争夺来展开内容；另一种是围绕经济中的问题组织材料，说明这些问题是如何导致对一种新经济理论和政策的需要的。这两种方法各有所长。前者能在一开始就使论战中的各种理论得到系统的介绍，从而为非经济专业的读者们提供一些入门知识，并大致勾勒出那些相互斗争的观点的轮廓。后者则从经济的需要来展开叙述，不仅在材料组织上提供了方便，而且也导出了新的供给主义政策是不可避免的这一结论。这两种方法都为作者提供了方便。我们往往习惯于把政策变化描述成一种人们的观念斗争的结果，或是某些历史力量和经济需要的结果。这种描述忽视了个人在历史上的作用——他们创造历史，又破坏历史。本书旨在研究个性、观念、经济、政治机会和经济政策的相互影响，因而就把带有政治性的记述和经济理论结合在一起了。

供应学派经济学在华盛顿尚未成熟到足以适应时代的需要，因而它就演变成一种对机会的创造性反应。如果与此有关的一些人当时未曾下定决心向经济政策的权威挑战，也就不会产生供应学派经济学，共和党人就没有希望获得再次执政的机会。

变革难以实现，领导权也很难得。这两者都受制于历史对现在的影响，而现实的力量是不可抗拒的。本书的主题之一应归功于前财政部长威廉·E.西蒙(William E.Simon)，他认为，“总统一旦当选，就成了旧势力的俘虏”。西蒙的预先警告，以及一些人的努力，使里根总统在一年内免于向旧势力屈服。在这一年中，经济政策发生了一些重大的变化。如果他们能坚持下去，美国的前途会更加光明。

尽管理论上的成就多于实践上的成就，但变化还是比我预料的要多。1980年11月9日，罗纳德·里根当选的5天以后，我在《纽约时报》(*New York Times*)上撰文写道，随着共和党的彻底胜利，在今后4年中关于英国首相撒切尔的政策命运的新闻，可能是比保守主义者的过分乐观或自由派民主党人的担忧更好的指导。报道过里根在大选中的压倒性胜利的报纸，也报道了税收高涨引起了英国保守党政府的关注；撒切尔也必须正视这一事实——她努力削减政府开支但不可能省去国防预算。仅在18个月以前，这个“铁娘子”接任英国首相时，试图减税并增加国防开支。

我认为，里根在其政策中要避免类似的事与愿违的情况，会有很大困难。

他也想减税并增加国防开支，但他的许多顾问鼓动他首先平衡联邦政府预算。这种建议听起来很有道理，但却设置了一个引起争议的日程：在一部分人有所得之前，另一部分人不得不有所失。总统将认识到，人们是不会不斗争而放弃自己的利益的，而处理预算分配份额上的斗争将会排挤掉议事日程中的真正项目。

经济顾问委员会前主席保罗·麦克拉肯(Paul McCracken)在《华尔街日报》(*Wall Street Journal*)上指出了这种间接达到目的的方法在过去所产生的后果："10多年来，我们的战略一直是通过一般化地抵制政府开支以实现预算平衡来达到更好的经济状况，从而赢得减税的权力。这就必然导致政府开支的膨胀、赤字以及经济的衰退。"鉴于传统的共和党方针的前车之鉴，麦克拉肯认为，把这个程序倒过来，从减税开始，"至少是值得一试的"。

我了解到，如果没有顾问们的支持，里根总统是很难推行减税政策的。尽管总统是作为一个供给主义者参加竞选的，然而，供应学派的圈子太小了，以致不能辅佐里根政府。很多非供给主义者也起着决策性作用；出于对其他问题的考虑，他们不愿意承担变革的风险。一般来说，人们不会为了推动他人的成功而使自己精疲力竭。

在"里根革命"中，充斥着这样一批决策者，他们认为减税是在以其他政策使经济恢复活力之后所得的报酬——这正是保罗·麦克拉肯认为已遭失败的论点。他们没有把减税看作是强化经济的一种手段，而赞同卡特总统的财政部长G.威廉·米勒(G.William Miller)的观点。米勒说："我们希望不久有一天，当我们的经济运行得较好并显示出进展和活力时，我们就能对美国人民实施减税计划了。"在总统的任命名单中，没有一个供给主义者进入白宫。那些最容易接近总统的顾问们大多数是把增加税收当作强化经济的手段的人。一旦处于这种环境之中，里根的管理风格就使他无法控制他的顾问们，而他的个性的其他方面反而削弱了他的政策。例如，他的调和态度是值得称赞的，但这种态度由于是以妥协来维护他的政策的，因而对变革起了反作用。玛格丽特·撒切尔(Margaret Thatcher)曾经也是持调和态度的，她以合作与联合的精神任命了一大批对她的政策缺乏信心的人。

看来，共和党接管参议院对里根的政策是成事不足，败事有余。实际上，减税曾对民主党占多数的参议院有过比对传统的共和党人更大的打击。但是，像拉塞尔·朗(Russell Long)和劳埃德·本特森(Lloyd Bentsen)这些民主党的各委员会主席比霍华德·贝克(Howard Baker)、罗伯特·多尔(Robert Dole)或皮特·多梅尼西(Pete Domenici)更支持减税。但问题比这个还要严重。如果没有人去贯彻，任何思想都将行之不远。而共和党人长期没有执政，以至于他们中没有人在行政部门和参议院的各个委员会任职。我还担心政府面对静态的收入估计所显示的预算赤字会惊慌失措。因赤字而推迟减税就等于发出政府对它的政策缺乏信心的信号，这个信号一旦发出，"国会和联邦储备系统就会把政府控制在他们手中"。

里根经济学一开始就是一种妥协，或者说是三种观念的混合物，即供应学派经济学、货币主义和传统的共和党预算平衡政策。同任何政府的联盟一样，不同观点的代表愿意为了一个共同的目标相互支持多久，它们就能生存多久，但看来不会太长久。然而，尽管最初的成果可能被决策者浪费掉，但变革还是发生了，而且在原则上变革也很难发生倒退。新政策可能在管理上有得有失，但旧观念毕竟被取代了。

除特别注明之外，书中的"减税"一词是指边际税率的削减，即削减额外的或新的收入的税率。凯恩斯主义(keynesian)的财政政策强调平均税率，因为凯恩斯主义者认为，税收是通过改变可支配收入进而改变总需求来影响经济的。供应学派经济学强调边际税率，因为供应学派相信，税收是通过改变对工作、储蓄、投资和承担风险的刺激来影响经济的。这一不同的观点是供应学派在经济政策上的革命的实质所在。由此，税收负担的定义就更广泛了——不仅包括政府总支出，还包括由于征税而导致的刺激不足所带来的全部生产损失。

第1章

新政策的诞生

在1977年2月23日，来自加利福尼亚州的共和党人、众议员约翰·鲁斯洛(John Rousselot)，从众议院的议员席上站起来，慷慨陈词："主席先生，我提出一个修正案代替已经提出的那个修正案。"这是一个历史性的日子，因为这一玄妙而带有立法性质的文件，标志着《肯普—罗斯议案》(*the Kemp-Roth bill*)的发轫和共和党的东山再起。

那天，众议院异乎寻常地座无虚席，在大厅走道两旁就座的人们似乎都怀着一种疑惑。众议院听取了态度坚决的鲁斯洛的毫无特色的发言。很多人期待着他提出一个平衡预算的修正案，而他却宣称少数派将提出一个包括"对每个美国人实行无条件的全面减税"的修正案，以取代1977财政年度的第三个预算决议案。通过这个修正案，共和党人将甩掉"怀疑主义"的包袱。他们终于找到了与民主党的政府开支计划相抗衡的方式。供应学派革命方兴未艾。

鲁斯洛和国会预算委员会的少数派看来并未完全意识到，他们已经掀起了一场经济政策的革命。5个月以后，众议员杰克·肯普和参议员威廉·罗斯(William Roth)提出了在3年内把个人所得税率削减30%的议案。到1978年底，供应学派经济学已风靡国会，无论是民主党多数派，还是共和党少数派，概无异议。那年秋天，参议院以超过三对一的比例通过了税收法案《纳恩修正案》(*the Nunn amendment*)。以来自佐治亚州的民主党人、参议员萨姆·纳恩(Sam Nunn)命名的《纳恩修正案》，把削减个人所得税率和限制政府开支的增长结合起来，因而被称之为"《肯普—罗斯议案》之子"。经民主党比共和党多

115 个席位的众议院[那一年一直被类似预算决议案的《霍尔特修正案》(*the Holt amendment*)所困扰]的投票决定，要求议员们支持《纳恩修正案》。这是在罗纳德·里根入主白宫之前的“里根经济学”；它虽然为民主党占多数的国会通过了，却遭到院外集团的反对，并在民主党政府的一次会议上被扼杀了。几个月以后，即 1979 年初，以得克萨斯州的民主党参议员劳埃德·本特森和俄亥俄州的共和党众议员克拉伦斯·布朗(Clarence Brown)为首的联合经济委员会，以其 20 年来第一个一致通过的年度报告，赞同供应学派的经济政策，这就使得曾经受到卡特总统(President Carter)阻挠的供应学派经济学，以强有力的姿态重新崛起了。

在国会的决策过程中，供应学派经济学声名大噪。然而，供应学派经济学盛行于经济分析和政治领域，与其作为一种极端而冒险的政策的形象是相矛盾的；而这一形象的形成，应归咎于那些欺骗公众和总统的“伏都教巫师”。在 1975 年夏至 1978 年秋(当时我是众议员肯普的经济顾问)，曾经发生过几次重要的经济分析和政治方面的论战。在这些论战中，供应学派的观点战胜了国会预算局和官方的经济计量学。供应学派经济学以反对根深蒂固的凯恩斯主义政策而获得成功。当他们明白真正的“万金油”总在别人的瓶中时，已经为时已晚。与此同时，由于鲁斯洛提出了他的修正案，共和党人第一次尝到了新论战的滋味。那天，我在众议院帮助准备预算决议案的替代案；当那些惊讶的民主党人重新聚集在他们的首席经济学家——我的民主党同行南希·蒂特斯(Nancy Teeters)的周围时，我正在尽我所能帮助共和党人。

如果共和党对他们新的减税姿态缺乏信心的话，愤怒就会乘虚而入——因为他们可能丧失了理智。民主党人一直在利用新的国会预算程序使巨额赤字合法化。共和党人曾经在通过《1974 年预算法》(*the Budget Act of 1974*)、建立新的国会预算程序时与民主党人合作，因为他们认为它将用于平衡预算。在财政问题上持保守态度的人认为，他们持自由主义态度的同僚们只要通过投票赞成许多分散的拨款议案，就能轻而易举和间接地使巨额赤字合法化。保守主义者认为，如果主张高支出者不得不对总的支出和收入数额，亦即赤字规模本身进行表决的话，那就会有对政府开支的较低和较紧的限制。在他们看来，新的预算程序是使主张高支出者陷于困境的一条途径。

当然，民主党的自由派对预算法有着完全不同的看法。他们确信它将证明赤字是增加足够的政府开支以维持经济的高就业的必要手段，因而并不认为赤字是一个政治问题。他们为这样的前景所吸引，即为着满足充分就业政策要求的赤字能先于拨款程序而得到认可。对预算的控制是根据维持经济增长和高就业所必需的赤字规模来加以确定的，因此，赤字的根源是国会预算局和预算委员会的专家们所作的经济政策选择。政府开支不再是不可控制的。换言之，自由派是考虑到赤字开支对就业的影响来确定预算控制的。正统经济学通常把赤字看作经济增长的必要条件，而在共和党看来，这自然意味着政府开支仍是无法控制的了。

在1976年11月卡特竞选获胜以后，民主党重返议会；他们要求通过一个没有先例的1977财政年度的第三预算决议案，以允许更多的赤字开支。这与他们对预算法的观点是一致的。通常，每年有两个预算决议案。第一个在春季(5月)，旨在确定目标以指导拨款和税收委员会的工作；第二个在秋季(9月)，旨在使本财政年度与始于10月的下一个财政年度衔接起来。

1977财政年度的第二个预算决议案，是在1976年9月(恰在11月大选之前)被通过的；与春季的第一个预算决议案一样，它包括500亿美元的赤字。1976年4月27日，在第一预算决议案的辩论中，众议院预算委员会主席、卡特政府的交通部长布罗克·亚当斯(Brock Adams)认为，500亿美元的赤字是在经济衰退已经过去之后出现的，而且是作为“抑制衰退并把国家推上经济复兴之路的一种预算”，因而它是合理的。仪表堂堂、口才雄辩的亚当斯，使人联想起昔日的绅士形象；而他是最能通过外表和言辞来蛊惑人心的。他指责主张减少赤字的福特总统试图让国会通过“一个必然抑制经济复苏和导致经济在大选之后重新陷于衰退的限制性预算”。他说：“总统企图以这种会使我们陷入1929年以来最严重的经济衰退的政策来打击我们，但是他失败了，因为我们不会让他这样做；作为对他的经济政策的替代，我们坚持实行能使我们摆脱衰退，从而走上复兴之路的经济政策。”

1976年9月，民主党人促成了价值500亿美元的赤字开支，以便在经济回升的第二年继续与衰退作斗争；11月，他们重返议会，大肆攻击500亿美元的赤字是如此之小以至于无法刺激经济复苏。从1976年11月至1977年2月，他们为促成尚无先例的第三预算决议案而施加压力，声称这是“提供额外的经济刺激手段”所必需的；而这些额外手段包括退税50美元以刺激“滞后的消费需求”,以及增加政府开支计划,这两者使1977年的赤字达到700亿美元——相当于预计的国民生产总值的3.7%。过去,共和党人仅仅是抱怨赤字,投反对票,以及议论将选民们意识到民主党的新闻通报使他们蒙受毁灭的这一时刻记录在案。然而这一次,他们有了一个别的方案。

鲁斯洛在国会指出:

永久性减税的目的,就是要减少对工作、储蓄和投资的税收歧视,也就是要增加对工作、储蓄和投资的报酬。各种档次的税收构成了我们42%以上的国民收入。现行的高税率遏制了生产和投资,减少了就业和对工作的刺激,并使人们不想工作而依赖转移支付。1年退税50美元并不足以改变这种状况。

接着,鲁斯洛提出了至少对于他和共和党人来说是无可争辩的事实:“我想提醒我的同行们,如果他们投票支持少数派提出的这个替代案,将使国会预算委员会追加的赤字减少140亿美元”(实际上是120亿美元)。这就说明供应学派的减税比民主党的政府开支刺激更为有效,而且赤字成本较小。第二预算决议案已经把赤字定为500亿美元,而民主党以刺激经济的理由打算在第三预算决议案中把赤字提高到700亿美元,而共和党的替代案则将它变为579亿美元。

得克萨斯州的民主党人吉姆·马托克斯(Jim Mattox)很快注意到约翰·鲁斯洛提议的赤字比预算表已确定的赤字要大这一反常现象。鲁斯洛显然处于守势;我还记得当我聆听鲁斯洛的答辩时,我还担心共和党人能否做到立场坚定呢。鲁斯洛当时答道:

我并不主张对预算委员会提出的追加赤字要削减140亿美元之多——而这比多数派提出的追加200亿美元的赤字要好得多。因此,我可以向这位来自得克萨斯州的先生,也是预算委员会的杰出成员保证,当我们在4月份讨论第一预算决议案时,我将带回一个平衡预算的方案。总之,这位来自得克萨斯州的先生没有任何理由认为我支持赤字财政。

马托克斯觉察到这位共和党人的不安和落井下石:“这位来自加利福尼亚州的先生真正要说的是,他实际上是在增加赤字。”也许那一次是“铃声救命”,因为根据《国会记录》(*Congressional Record*)的记录,马托克斯话音刚落,主席就宣布他发言的时间已经终止。下一个发言者是加利福尼亚州的卡洛斯·穆尔黑德(Carlos Moorhead),他站起来“坚决支持来自加利福尼亚州的鲁斯洛先生提出的替代性的修正案”。共和党没有被第一次反击所击垮,他们打起精神,如同民主党人从惊讶中恢复过来,开始估量这次攻击对他们在财政政策上的霸主地位的影响一样。

在一系列新闻发布会上,我竭尽全力地为共和党作准备,以供应学派的减税理论来反对替政府赤字开支作辩护的凯恩斯主义。民主党人已经把第三预算决议案作为提供经济刺激维持复苏的手段。由于民主党人提出700亿美元的赤字开支,相形之下共和党人的减税提案中所包含的约580亿美元的赤字就显得保守了。然而,全面削减边际税率①的提案却由于其他原因使共和党人显得忧虑不安。因为对所有税收等级的减税的百分比都相同,税收的累进性并未改变。但由于收入较高的人纳税较多,税率的同比率削减对“富人”来说就意味着减税更多。例如:对于50 000美元的税收负担来说,减税10%就是5 000美元;而对1 000美元的税收负担来说,减税10%只有100美元。民主党人使共和党人对这样的观点十分敏感,即“公平”减税就是让收入最低的人所得最多。共和党人知道,他们也许至死都会受到“涓滴效应”②的蛊惑,这种经济学指责共和党人的减税计划是鼓励富人享受高级生活,而指望有几个小钱“下滴”给穷人。共和党人不愿意受询为什么他们赞成把更多的钱置于富人手中。

共和党人接受了以供应学派的减税来反对临时性退税和永久性政府开支计划的战略,但慑于被人讥讽为偏袒富人,他们发现要达成协议,进而提出一个预算决议案的替代案将是很困难的。而他们所祈求的东西又是不可能实现的——相同的边际税率削减会还给低收入纳税者比高收入纳税者更多的钱。

那笔交还给各个阶层的钱妨碍了整个事业,这对于像我这样的供给主义者来说,是令人沮丧的。供应学派削减边际税率的理由就是要削减适用于**新收入**的税率。在累进税制下,任何新收入,不管是来自加班加点、增加工资,还是来自储蓄和投资的收入,都是作为现有收入之上的新增收入而自动地被按照最高等级来征税的。削减边际税率使收入者能保持较大比例的所有新增收

① 边际税率即是对新增加收入所征的税率。在累进税制中,它高于平均税率。

② “涓滴效应”(trickle-down economics),在此处意为减税的主要好处都为富人所享,而穷人则所得无几。这里仅是一种意译。——译者注

入，从而刺激新增收入或国民生产总值的增长。

在纯粹的带有刺激性的减税中，政府并不会损失任何收入，因为并不对已有的收入实行减税。减税仅适用于新收入。这种减税会使政府收入提高，因为它使税基扩大而不必降低平均税率。但这不是一个非常明显的减税形式，这使它在政治上受到损害。

除非采取补偿措施（如降低个人减税、免税额和信贷），否则，削减所有等级的边际税率，人均税率就要下降，而且人们都可以从已有的收入中拿回一笔钱。这是减税的一个方面——强调高支出而不是强调更好的刺激——华盛顿的决策者们对此已强调了20年。也恰是减税的这一面正威胁着要将少数派的替代案限于退税50美元。

一个解决的方法找到了。削减5个百分点的边际税率提供了语义上平等的表象，而实际上对低收入阶层所提供的减税比例要更大一些。例如，削减5个百分点，70%这一税级就降到65%，税率削减了约8%。然而，在最低一档，从14%降到9%，税率却削减了56%。即便这样，个人所得税的变化对高收入者的影响很大（他们中间的10%的收入最高者要把50%的收入用于纳税），以至于一个富人减税8%比一个穷人减税56%所收回的美元更多。然而，许多共和党人感到自己能够更有效地抵御由这种不相称的税率削减所带来的“劫贫济富”的指责。

为了免受关于他们为富人做得太多的种种指责，共和党人正在改进减税的刺激：在较低的税收阶层，这种刺激的作用最大，而抑制性最小；反之，在较高的税收阶层，这种刺激的作用最小，而抑制性最大。70%这一税收档次比14%这一档次的抑制性大得多。这正是供应学派的进退两难之处。共和党人准备提出一个降低税率的方案来代替退税方案，而降低税率恰恰增加了所得税的累进性。就在共和党人准备提出1977财政年度第三预算决议案的替代案的前一天下午，他们找到了一个折中方案。他们将提出两种减税的方案作为替代案——一种是平均、全面地降低税率，另一种是降低5个百分点——并从总体上说明永久性削减税率的好处以反对临时性退税和永久性政府开支增长。

正如鲁斯洛曾担心的那样，他因建议对富人减税而遭到攻击。伊利诺斯州的保罗·西蒙(Paul Simon)率先发起进攻。他穿过走道走到共和党一边，在那儿，我们的图表通过两个减税方案的收入水平显示出税收削减的状况。他声称:“这是陈旧的劫贫济富的经济理论。”鲁斯洛指出,在选择降低5个百分点的减税方案的情况下,大部分减税是针对收入在7 100—31 000美元之间的人的,这样做对他本人并没有什么好处。西蒙辩驳道,需要这笔钱的人都是没有工作而无法上税的人。为了创造就业,失业者必须“有所收入,以使他们能买上汽车,从而推动这个国家向前发展”。但是,西蒙并未解释失业者如何用50美元的退税收入去买汽车,却又转到一个新的攻击点上:“这位先生(鲁斯洛)在这里所做的就是要求永久性减税,毫无疑问,这就意味着未来会有越来越大的赤字。”

西蒙击中了共和党人痛处。福特总统(President Ford)为了免受收入损失而造成将来更大的赤字,曾于1975年提议实行临时性退税。共和党人对减少收入这个幽灵不寒而栗,但是加利福尼亚州的克莱尔·伯格纳(Clair Burgener)立场坚定:“如果我们不能以比迅速而固定的减税更有建设性的方法来利用赤字,就会造成无法接受的通货膨胀。我们坚持认为永久性减税是此时能够证明巨额赤字的合理性的唯一方案。”

由于再度受挫,克利福德·艾伦(Clifford Allen)和J.J.皮克尔(J.J.Pickle)对共和党人的挑战的强硬性的关注略有增加。当有人去寻找多数派领袖、“好战的吉姆·赖特(Jim Wright)”时,这两位国会议员放出一些烟幕,说共和党人的替代案“侵犯了众议院的赋税委员会(Ways and Means Committee)①的权限”。这的确是一着妙棋,因为在赋税委员会中占据高位的共和党人巴伯·科纳布尔(Barber Conable)正在为用预算决议案提议减税而感到不安。当时很多人担心新的预算委员会会篡改传统的委员会的职能,然而,他们对民主党的减税50美元的提案也有同样的顾虑;作为预算委员会的一员,科纳布尔曾经赞同我们的战略。

拉尔夫·雷古拉(Ralph Regula)和玛乔丽·霍尔特(Marjorie Holt)在赖特大步跨上议员席以前曾经支持过减税。凭借预算委员会专职官员的权威,赖特声称减税是一种倒退,它“将使每个百分点的收入回流到收入10万美元的家庭的收益4倍于回流到收入1万美元的家庭的收益”。对赖特的措词必须仔细研读,因为它们是令人困惑的。乍听起来,似乎是富人会享受一种不均等的减

① 赋税委员会,一译筹款委员会。——译者注

税，然而，赖特所说的全部内容是，由于收入10万美元的家庭已经支付了较大比例的所得税，因而同比率减税将使其得到较大比例的收入回流。

为了从共和党人中间得到一个降低税率的提案，我承受了使税率的累进性更高的痛苦。预算委员会成员认可赖特的胡言乱语，这使我很恼火。我穿过走道，提醒我的民主党对手南希·蒂特斯（现为联邦储备委员会的成员）说，按照所有的经济学法则，全面减税就累进性而言是中性的，而降低5个百分点却**增加**了所得税的累进性。在一项递减的减税中，高税率削减的比率要大于低税率的削减。为了降低税率，共和党人实际上正在提出一个较高累进性的方案。在以后的许多场合，另一派把“累退税”的概念应用于任何减税——不能让那些纳税最少的人得到最多的收入回流，这种重新定义破坏了一个古老而又体面的概念的原意。

同赖特较量的正是杰克·肯普。这位强有力的领导人很快就引起了众议院的注意。肯普已经做好了准备；在与多数派领袖的辩论中，他显示出他能够熟练地运用供应学派的经济分析，并且有信心、有才能来支持他所深信不疑的理论。在提出“何人受益”这个老问题时，赖特认为，举凡富人的税收负担降低时，穷人都要蒙受损失。与此相反，肯普认为，富人在其税率降低时，支付了更大比例的所得税收入。

这听起来似乎不大可能，但事实上却是有根据证明的。例如，经济学家詹姆斯·格沃特尼（James Gwartney）和理查德·斯特鲁普（Richard Stroup）考察了国内收入署的收入统计（*Statistics of Income*），发现当高收入阶层的边际税率削减时，这一阶层交纳的税收比例增加，从而来自这一阶层的税入也增加。赖特仅仅从收入回流的角度来考察减税。他忽视了这一事实，即减税同时也带来了刺激——包括刺激人们“把更多的钱投入企业和产业而较少地投资于免税的债券”，正如1923年《纽约时报》的社论为支持梅隆减税（Mellon tax cuts）所说的那样。肯普认为，倘要取之，必先予之；榨取富人并从他们那里集聚更多的钱的办法，是降低而不是提高他们的税率。

肯普指出，与收入回流相比，有着许多从减税中获利的重要方法有很多。更好的刺激意味着更高的储蓄率、更多的资本形成、更高的劳动生产率、实际工资的更大增长，以及人们可以从中获利的更多、更好的就业机会。较高的经济增长意味着税基的扩大和用以支持收入计划的开支的减少。削减政府开支的办法是通过就业和私人部门收入的增长,而不是在经济不景气或下滑时对政府预算开刀。减少政府开支负担的办法,就是随着经济的增长,降低政府开支在国民收入中的比例。

降低税率也将降低劳动力成本,或至少降低税前工资增长率。税率越高,雇主为增加工人的实际收入所需付出的工资就越多。70年代每一轮大规模的增加工资,都使美国产品在国内市场和国际市场上的竞争力削弱。竞争力的下降本身就是对就业的一个威胁,而且,使得美国劳动力因要价太高而被挤出市场的税收制度最终所提供的税入越来越少。

肯普认为,民主党人对待经济政策所存在的问题是,“它没有认识到高税率对经济所产生的毁灭性影响”。高通货膨胀率是有悖于凯恩斯主义“需求不足”的观点的。那么,民主党人为什么要提议退税呢?因为退税“仅仅是转移支付和刺激需求,它丝毫不能刺激供给”,它对于产生新供给并无任何刺激作用。

肯普在这里指出了供应学派分析的两个要点。第一,高物价不但是由货币供应量增长过快造成的,而且也是为了支持消费而对产品实行课税的再分配政策的结果。既然高物价是由相对于供给的需求增长引起的,减税并未增加需求,却对生产产生了更大的刺激以增加供给。在累进税制下,把增加政府开支看作是刺激生产的一种手段是错误的。追加的政府开支刺激了通货膨胀,并把人们推入更高的税收等级,也就是说,追加生产的报酬下降了。因此,与增加生产相比,高开支更多地是提高了物价。

凯恩斯主义者认为,收入者税收等级的上浮会限制经济的增长——因为这就限制了需求。“税级提高”引起的税收收入的自动上升吸走了消费者的购买力,从而导致需求增长的下降。肯尼迪总统(President Kennedy)的经济顾问委员会主席沃尔特·赫勒(Walter Heller)把这种现象称为“财政拖累”(fiscal drag);财政拖累必须得到补偿,否则就会抑制经济增长。

民主党人认为,补偿财政拖累的一个途径就是增加政府开支。肯普在这里指出了他与赖特辩论中的第二个要点。消除财政拖累并不能消除经济的弊端。增加的政府开支能够满足被高税收吸走的消费开支,但却不能增加同样被高税率吸走的**刺激**。肯普说,供给刺激不足“不能通过增加政府开支而得到补偿,而只能通过降低税率来补偿”。这就是供应学派关于“税收制动器”(tax brake)的概念,而“税收制动器”是由于对产生新增收入的刺激不足所引起的;

“税收制动器”是供应学派的相应于“财政拖累”的对等物,但它不能用凯恩斯主义的处方来补救。

肯普提供了许多肯尼迪总统支持下的类似而成功的减税实例以资参考,当时共和党人是反对减税的。近年来,有人认为今天的经济已迥异于60年代的经济,因而减税将不再起作用。这种论调已多次出现,但它在辩论的第一天就得到了答复。肯普指出,在肯尼迪实行减税的时候,“只有大约3%的税收收入是来自边际税率为30%这一税级的,而今天却有将近1/3的税收收入是源于这些较高税级的”。由于人们处于刺激不足情况较为严重的较高税级,因而“全面减税对就业、投资和生产可望带来的积极影响,在今天就要大得多”。

在与赖特的辩论中,肯普是靠说理而不是靠辩术取胜的。赖特被击败后,竟转身拂袖而去。肯普追在他后面喊道:“赖特先生,我还有话要对你说!”这一挑战在《国会记录》中被删去了,这些事情常常发生,但我还历历在目。肯普就是这样一个人,他坚信自己的事业,并想让多数派的领袖听听他的观点。肯普最终会取胜的,但不是在那天的众议院席位上。

预算委员会主席罗伯特·贾伊莫(Robert Giaimo)站起来反对减税。他说,首先,退税并不是民主党人刚刚策划出来的东西,而是“在福特政府时就开始酝酿了”。为什么共和党人当共和党总统提议退税时就支持,而当民主党人提议退税时就反对呢?接着,他又重复了那种错误的指责——减税“将削弱我们现存税收制度的累进性,而在我国,税率递减的税收已经足够了”。然后,他就从传统经济分析的立场出发,对减税进行攻击。

贾伊莫说,“鲁斯洛修正案将使1977年的个人所得税减少190亿美元”,而且,它还将“使1977财政年度的政府开支削减将近140亿美元,从而把预算委员会批准的对经济的全部刺激都取消了”。他认为,削减政府开支会在经济中抽掉资金,这样就抵消了减税的作用,对经济并未提供任何刺激,其结果是使经济状况趋于恶化,而且“赤字实际上会大大增加”,它将高于共和党替代案中提出的580亿美元的数额。

共和党人仍然依靠1964年总统竞选时巴里·戈德华特(Barry Goldwater)提出的老处方——用削减政府开支来抵消减税。以不变价格计算,共和党的减税估计为190亿美元,而第二预算决议案中的收入净损失是154亿美元,这说明,共和党的替代案是有赖于来自减税作用下强盛起来的经济的36亿美元的收益反馈。如果共和党人让政府开支保持在第二预算决议案的水平上，那么，他们的减税就将使赤字增加150亿美元，从而上升到650亿美元，这比民主党人200亿美元的退税和政府开支的一揽子计划要少50亿美元的赤字。然而，如果减税仅仅意味着650亿美元的赤字，就不会有很多共和党人（或保守的民主党人）投票赞成减税。比起提出一个与退税50美元的方案相抗衡的减税替代案来，他们投票反对民主党人700亿美元的赤字会来得更轻松些。因此，他们用削减80亿美元的政府开支使之低于第二预算决议案的水平（也低于第三预算决议案水平的136亿美元）的办法来抵偿一部分减税。政府开支的削减和适度的供给方面的反馈，导致了一揽子仅增加80亿美元赤字的政策，而民主党人对需求的刺激却需要增加200亿美元赤字。

无论何时，只要共和党人一提起减税，民主党就会鼓励他们自然倾向于用削减政府开支来抵偿减税。然后，民主党人就会指出共和党人为了给富人减税要从给穷人的政府开支计划中拿出多少钱来。在通过这种方式对他们进行政治上的攻击之后，民主党人接着就会宣称共和党的计划对经济没有什么总体效应——减税把钱投入经济，而削减预算又把钱拿了出来，这实在是一种以牺牲穷人为代价而使富人得益的鬼把戏。

共和党人对第三预算决议案的替代案被提交投票表决，结果是以258票反对和148票赞同而被否决。然而，这无论如何是一个胜利。共和党人已经接受了一种新观念，他们有了一种战略并正在同民主党进行斗争。他们还是要回到政治斗争中去的。

新老财政理论

约翰·鲁斯洛的转变象征着共和党的转变。这是一个巨大的转变。仅在4个月以前，在朝的共和党人杰拉尔德·福特(Gerald Ford)把总统的职位丢了，接任的是来自佐治亚州的政治上默默无闻的吉米·卡特(Jimmy Carter)。福特在众参两院都留下了一批共和党的少数派，而民主党在众议院拥有比共和党多115个席位的压倒多数。共和党从失败的苦果中认识到，他们缺乏一个经济的或政治的计划，也无从发展这种计划。

在1977年2月23日以前，共和党的经济政策集中在这样一点上，即通过提高税收、削减政府开支来平衡预算。这种方式使这个党否定了一个可靠的经济和政治计划。共和党自身在削减政府开支方面并不总是成功的,但如果政府需要开支,他们就至少要用现金来支付,而不是靠借钱。这就使他们与凯恩斯主义经济学发生了矛盾。

凯恩斯主义理论是从总支出水平来分析经济活动的。预算赤字增加了政府支出,并有助于保持高就业和使经济全力运转起来。而削减赤字——就像共和党人所要做的那样,就要削减政府支出,使人们陷于失业,从而减少国民收入和提高失业率。收入降低就会减少税收收入,而失业增加就需要增加用于失业救济金、食品券以及其他扶助计划的预算支出。因此,预算赤字就会由于税基缩小、收入支持费用提高而重新出现。耐心的(以及不耐心的)民主党人、经济学家、报刊专栏作家和社论作家们已多次向执拗的共和党人解释,削减赤字只会削减政府在商品和劳务上的开支,从而使经济下降和失业率上升。凯恩斯主义者认为,平衡预算的办法就是搞赤字,赤字支出会加速经济增长,这样,政府的税收收入就会增加,预算就会趋于平衡。由于削减赤字被认为必然会使人们陷于失业,主张削减赤字的共和党经济学家是为数不多的。当民主党人艾丽斯·里夫林(Alice Rivlin)被问到在她的"无党派"的国会预算委员会成员中为什么没有共和党经济学家时,她或许说出了实情——她找不到。

由于把注意力集中在赤字上,共和党就提不出一个有竞争力的政治计划。他们被政府福利的受益者们视为一个总是在威胁要削减政府开支计划(如社会保险)的党派,而与此同时,选民中的纳税者们又把共和党看作是一个总是在威胁要增加税收以使他人获利的党派。拼命捞进的党与拱手奉送的党激烈地竞争,这一简单的事实说明了共和党地位下降的原因;共和党由此被认为是民主党开支计划的收税人。

1975年1月,慑于1974年的经济衰退,福特总统放弃了他在上一年10月作为反通货膨胀措施而提出的征收所得税的附加税方案。他宣称,"现在我们在经济上努力的重点必须从通货膨胀转向就业";他提议1975年1年"减税"160亿美元,这包括按1974年的个人所得税退税12%,以及对企业投资临时性减税12%。

在经济政策上,共和党经济学家和民主党人都属于凯恩斯主义者,都是通过政府开支来对付经济衰退和失业的。其主要区别在于,民主党人倾向于增加政府开支的计划，而共和党人则侧重于采取诸如临时性退税这样的措施——在不扩大政府开支计划的前提下实现“政府开支对经济的刺激”。共和党人把临时性退税(取代永久性减税)作为保持未来的税收收入以平衡预算的手段。但是，即便如此，福特总统还是由于提出会扩大赤字的减税措施而遭到国会的共和党同伴的攻击。

民主党占主导地位的国会很快就把福特的提议变成了偏向于低收入阶层的收入再分配计划。尽管他本人反对，总统还是在3月29日签署了众议院《2166号议案》，因为“我国需要刺激……而且现在就需要”。在那些日子里，减税仅仅被看作是一种通过把钱投入经济(或者在通货膨胀严重时通过增税把钱取出)来控制政府开支或需求水平的工具，这与凯恩斯主义的观点——政府开支本身就能推动经济——是相一致的。

如果不是处在衰退的环境下，共和党是不赞成减税的——除非减税所造成的赤字能通过削减政府开支来弥补。减税和增加政府开支之争对共和党有着潜在的政治上的危险。除非减税是旨在对低收入人群实行收入再分配，否则共和党就要受到质询：为了通过一个有利于富人的减税方案，他们究竟要削减谁的利益？他们是不是要从农场主那里取消农业计划？或是从老年人那里夺走社会保险金？抑或他们是要削减给予教师和学生们的教育津贴和学校午餐补贴？还是要削减国防开支？由于存在着捍卫其拨款的有组织的投票集团，通过削减政府开支而实现的减税是不会很多的。

处于守势的共和党人倾向于把重点放在赤字上。他们认为民主党人如果不得不增税以支付社会福利项目的话，就未必能获得大量选票。共和党人担心受到这样的指责——代表“有权有势的大亨们”的利益而对穷人漠不关心，他们为提出反对收入再分配而感到不安。共和党人认为，由赤字引起的通货膨胀会损害穷人；对政治斗争来说，这不是一个特别好的办法。国会并没有控制政府开支以保护穷人免受通货膨胀之害，相反只是把津贴和转移支付指数化了，以便使它们随着通货膨胀而自动上升，从而导致更多的政府开支。

1974—1975年的经济衰退以后，福特政府制订了一个计划，即通过紧缩政府开支的增长来平衡预算；同时，通过把纳税者推向更高的税收等级，保持适度的通货膨胀以增加政府的财政收入。1972—1974年间曾任经济顾问委员会主席的赫伯特·斯坦(Herbert Stein),1980年3月仍在鼓吹这种政策——他建议参议院预算委员会,“这样做的最简单的办法就是保持现有的全部税收,并让税收负担作为经济增长和通货膨胀的自动结果而上升”。

换言之,这是一个通过将政府福利的受益者和纳税公众实际收入的增长保持在低水平来平衡预算的计划。这当然是真诚的人们所采取的颇有勇气的行动,但它在政治上是不成功的,在经济上同样也不会成功。这是因为,不断提高的税率正在通过挫伤工作态度、削减储蓄率,进而损害投资、生产和经济增长来侵蚀经济的活动能力。

共和党对持久的预算赤字十分关注,这是不错的。对于在经济衰退时自动产生的赤字,我们没有多少办法可对付。然而,年复一年的持续赤字却是一个信号,它表明,要么是政府开支比支撑着它的经济增长得更快,要么是经济出了问题,以至于即便在最景气的年份,预算也无法平衡。共和党人的错误在于,他们认为税收收入不可能增加,除非税负增加。供应学派提出的通过经济增长来平衡预算的处方,对于他们还是一个陌生的概念。

共和党人不仅把赤字当作一个问题,而且对认为赤字是一个国家通向繁荣之路的论点也发生了怀疑,尽管共和党在不得不与失业作斗争时自己也使用这种论点。在上述两方面,共和党人是走在经济学理论发展的前头的。然而,当众多的经济学家都把平衡预算和削减政府开支视为对充分就业的威胁时,这些直觉对他们来说是不利的。这意味着,由于试图通过诸如提高税收、削减预算等紧缩性措施来平衡预算,共和党没有得到许多专家的支持。

共和党对赤字的紧缩,给他们带来了“拿走党”的形象。他们试图削减赤字,而这一做法使他们失去了专家和公众的支持。此外还有一些实际问题。正如在里根政府的头两年里,每一年的政府开支记录所表明的那样,控制政府开支甚至对共和党来说也是困难的;政府开支在国民生产总值中的比重,从1980年(卡特政府的最后一年)的23%上升到1981年的23.6%,以及1982年的24.6%。

当国会进行投票时,共和党人未能平衡预算,发现只能投反对票。或许是因为他们认为他们不会再失去什么了,众议院预算委员会的共和党人听取了我对一个新方案的看法;他们开始把重点从削减赤字转向降低税率。这一过程分为三个步骤。第一,众议院的共和党人不再把预算决议案看作是一次对赤字的公民投票的结果,而是开始把它看作是一次为向选民们提出一个可供选择的方案提供机会的经济政策论坛。第二,他们认识到,用正统的经济学来证明赤字的合理性,问题不在于要不要赤字,而在于赤字的规模和来源。他们接受了这样一种观点——由降低税率而带来的较小的赤字要比由增加政府开支所引起的较大的赤字更为可取。第三,他们开始接受通过经济增长而不是诉诸紧缩政策来平衡预算的政治策略。一旦当他们学会论证降低税率将提供凯恩斯主义者所宣称的保持经济运行所必需的那种刺激,而且净赤字会更小时,他们就会准备行动。

在供应学派经济学出现以前,这种观点是不可能被提出来的。根据凯恩斯主义的分析,减税只是通过影响需求来影响经济的。然而,减税1美元比起增加1美元的政府开支来,前者产生的额外需求要小于后者。(根据凯恩斯主义的观点,减税的乘数作用小于政府开支的乘数作用。)其推导过程为,减税的一部分会被储蓄起来而不用于消费。由于储蓄"漏出",减税100亿美元所增加的需求没有增加100亿美元政府开支所增加的需求来得多。正如国会预算局所指出的,"从每增加一个就业的美元预算(净成本或总成本)来看,永久性地削减所得税是一个代价比较昂贵的减少失业的办法"。

这就使减税不那么吸引人了。提供同样数量的需求刺激,减税比增加政府开支所需的赤字要大。因此,民主党人总是能让关心赤字的共和党人感到不舒服,如果他们主张减税而非扩大政府开支。这将意味着共和党人主张扩大赤字,使之超过实现国民生产总值增长和就业目标所需的数额。

供应学派经济学给财政政策带来了新的前景。供应学派不强调税率对政府开支的影响,而指出税率能直接影响商品和劳务的供给。较低的税率意味着对工作、储蓄、承担风险以及投资的更多的刺激。当人们对较高的税后报酬或较高的盈利率作出反应时,收入就会增加,税基也会扩大,因而就补偿了财政部的一部分收入损失。与此同时,储蓄率也上升了,并为政府和私人的借贷提供了更多的资金。由于凯恩斯主义的分析对这些影响未加考虑,一旦供应学派经济学登上舞台,民主党人就再也不能声称政府开支比减税对经济的刺激作用更为有效了。现在,减税是富于竞争力的,众议院的共和党人开始最大限度地利用它了。

双重标准

民主党在他们的 1977 财政年度第三预算决议案里提出的 700 亿美元的赤字(相当于国民生产总值的 3.7%)可以用作例证说明适用于共和党的预算的刻板的双重标准。在出现经济衰退的 1982 年,里根总统的预算提出了占国民生产总值 3.8%的赤字(包括"预算外"项目);在 1983 年(经济回升的第一年),这个比例下降到 3.1%。然而,整个华盛顿当局(包括总统的行政管理和预算局,凯恩斯主义的经济学家们,新闻界,以及华尔街的分析家们)开始大喊大叫说,相当于国民生产总值 3.8%和 3.1%的赤字将挤占私人投资,致使利息率居高不下,从而阻碍经济的回升。

但是,当民主党人控制预算过程的时候,这种争论和叫嚷却恰恰相反。经济衰退结束于 1975 年。1976 年是经济回升的第一年,尽管赤字占了国民生产总值的 4.5%,实际经济增长却为 5.4%(凯恩斯主义经济学家们声称这正是赤字所致)。1977 年是经济回升的第二年,实际经济增长率逐渐上升到 5.5%,然而当时的论调却是:若没有较高的政府赤字开支,经济回升就会受阻。

肯尼迪总统的经济顾问委员会主席沃尔特·赫勒在参议院预算委员会声明,他支持民主党人在 1977 财政年度的第三预算决议案中提出的一揽子刺激方案。当他被问及是否认为 700 亿美元的赤字会给经济带来问题时,他回答说,700 亿美元的赤字(占国民生产总值的3.7%)是微不足道的,也不会引起对通货膨胀的"即便是极小的恐惧"。

那种认为赤字会使利率上升、投资减少以及使经济回升夭折的论点也烟消云散了。在同一个听证会上,参议员克兰斯顿(Cranston)询问赫勒和国会预算局局长艾丽斯·里夫林,赤字是否会挤占企业投资、提高利率,从而破坏企业的信心。赫勒摇头否定了这种可能性。里夫林说,这不是一个严重的问题。她提醒这位参议员,早在两年以前,人们就曾担心过这样的事情,但它并没有发生。两周以后,即 1 月 24 日,她对众议院预算委员会也作了同样的答复。的确,这是一个标准的答复。她在去年就曾向参议院预算委员会保证,"政府部门'挤占'私人开支的情况看来并未发生。尽管这一年存在着巨额联邦赤字和适度的货币供应增长率,但是总的来说,利率没有上升"。

迄至1981年,凯恩斯主义者已经完全改变了他们的立场。基于减税会挤占私人投资,他们反对里根的减税政策。毋庸赘言,政治家们和新闻界让凯恩斯主义者保持了他们的双重标准,只要它能够阻碍减税。华盛顿权势集团长期努力建立起来的一个经济政策的新原则是:只有减税才会导致挤占私人投资的预算赤字。

供应学派的摩擦

在1976年10月到1977年2月间,众议院共和党人的转变并非轻而易举。他们本来是倾向于投票反对赤字的。我是预算委员会的新成员;我在鼓吹新政策的同时,不得不争取赢得其他成员的信任。他们的私人助手总是担心这个委员会的成员会受到太多的影响。我的主要助手是史蒂夫·恩汀(Steve Entin);他在国会大厦另一边的联合经济委员会里也是全职工作。2月22日傍晚,我正要离开办公室的时候,接到了杰克·肯普打来的令人失望的电话。阿瑟·拉弗(Arthur Laffer)已经说服他不要参加第二天的会议;共和党人将在会上提出他们对预算决议案的替代案。

拉弗,南加利福尼亚大学的经济学教授,喜欢鹦鹉和仙人掌,已经在国会舞台上崭露头角;由于祖德·万尼斯基(Jude Wanniski)在《华尔街日报》上对他的吹捧,他声名大噪——这是他的优势。拉弗身材矮小,但热情很高;由于创造了"拉弗曲线",万尼斯基的笔使他比生活中的形象要高大得多。

万尼斯基是《华尔街日报》的社论作家;他的黑衬衫、白领带与报纸上的细条子形象显得很不协调。他发现了国会中初露端倪的供应学派运动,并投身于此,充当它的解释者。我们很快就沉浸于"拉弗曲线"之中,报纸和杂志开始称我们为"拉弗派"。

"拉弗曲线"认为,强有力地刺激经济会使税收收入源源不断地流向财政部,减税可以实现自身补偿。这并不是众议院的共和党人所要提出的观点。他们的观点是,减税是通过凯恩斯主义者所强调的政府开支以外的途径来刺激经济的。问题不在于减税能否实现自身补偿,而在于减税是否比增加政府开支更能有效地推动经济的增长。这里,有必要援引一段对供应学派观点的第一次官方表述;它出现在众议院预算委员会关于1977财政年度第三预算决

议案的报告(发表于1977年2月8日)的少数段落中:

> 预算委员会的多数派犯了一个根本性的错误,就是假设退税和永久性地降低税率这两者都是通过增加可支配收入和总支出这一相同途径对经济发生影响的。我们时常在委员会听到这样的论调:"人们生产的原因是人们要购买。"这与上述观察问题的方法是相吻合的。
>
> 然而,人们为什么要生产还有另外两个原因:为了收入和为了利润。永久性地降低税率不仅像退税那样通过刺激开支来间接地刺激生产,还通过增加对工作和投资的税后报酬直接地刺激生产。因此,永久性地降低税率是从三个方面来对付失业的:(1)增加可支配收入从而增加购买力;(2)增加对工作的刺激;(3)通过直接刺激投资而提供新的就业。
>
> 与此相反,退税仅仅增加了可支配收入,也仅仅从单方面来对付失业,而且,这是可能实施的手段中力量最微弱的一种。因为一个人不论是否更努力地工作或更多地投资,确切地说,不论他是否工作或投资,都能得到减税(p.85)。

万尼斯基和拉弗用夸张的手法论述了供应学派运动,致使"拉弗曲线"成为论争的焦点。这种做法既为这场运动做了宣传,也招来了批评。他们的夸大其辞反映了他们的热情,这是颇有感召力的。对于那些从事新奇的冒险性事业的众议院共和党人来说,问题的核心是信心;而"拉弗曲线"告诉他们可以减税并且不必担心赤字。然而,我却格外小心,决不把我在共和党预算决议案中所做的任何工作建立在"拉弗曲线"的基础上。这并不是说"拉弗曲线"毫无价值。的确,几个世纪以来,许多思想家已经表述了这个概念。凯恩斯本人1933年在"繁荣之路"一文中就系统地阐述了这一观点:"税收也许太高了,以至于它不能达到它所要达到的目标;如果有足够的时间把减税后的收益集聚起来,则减税比平衡预算的增加会提供更好的机会。这种论点看来并不奇怪。""拉弗曲线"的问题在于,它模糊了这一问题。既然民主党人本身就主张赤字,就没有必要去论证减税可以完全实现自身补偿。问题的症结在于:减税是否能增加对生产的刺激,或是像凯恩斯主义者所指责的那样,只会增加政府开支。

拉弗也许感到失望了,因为共和党人的减税提案并没有直接以"拉弗曲线”为基础。不论他的理由是什么，他劝告肯普不要卷入共和党人的替代案，因为替代案的可供选择的两个方案之一，是把税率降低 5 个百分点，而这将增加所得税的累进性，因而它不是真正的供应学派经济学。我一接到肯普的电话，就直奔他的办公室，告诉他：鲁斯洛能够毫不动摇地坚持他的平衡预算的修正案；而且，控制这个论坛的预算委员会的少数派也会这样做；其余的共和党人同样如此。关键在于共和党人打算提出把降低边际所得税率作为可供选择的经济政策。我认为，这是一个历史性的时刻；除此之外，另一种可供选择的方案是退税 50 美元。肯普的态度缓和了；在第二天的辩论中，他的出色表现巩固了他在这个问题上的领导地位。

然而，就国会内部的供给主义者与国会外部的从事大肆宣传的供给主义者之间的关系来说，这一次摩擦并非是最后一次。的确，就在第二天早晨，正当我们都试图使自己平静下来，等待着这一天的辩论时，《华尔街日报》的社论版上出现了一些不吉利的话。它们来自万尼斯基写的社论《JFK 的又一次冲击》(*JFK Strikes Again*)——实际上，这是根据杰克·F.肯普(Jack F.Kemp)和约翰·F.肯尼迪(John F.Kennedy)的姓名缩写相同而做的一个文字游戏。这是一个错误。更糟糕的是，万尼斯基还事先把这一天的活动都归功于肯普。他说，预算委员会中的共和党人们已经“同意了肯普的观点”。接着，万尼斯基就只写肯普和“他的计划”，这使预算委员会和共和党的政策黯然失色。这篇社论引起的不满在此后的几年里一直伴随着供应学派运动，并且在共和党内部留下了搞阴谋诡计的肥沃土壤，里根的减税也因此而被打了折扣。

这篇社论也伤害了我，它使得那些当时感到面临威胁的委员会成员及其助手们把我称为“肯普安插在预算委员会里的人”，言下之意就是，我是为了非委员会成员的肯普的荣誉，正在利用这个委员会。后来，当我为这篇不高明的社论向万尼斯基抱怨时，他回答说：“为了这场变革，我们将让你做点牺牲。”这种回答听起来是冷酷而自私的，但是万尼斯基一直是在把减税的概念具体化。正如万尼斯基在《华尔街日报》的老上司罗伯特·巴特利(Robert Bartley)所说，万尼斯基“有时候似乎认为减税甚至可以让一颗正在飞行中的 SS-18 导弹停下来”。万尼斯基削弱了我的地位，使得反对派们有可能获得预算委员会少数派助手的职位。到这时，是该把论争引入参议院的时候了。

肯普—罗斯议案及其前身

当我在1975年夏天成为肯普的顾问时，他已经有了一个资本形成议案。他把它重新命名为《创造就业法案》(Jobs Creation Act)，这种语义上的变动使它更受欢迎了。在最后的审议中，肯普为他的议案联合了136个发起人，参议员麦克卢尔(McClure)把这个问题提交给参议院。《肯普—麦克卢尔议案》(*the Kemp-McClure bill*)成了《汉弗莱—霍金斯议案》(*the Humphrey-Hawkins bill*)之外的又一个可供选择的方案，使这个带有社会主义性质的就业方案陷入了困境。

到1975年，围绕资本形成率是否足以实现公共政策的目标以及保持实际工资和就业的增长展开了一场讨论。肯普通过他的议案站在这一问题的前沿。然而，在当时的凯恩斯主义环境下，旨在增加私人储蓄和投资的措施面临着一场艰苦的斗争。沃尔特·赫勒把这种措施称为"对企业的税收减免"，它将导致"年度税收减少"。为了克服资本形成的不足，赫勒主张以政府开支赤字来刺激消费，增加政府开支会促使经济上升。他声称，其结果就是"充分就业条件下的政府预算盈余"。这种预算盈余将成为公共储蓄的来源，从而缩小资本需求和不充足的私人储蓄之间的差距。

到1975年夏末，在诺曼·图尔(Normann Ture，1981年担任负责财政部经济和税收事务的第一副部长)的帮助下，我已为肯普的《资本形成议案》提供了一个供应学派的依据。1975年9月12日(星期天)，在《华盛顿星报》(*Washington Star*)上肯普第一次以一个作者的身份发表了一篇关于经济政策的文章。这篇文章批评了赫勒和凯恩斯主义者对储蓄的税收歧视——这将使收入从投资转向消费，从而导致经济增长速度放慢。在提出了这一观点之后，文章要求进行一次认真的辩论："那些歪曲这一问题的人们使用了充满敌意的诡辩手法，而这正表明了他们地位的虚弱。"

这篇文章对凯恩斯主义者是一个根本性的挑战，因为它强调了财政政策是通过影响刺激而不是通过影响需求来起作用的。降低税率就意味着储蓄率的上升和资本形成率的提高。资本的增长就意味着实际工资和就业的增长，"这将产生新增的税收以弥补最初的收入损失"。"降低所得税率等级"，即降低边际税率，这一建议是这篇文章所建议的增加刺激的各种措施之一。

1976年，肯普会见了万尼斯基和拉弗，这两个人对主张减税的国会议员很感兴趣，并鼓励了肯普。他们对肯普的支持既是一种帮助，也是一种障碍。肯普得到了承认，然而，万尼斯基和拉弗对拉弗曲线的强调势必排挤掉一个有更广泛基础的分析方法——该方法强调削减政府开支和提高储蓄率对减轻因降低税率而带来的收入损失的作用。

对杰克·肯普来说，共和党人提出的第三预算决议案的替代案标志着一个新的开端。几星期之后，1977年4月6日，肯普提出了第一个削减个人收入的边际税率的议案。国会6201号文件要求在1年内普遍减税30%。7月，肯普联合了参议员罗斯，提出30%的减税在3年内分阶段进行。对赤字顾虑过多，就不能使对经济的刺激因素很快得到极大改善。共和党人为减税而兴高采烈，然而，当他们真正要把减税付诸实施时，又往往把行动拖到将来。罗纳德·里根的减税就是如此。值得称赞的是，肯普是反对在刺激经济方面优柔寡断的。

共和党人提出的1977财政年度第三预算决议案的替代案在国会形成了20个月以来的一次高潮。在给肯普当了15个月的助手之后，我于1976年担任了众议院预算委员会的少数派成员的首席经济学家。肯普缺少一个提出供应学派经济政策的讲坛。他既不是主管税收的赋税委员会的成员，也不是预算委员会的一员。我们不仅仅是为赞成减税而辩论，还要提出一个可供选择的财政政策，因此，预算委员会就是一个必不可少的论坛。没有《1974年国会预算法》，也许就不会有《肯普—罗斯议案》。税收议案并不是经常提出的，因而不能成为辩论一般经济政策的工具。但是，预算决议案每年至少定期地在参、众两院各提出两次，这为提出一个可供选择的经济政策至少每年提供了四次机会。显然，供应学派经济学的成功主要是由于它成了一个政党的核心问题。一个对这个政党在预算政策中的地位负有责任的委员会，就是掀起一场新运动的地方。

转向预算委员会也提供了把减税重点转移到个人所得税上的机会。我倾向于转向是我支持肯普的《创造就业法案》(*the Jobs Creation Act*)的结果。尽管这是一个好议案，但也有两个问题：一方面，它是企业导向的，不能给共和党人开辟任何新的政治领域；另一方面，由于它集中了一系列资本形成的措施，就被指责为为特殊利益集团扩大政策漏洞。在我看来，削减个人所得税是供应学派政策的更有力的工具。

我同肯普的行政助理、曾参与《创造就业法案》工作的兰德尔·蒂格(Randall Teague)讨论过这个问题。他理解了我的观点，而且他还有一些自己的很好的观点。我对所谓扩大漏洞的指责很敏感，从某种程度上来说，这是对我的经济学家同行们的观点作出的反应，他们这些人太书生气了，除了追求完美以外，不支持任何事情，而在政治中是不会有什么完美的东西的。经过长期而艰苦的工作，肯普赢得了对《创造就业法案》的广泛支持。在华盛顿这个地方，几乎找不到什么忠实的人。对一项新政策来说，使之陷于个人斗争便是扼杀它的捷径。而把这个议案提交给众议院预算委员会就解决了这个问题。

第2章

计量经济学、政治学和公共政策

供应学派经济学不仅对政治权势集团还对经济学家都是一个重大的挑战。美国政府过去一向是根据经济模型来制定经济政策的,而这些模型却忽视了税收影响经济的主要途径。例如,1977年1月24日,约翰·鲁斯洛向国会预算局询问削减法人所得税税率对经济所产生的影响。艾丽斯·里夫林在她1977年2月3日的答复中并未提供国会预算局的预测,却报告说,“根据我们前不久所做的一些模拟模型”,削减法人所得税率将会导致国民生产总值的下降。随其答复还附上了一张表格,说明诺贝尔奖获得者劳伦斯·克莱因(Lawrence Klein)建立的“沃顿模型”(Wharton model)和哈佛大学教授奥托·埃克斯坦(Otto Eckstein)建立的DRI模型都预测,削减法人所得税将导致国民生产总值的下降。只有迈克尔·埃文斯(Michael Evans)建立的“蔡斯模型”(Chase model)显示了削减法人所得税的积极作用。

这是一个十分反常的现象。一个资本主义经济的经济模型显示了增加投资赢利的减税政策会导致投资下降和收入减少。美国政府没有注意到这一反常现象——它利用“沃顿模型”和DRI模型来制定美国经济政策;经济学权威们没有注意到这一反常现象——他们授予克莱因诺贝尔经济学奖;资本家们也没有注意到这一反常现象——1979年,埃克斯坦以1亿美元出售了他的模型。

美国人对他们神话般经济的衰落和他们生活水平的提高受到限制这一点感到焦虑不安。但实际上,这没有什么可奇怪的。经济活动并非独立于政府的经济政策之外,而多年来我们推行了错误的政策。凯恩斯主义的经济模型导致了歧视利润和投资的结果。官方的政府报告宣称,增加政府采购(即更多的赤字开支)的政策是增加国民生产总值的最佳途径,公共就业计划是减少失业的最有效方法。由于凯恩斯主义极力鼓吹公共服务部门的就业,许多经济学家对于什么是就业就不再有一个有意义的定义了,而是相信把"失业救济"重新定义为公共服务就业,就可以创造就业。如果预算中的资金从"失业救济"项目移到"公共服务就业"名下,失业当然就被掩盖起来了。但是,靠税收支撑的就业与产生税收的就业并不一样,它不能生产出可出售的商品和服务。美国一度衰退的原因之一,就是决策者们未能分清这两种就业之间的差别。真正的就业要靠对储蓄和投资的刺激,然而,在强调政府开支的凯恩斯主义模型中,这种刺激却被排斥在外。

我为众议院预算委员会准备了一篇对这种经济模型的评论,指出它们没有考虑到刺激因素。在对 1977 财政年度的第三预算决议案进行辩论的两天之后,鲁斯洛和众议院预算委员会的共和党高级官员德尔·拉塔(Del Latta)正式向艾丽斯·里夫林提出了批评。鲁斯洛还进一步要求行政管理和预算局的伯特·兰斯(Bert Lance)对此作出反应。论战开始了。

模型之争变得旷日持久,艰苦卓绝。中心人物约翰·鲁斯洛率先从众议院预算委员会的讲坛上发起进攻。接着,犹他州的共和党参议员奥林·哈奇(Orrin Hatch)在联合经济委员会和参议院预算委员会继续了这场论战。哈奇身材颀长,像有教养的英国绅士那样风度翩翩,素以真诚著称。他和鲁斯洛一样,不怕挑起论战,是一个机智而好战的斗士。他们两人都准备坚持原则,并做到言之有据。哈奇准备同有权有势的委员会主席及共和党和民主党的全体委员会成员作一番较量。如果他们两人中的任何一人很容易慑于权威或愿意在这个问题上妥协,供给经济学就会遇到。

1977 年 3 月 4 日,里夫林在她的答复中承认,模型的确排斥了刺激因素,但她说,这些未涉及的供给方面的作用是无关紧要的。根据里夫林所持的凯恩斯主义观点,财政政策是通过改变政府开支在需求方面起作用的。而我认为,财政政策是通过改变相对价格进而改变对生产的刺激在供给方面起作用的。凯恩斯主义者不相信这种作用,显然,在他们描述经济运转机制的模型中就不可能体现出这些作用。

关于相对价格的论点是很明确的。在经济的供给方面,有两种重要的相对价格。一种支配着人们决定其收入在消费和储蓄之间如何分配。一个人把一个单位的收入用于眼前的消费所付出的代价,便是由于没有把这一单位的收入用于储蓄和投资而放弃的未来的收入来源。这一收入来源的价值取决于边际税率。边际税率越高,其价值就越低。因此,高税率使消费相对于被放弃的收入而言显得比较合算,致使储蓄率下降,从而使投资减少。

英国直到最近还在采用的对投资收入征收98%的边际税率,给我们提供了一个很好的例证。一个处于高税收等级的人可以花10万美元买一辆罗尔斯—罗伊斯(Rolls Royce)牌轿车,或以17%的利润率把这笔钱用于投资。在征税以前,买一辆高级轿车的代价就是放弃了每年17 000美元的收入来源——这对一辆小汽车来说,代价是相当高的。而征税以后,这笔新增收入的价值每年仅为340美元(征税以后,17 000美元只剩下了2%),这就是享受高级轿车的英国人所需放弃的代价——代价的确非常之低。这就说明了为什么英国在经济衰退之时,伦敦的街道上却有那么多罗尔斯—罗伊斯牌轿车。罗尔斯—罗伊斯牌轿车被人们错当作经济繁荣的标志,而实际上,它是对投资收入征税过高的象征。这个极端例子最容易说明其中的规律。

另一种重要的相对价格支配着人们决定他在工作和闲暇之间或在闲暇和通过提高技术而增加人力资本之间如何分配时间。一个人每增加一个单位的闲暇所付出的代价,就是因不工作(如周末加班)而放弃了一笔眼前的收入(例如,周六的加班费),或者因未参加为提高技术的学习而放弃了一笔未来的收入。这笔被放弃的收入的价值取决于对新增收入征税的税率。边际税率越高,闲暇的代价就越小。因而旷工增加,加班减少,人们用于提高技术水平的时间也相对减少。

那些需交纳税率为50%的所得税的医生们,工作了半年之后,就面临着以后6个月的工作所得的报酬只是他们实际收入的一半。工作报酬如此之低,促使医生们与他人合作行医以减少工作时间,并享受较长的假期。高税率促使人们不愿去挣得新增的纳税收入,反而缩小了税收基数。由于医疗服务供给的减少,高税率也提高了医疗费用。减税将会提高医生们闲暇的相对价格,从而带来较多的纳税收入和医疗服务供给。

税率对挣取新增纳税收入的影响并不仅仅限于处于高收入阶层的医生

们。全国经济研究所的马丁·费尔德斯坦(Martin Feldstein)的研究表明,在很多情况下,对于一般工人征税的税率也使得他们的税后收入与失业救济金相差无几。费尔德斯坦发现,在边际税率为30%时,失业比工作更有利,因而失业率上升了1.25%。100万工人不生产使得税基缩小。蓝领工人仍不属于高纳税等级,尽管他们正在接近这一等级。许多蓝领工人家庭被征以40%甚至更高的税收,这种税率在以前是只适用于百万富翁的。但把税率提得这么高是毫无必要的。假设一个木匠所负边际税率仅为25%,他每挣100美元的新增收入,就可得75美元。如果他的房子需要油漆,而雇一个漆匠一天要80美元。由于木匠的税后收入只有75美元,他就会自己油漆房子而省下5美元。在这种情况下,税基就会缩小180美元,因为工匠可能作这样的选择:既不去挣这笔新增收入,也不雇油漆匠。

芝加哥大学的加里·贝克尔(Gary Becker)的研究清楚地表明,家庭通过非市场性活动利用资本和劳动力生产商品和劳务——如木匠油漆自己的房子,以这种方式生产的商品和劳务不属于征税对象。因此,家庭向市场提供资本和劳动力的数量便受到边际税率的影响。边际税率越高,人们利用其资源通过非市场性活动或地下经济以增加收入的可能性就越大。家庭经济学的明确含义就是,边际税率影响着用于生产纳税收入的劳动力和资本的数量。

华盛顿的赋税基金会每年都提醒我们,一般纳税者必须在一年的头四个月及以后的几天里为政府工作以保证纳税,尔后才开始为他自己工作。然而事情并非如此。纳税者在一年的第一段时间里为自己工作。他们只有在其收入达到征税水平线时才开始为政府工作。他们挣得越多,税收等级就越高,为政府工作也越多,直到不断提高的边际税率抑制了进一步的工作。累进的所得税是违背常情的,因为它使工作和报酬不相称。每一份新增的工作都加在现有的工作之上,因此,对个人来说,增加的工作是效用不高的。而且,由于增加工作的收入是加在现有收入之上的,就被以更高的税率征税。因此,工作增加的同时,报酬却下降了。

设计累进的所得税率是旨在"榨取富人"。而实际上,它成为提高经济活力的障碍,并抑制了人们在工作中尽最大的努力。其结果就是,这种税收制度已经使得一般纳税者更难取得经济上的独立。这种对成功的障碍正是供应学派经济学家们要努力排除的。个人成功的程度越大,对公共帮助的需要就越少，政府的负担就越轻。供应学派经济学并不是站在反对政府的立场上，而仅仅是接受了这样一个事实——政府本来就是开销很大的，并认为挣钱的刺激和机会越多，政府的开支就越少，负担就越轻。

与信奉凯恩斯主义的决策者们的论争并不在于减税能否自偿，而在于财政政策是否是通过改变相对价格或改变政府开支起作用的，以及人们是否会以增加工作和储蓄对更多的刺激作出反应。如果是的话，那么凯恩斯主义者所作的选择就是错误的，因为他们忽视了这些供给方面的影响。

经济学家用“弹性”这一概念来衡量劳动力、储蓄者和投资者对较高报酬的反应程度。如果反应的弹性足够大，私人储蓄的增加量将会相当于减税的数量。在这种情况下，减税会通过储蓄的增加而实现自偿。如果弹性比较小，储蓄仍将上升，只是增加的数量小于减税量。例如，每减税 1 美元，储蓄将增加 40 美分。在这种情况下，减税的 40％将由储蓄增加而得到补偿。如果储蓄对较高的税后收益率毫无反应，那么削减税率就不会导致储蓄率的上升。凯恩斯主义者认为储蓄率并不受税后收益率的影响，有的甚至认为，减税会导致人们少干活，少储蓄。用经济学术语来说，他们认为反应弹性是零甚至负数。

同样，如果人们对降低税率这一较大的刺激有足够强烈的反应，他们就会取得足够的新收入，而且，政府的税基也会扩大，从而补偿因降低税率而造成的损失。这就是“拉弗曲线”的论点。一部分减税的确是以这种方式来实现自偿的。1978 年资本所得税率的削减，正如参议院财政委员会主席拉塞尔·朗所说的那样，实现了自偿，尽管财政部的预测与此相反。足够的新的资本所得的实现，能够补偿较低的税率。同样，一部分减税也可以通过私人储蓄的增加得到弥补。里根 1981 年减税中的“加速资本费用补偿”(ACRS)条款，使得产业部门储蓄增长的数量至少能补偿财政部的收入损失(这一条款的大部分内容在 1982 年 8 月为减少预算赤字所做的毫无意义的努力中被放弃了)。在这种情况下，政府的税收收入可能会减少而不得不更多地告贷于资本市场，但是产业部门却有了较多的流动资金而不必负债累累，因此，就不存在促使利息率上升的压力。

供应学派经济学的论点并不立足于税率降低是否能通过增加收入或提高储蓄而完全实现自偿。几乎任何边际税率的降低都可以通过收入增加和通过储蓄增长而得到部分自偿。例如，如果由于减税而损失的收入的 40％在较高的经济增长率下又流回了财政部，还有40%也通过较高的储蓄率而得到弥补，那么80%的总收入损失就会因供给方面的作用而得到补偿，仅有20%将通过削减政府开支的增长率来弥补。因此，减税的补偿并不需要为了避免赤字而1美元对1美元地减少政府开支。

供给方面的作用过去一直被置于决策过程之外。这就意味着，决策者们既不能对助长消费支出的退税和鼓励生产的降低新增收入的边际税率作出区别，也不能对不利于增加刺激的较低的平均税率和能够增加刺激的较低的边际税率作出区别，更不能对耗尽私人储蓄的财政赤字和增加私人储蓄的财政赤字作出区别。对凯恩斯主义者来说，所有这些政策选择都以同样的方式影响着经济——增加政府开支。

华盛顿当局认识到，供应学派的论点对其经济政策的理念是一个根本性的挑战。凯恩斯主义者们在论战中失败后，又提出了一些奇怪的论点来反对供应学派。例如，里夫林在她给鲁斯洛的答复中承认，就被放弃的收入而言，减税将使闲暇的代价更高。然而，她又说，降低税率实际上可能导致人们少干活。由于减税能使人们以较少的工作挣得同样的钱，他们也可能以增加闲暇时间的方式来对待减税。换言之，她认为人们对财产有一个既定的目标水平，如果他们较容易地达到了这个目标，就会少干活。也就是说，如果使达到这个目标变得比较困难，人们就会多干活。按照里夫林对供应学派经济学的理解，使人们更加努力工作的办法就是增税！

麻省理工学院教授莱斯特·瑟罗(Lester Thurow)也用同样的推理来论证财产税。他假定人们对财产水平有一个既定目标而不管达到这一目标将付出多大努力，那么，对财产课税越高，人们就会越努力工作以达到自己的目标，政府的财政收入也就越多。这是对"拉弗曲线"的一种反论，可称之为"瑟罗曲线"。尽管拉弗可能过高地估计了这种反应，但他至少以为人们以正常的方式对更多的刺激作出反应。"里夫林—瑟罗经济模型"无非是说：刺激较大时，人们的反应是少干活；而刺激较小时，人们的反应是多工作。

里夫林认为，人们对降低税率的反应将是"减少工作时间……而仍然保持他们的税后收入"。对一个纳税者来说，里夫林所说的反应方式是有可能的；但如果所有的纳税者都减少工作，总收入就要下降，个人收入也会减少。里夫林在论战中失败的原因在于，她无法证明自己的凯恩斯主义财政政策能够起作用。凯恩斯主义的减税是为了鼓励增加政府开支，他们相信这将产生出更多的真正的商品和服务。但是，如果减税后人们减少了工作，商品和服务的总产量就必然下降，增加政府开支就只能使价格上升。

那种认为刺激越高，人们工作和储蓄越多的观点，被副总统、共和党人乔治·布什(George Bush)斥为“伏都教经济学”，而那种认为人们工作和储蓄越多，被征税也越多的观点，却受到占主导地位的主流经济思潮的青睐，这是我们这个时代的特点。现代经济学家往往为他们能运用数学语言而自鸣得意，但却提出了在数学上毫无可能的论点——纳税者作为一个群体对于减税的反应会是减少工作，享受更多的闲暇，并仍然保持同样的实际收入。个人所得税的削减本身是不可能以较少的劳动生产出同样数量的实际商品和服务的。供应学派由于极力鼓吹减税而受人嘲笑，即使是拉弗派也并不认为减税是一剂猛药，能够在减少劳动力和不增加资本投资的条件下，生产出同样数量的商品和服务。供应学派经济学家被指责为蛊惑人心的巫师，然而，正是这批凯恩斯主义者发现了炼金术士的奥秘所在，即减税可以把闲暇转化为一种生产要素。

里夫林在给鲁斯洛的答复中声称：“这些模型有忽略税率的影响以及其他对总供给和资本形成的刺激因素的倾向。”伯特·兰斯和行政管理和预算局则毫不讳言。兰斯1977年3月22日致信鲁斯洛，这位行政管理和预算局局长以明确的、毫不含糊的语言(这在华盛顿实属罕见)声称：“的确，这些模型未能涉及个人所得税率的变化对相对价格的影响。”

此后展开的反对兰斯的运动在某种程度上是令人遗憾的。在需要以一个稳定而有力的形象来对抗危险的美国孱弱形象时，这种运动削弱了新总统的地位。尼克松总统(President Nixon)的垮台、越南战争的失败，以及似乎助长了苏联核优势的战略武器谈判，使美国在世界上的实力地位下降。某个能够随意调动千百万人民的阿亚图拉①根本不可能听从一个甚至连自己最好的朋友也无法保护的美国领导人。经济学界许多人士认为兰斯的麻烦是来自他对卡特总统的效忠，而不是他所从事的银行事务。华盛顿的权势集团总是通过排挤总统的忠实助手来孤立总统(如果总统成功地对某人委以要职的话)，并使他变得无所作为。

---

① 阿亚图拉(Ayatollal)：对伊朗等国伊斯兰教什叶派领袖的尊称。——编者注

在华盛顿,最危险的职位也许就是那些总统的忠实助手。这个都市充满了嫉妒和竞争,那些争着想当中心人物的“演员们”没有一个希望哪一个总统连任。天真的学究们说,当今世界的经济和外交政策问题的确太复杂了,任何一个总统都很难成功地把握。但是实际上,这些问题在众多事物中还是次要的。总统们面临的问题是,他们既不受人爱戴,也不令人敬畏,而是遭人嫉妒,华盛顿的权势集团试图通过把总统贬低到令人可怜的地位来使他们的嫉妒心得到一点安慰。

行政管理和预算局的研究报告声称:“‘蔡斯模型’‘DRI 模型’和‘沃顿模型’不包括降低个人所得税税率对相对价格的任何影响,这样做是正确的——因为减税并不会对人们更多、更努力地工作,更多地储蓄,承担更大的风险,进行更多的创新等等有什么刺激,其唯一的直接影响就是,可支配的收入增加了,因而消费也增加了。”

鲁斯洛认识到这个问题,而预算委员会几乎没有举行任何听证会来讨论鲁斯洛提出的减税、供给方面的作用以及计量经济模型等问题。鲁斯洛通常是在听证会之外对这些问题进行研究的。1977 年 1 月 28 日,鲁斯洛要求委员会举行一次听证会,对其提案作出进一步反应。有关询问降低税率对供给方面的影响的信寄给了财政部长布卢门撒尔(Blumenthal),商会首席经济学家杰克·卡尔森(Jack Carlson),经济顾问委员会主席查尔斯·舒尔策(Charles Schultze),行政管理和预算局局长伯特·兰斯,国会预算局局长艾丽斯·里夫林,联合经济委员会主席理查德·博林(Richard Bolling),美国劳联—产联的安德鲁·比米勒(Andrew Biemiller),数据资料公司奥托·埃克斯坦和大通曼哈顿银行经济预测部主任理查德·埃弗里特(Richard Everett)。

例如,鲁斯洛向埃弗里特指出,证人们经常向预算委员会表明“人们生产是为了购买”。这种表述标志着一种对经济如何受刺激影响的具体的观点。它强调对经济的需求方面的刺激使可支配收入和总支出增加,进而通过增加购买而间接地刺激了生产。鲁斯洛说:“按照这种理论,降低税率这种刺激方式,除了让人们增加可支配收入从而扩大支出外,没有什么别的意义。”鲁斯洛要了解生产是否还受其他因素如利润率和税后收入的影响。如果是的话,减税对经济的供给方面是否有影响?

有些证人太凯恩斯主义化了,以致无法理解鲁斯洛的意思;但他从奥托·

埃克斯坦那里得到了正确的答案。1977年2月22日，埃克斯坦致函鲁斯洛说：

> 我同意你关于减税能促进劳动力的供给和对投资的刺激这一观点。从这一点来看，制定财政政策是重要的，这将降低家庭和企业的边际税率，减少现行税收制度对私人决策的扭曲。

参议院财政委员会

仅仅承认经济政策忽视了经济的供给方面，还不足以使供应学派经济学引起人们的重视。这需要一个企业家和一个精明的民主党政治家。这个企业家就是迈克尔·埃文斯，这个政治家就是参议院财政委员会的拉塞尔·朗。

埃文斯接受了对经济计量模型的批判。一个百万富翁一般是不会对备受批评的东西冒险投资的。但埃文斯却提议要建立供给方面的模型，这个一英寸厚的提议在1977年6月转到我手里。那时我作为参议院的研究人员正在为联合经济委员会的奥林·哈奇工作。问题是对埃文斯的提议采取什么态度。从1977年4月19日开始，我和哈奇就一直试图争取与联合经济委员会的高级官员，共和党参议员雅各布·贾维茨(Jacob Javits)联名写信给该委员会主席理查德·博林，要求对经济计量模型举行一次听证会。我对模型的批评使我接触了一批优秀的经济学家，他们愿意验证这样一点，即需求模型提供了错误的政策主张。与其在学术界日益下降的地位相比，凯恩斯学说对经济政策的影响还是比较大的。我相信，对模型举行一次听证会将打破那些主张高开支的人对国家财政政策的控制。

新当选的参议员哈奇在主张高开支的这批人的圈子里是不受欢迎的。3月29日，他向参议院提出：

> 今天美国的政府预算比法国或德国的国民收入总值还要大；它是瑞典国民生产总值的6倍，是苏联国民生产总值的50%。美国政府从国民中取得的税收收入比全法国一年所能生产的全部可上市的商品和服务的总值还要多，是否真的有人相信美国民众从政府那里得到的服务在价值上与法国的总产值是相等的呢？无人相信。但这并不能阻止我们继续扩大政府的规模。这就说明了华盛顿代表了什么人的利益。

1977年5月13日，参议院在讨论1978财政年度的第一预算决议案的会议报告时，哈奇施加了压力。他抗议道："我再说一遍，我们已经很清楚，人们工作和生产产品，在我们看来，只是为我们的政府开支筹集资金"，并进一步指出：

今年国会已五次否决了永久性降低个人所得税率的提案。每次否决，我们这些主张减税的人都被告知预算已没有增加的余地了。政府开支计划在预算中也是一样没有增加的余地的，但这并未使我们减少开支。我们发现，每当政府开支在预算中没有余地时，总可以在赤字上找到出路。这次向那些在预算中已找不到余地的政府开支计划提供的赤字是600亿美元，国会也从未解释，为什么当预算无余地时，政府开支可以有，而减税却不行。然而有一点很清楚，国会宁可扩大政府开支，也不愿减税。我对这种偏好不敢苟同，美国民众也是如此。

"当我们的税收法具有反作用时，在我看来，我们就应该设法解决这个问题。"这就是参议院财政委员会主席拉塞尔·朗于1977年6月14日在税收小组委员会的听证会上向证人演讲时所说的。朗希望削减资本所得税，他十分关注财政部对固定岁入的测算——这些测算彻头彻尾是错误的，因为它们未能预测出将要发生的所有情况。税收法应该是"为政府挣钱"，但是"我们按照错误的主张行动，就会使我们的目标受挫"。朗抱怨说，财政部总是告诫他减税会减少财政收入而提高税收会增加财政收入。实际上，削减投资税给财政部增加了收入，而不是减少收入，其他税也是同样。他认为：60年代最高等级的税率从90%降到70%时，政府并没有什么损失；70%的税率也不能使财政收入增加。"我猜想如果把最高税率降到50%，政府就确实可以从中获利了。"

这是一个民主党人对供应学派观点的强有力的阐述，他的亲身经历和常识与财政部简单化的观点——高税率就意味着高收入，反之则反是——是相矛盾的。具有讽刺意味的是，在参议院正是主张高支出的人帮助财政委员会高级官员共和党人柯蒂斯和朗集中力量去建立供给模型。

主张高支出的人花钱的速度比经济提供税收收入的速度还快，他们担心其计划要破产。鼓吹高支出的人如爱德华·肯尼迪(Edward Kennedy)、马斯基开始宣称，税收法漏洞百出，从这些漏洞中流出的钱等于通过政府开支计划进行再分配的钱，同其他政府开支一样，所有这些"税收支出"都可以在拨款委员会通过。这是对财政委员会的拨款权的明目张胆的侵犯。财政委员会的拨款权将被削减，增加的收入将扩大拨款委员会的拨款权，这引起了财政委员会的关注。

柯蒂斯写信给参议员朗说：

> 如您所知，对于我们所考虑和进行的税收变动，财政委员会从来没能作出准确的收入估算。计量经济模型作出的预测常常与常识相矛盾，这种在准确预测方面的无能有时使我们在遭到反对时难以为国家未来的经济增长和繁荣竭尽全力。

拉塞尔·朗作出了行动，迈克尔·埃文斯受委托为参议院财政委员会建立一个供给模型。少数信奉供应学派的人对华盛顿权势集团构成的威胁大大加强了，于是有了这样一种说法——老谋深算的拉塞尔·朗是供应学派一员，他将用三大计量经济学派中的一家所铸造的“武器”来武装自己。这对供应学派为世人所接受，起了很大的作用。在决策过程中，供应学派经济学曾经鲜为人知，但是，现在人们知其然了。

财政委员会是第一个采纳供应学派主张的委员会，第二个是联合经济委员会，1979 年它在一个一致通过的报告中为供应学派呐喊。与此同时，奥林·哈奇却在与参议院预算委员会的几番血战中一马当先。

参议院预算委员会

事实证明，把参议院的共和党人组织在供应学派的新战略周围，困难要大得多。一个主要绊脚石就是预算委员会的高级官员、共和党参议员亨利·贝尔蒙(Henry Bellmon)以及该委员会的少数派智囊，他们与主席埃德蒙·马斯基(Edmund Muskie)结成同盟。对这种联合的官方解释是，贝尔蒙受命负责新的国会预算程序，他不会因党派之争而去冒风险。参议员贝尔蒙确信如果预算出了什么问题，政府开支就会失控，显然，贝尔蒙并不认为，即使在经济繁荣的年份，也会有六七百亿美元的赤字，预算决议案本身就在使政府开支失控。

还存在着其他障碍。主张高支出的人对供应学派推动减税作出了反应，他们采取了正统的共和党人对财政负责的论调，不论何时减税要进入议事日程，主张高开支的人们总会成为“重生”的(born-again)预算平衡者。他们会说，我们是要减税的，但我们不赞成使赤字更加恶化，在他们投票赞成扩大政府开支而使赤字恶化以后，往往能听到这种论调。

在1978财政年度第一预算决议案中，民主党人发现，搞赤字可使政府开支增加12.5%，这使得计划赤字在经济复苏的第三年超过了600亿美元。1977年9月9日，当第二个预算决议案提出时，一小撮供给主义者决定揭露那些减税反对派的真面目。计划由参议员罗斯首先提出一个预算决议案的修正案，提议在不以削减政府开支来抵消的情况下，使个人所得税税率降低10%。当这一提案因会增加114亿美元的赤字而被否决时，参议员早川(Hayakawa)接着会提出进行同样幅度减税的方案，并以削减某项政府开支作为补偿。当这一提案被否决时，哈奇就会提议以政府开支计划全面削减2.5%作为补偿，进行同样幅度的减税。尽管这样，在过去一年里，政府开支仍允许增加400亿美元，即联邦政府开支增加9.5%。早川和哈奇是够勇敢的了，为了诱使民主党人(以及他们的部分共和党同伴)摊牌，敢冒险触犯对政府开支有投票权的那批人。

我们所知道的接下来的事情是，哈奇被召到国会，罗斯则杳无踪影，多数派领袖罗伯特·伯德(Robert Byrd)则要求哈奇首先提出他的议案。在《国会记录》中有这样一段有趣的描述，这位新当选的参议员被叫到国会，其议案受到威胁，因而感到有点恼火，但他有理有节地顶住了多数派领袖施加的强大压力。哈奇提出了罗斯的修正案，并极力为之辩护，把伯德挡了回去。

"重生"的预算平衡者开始从参议院的各个角落冒了出来，马斯基反对罗斯修正案，因为"它将使我们1978年面临的赤字增长超过110亿美元"，更糟糕的是：

> 它将导致永久性减税，这会使我们在税收改革中以及在处理我们所面临的其他问题，诸如国民健康保险费，福利改革的费用，我们面对的一些能源问题，大量的运输问题以及环境问题时，没有选择的余地或减少我们可供选择的方案。

参议员贝尔蒙也不赞成罗斯修正案，他说："国会的每一个成员都希望减轻美国纳税者的负担，我们同样也期望平衡预算，控制赤字。"此话出自这样一个人之口——的确他准备使联邦政府开支在1978年上升39%(快于以消费价格指标测算的通货膨胀率)。罗斯修正案以仅有18名共和党人，4名民主党人和哈里·伯德(Harry Byrd)(独立的)投票赞成而遭失败。

接着，是早川的修正案，以仅有15票赞成而败北。现在轮到哈奇提出他的修正案了，这时，一件令人震惊的事情发生了，辩论完全在哈奇和贝尔蒙两人之间进行，没有一个民主党人，甚至连马斯基也没有起来同哈奇较量。他们让共和党人亨利·贝尔蒙来做他们要做的事。贝尔蒙像冷酷无情的法庭辩护律师那样提出起诉，指控哈奇想要削减27.5亿美元的国防预算和33.6亿美元的社会保障金——“这是直接拨给退休者的钱”。哈奇答复说：“每项政府开支计划都有2.5%是浪费的。”贝尔蒙却说，并非如此。哈奇修正案以19票赞成64票反对被否决。此后不久，卫生、教育和福利部的总监所提出的报告认为，仅该部就因浪费、舞弊和管理不善损失了70亿美元——超过其预算的4%，相当于哈奇提议的减税的61%。

就在对罗斯修正案的辩论中，哈奇与参议院预算委员会就计量经济模型展开了斗争。哈奇说，参议院已被这些模型引入歧途，经济政策未把财政政策在供给方面的刺激性影响考虑在内。马斯基否认了这一点。

约翰·鲁斯洛注意到这场争论，1977年9月20日，他向众议院报告了他从国会预算局和行政管理和预算局得到的观点，即认为模型没有包括供给方面的影响。9月23日，哈奇要求参议院注意鲁斯洛的评论，并递给贝尔蒙一张便条。在这点上，贝尔蒙的助手失算了，他们给哈奇写了一封信说，这个问题对参议员们来说是技术性太强了，“涉及误差项和回归系数”。哈奇被告知，认为模型没有考虑供给方面的影响，这是不对的。贝尔蒙的助手还让他说：“而且，基于初步的讨论，我开始相信鲁斯洛先生可能夸大了艾丽斯·里夫林所作的那种答复。”当然，鲁斯洛并没有夸大任何事情，因为他直接引用了里夫林的答复。

打赢一场战役比坚守已经取得的地盘要容易。既得利益集团不会因为事实而让步，而且也没有足够的供给主义者来巩固这一胜利。决策过程仍然被对总需求有明显的短期影响而不考虑其对刺激因素和生产能力的长期影响的政策所左右。战斗还在继续，供应学派尚未弹尽粮绝。

1977年12月，国会预算局印发了题为《堵住财政政策的漏洞：一个长期分析》(*Closing the Fiscal Policy Loop: A Long-Run Analysis*)的报告。国会预算局认为，经济增长，同充分就业一样，依赖政府开支——言下之意，不依赖储蓄。为了在今后5年里使经济的实际年平均增长率达到5.16%，并到1982年实现预算平衡，必须有大量的政府开支。提高到可支配收入的6%以上的个人储蓄率将是对必要的政府开支的威胁。如果储蓄率高于6%，就有必要增加联邦政府开支以抵消这种有害的储蓄，以达到经济增长的目标。国会预算局直截了当地说，储蓄对经济增长是一种威胁，显然，这个报告对《肯普—罗斯议案》是有所指的。以前国会预算局曾经声称，降低边际税率并不能实现储蓄率的增长，现在国会预算局的看法恰恰相反。如果《肯普—罗斯议案》能成功地提高储蓄率，就将以牺牲其经济增长目标和较高的增长带来的收益为代价。

拥有200个职员的国会预算局有能力使一小撮供给主义者疲于奔命，但是，供给主义者们却应付自如。1978年1月13日，在联合经济委员会的听证会上，参议员哈奇说："在这里我们似乎有一个不可思议的公式，但愿它会起作用；根据这个公式，储蓄越少，需求越多，经济增长越快。"换言之，在这个公式中投资在哪里？没有储蓄又如何产生投资？鲁斯洛询问证人，对于国会预算局认为储蓄基本上是有害的，因为它削减了政府开支的观点有何看法。目睹这一切的人毫不畏惧地回答说："国会预算局的研究实际上是一种无能的象征。"1978年8月1日，《华尔街日报》也有同感。

经济模型之争进行得如此旷日持久，尖锐激烈，是因为受到威胁的远不止是它在经济上的声誉。实质性的问题是政治权力。供应学派的减税将会缩减与私营部门相关的政府规模，削弱集中在华盛顿的权力，而政治影响下降的前景更是权势集团所不希望的，许多自由派的政治事业都有赖于以政府行动代替私人行动。在凯恩斯主义模型中，经济发展停滞正是扩大政府规模的好借口；在供应学派模型中，却并非如此。

1979年，哈奇到参议院预算委员会任职。在委员会对1980年第二预算决议案进行讨论时，哈奇曾想询问助手，预算计划是建立在何种经济分析基础上的。他提出，如果委员会就模型举行一次听证会，他愿意把他的问题放到会上去。1979年9月12日，他还致函马斯基，提醒他，委员会主席已答应对他的请求加以考虑。两星期后的9月26日，哈奇遇见艾丽斯·里夫林，并和她讨论了作为经济预测模型基础的经济分析。次日，他再次写信提醒马斯基他召开听证会的请求。哈奇说："与里夫林的会晤增强了我要求预算委员会举行听证会的想法。"10月19日，哈奇又一次致信马斯基，重申他召开听证会的要求，这次他联合了来自科罗拉多州的民主党参议员威廉·阿姆斯特朗(William Armstrong)，后者对此事颇感兴趣。

10月24日，马斯基作了答复。委员会的工作，加上参议院即将进行的关于能源问题、暴利税以及第二轮限制战略武器谈判的辩论，使得在近期内安排听证会十分困难。马斯基给哈奇举行的听证会却是有关哈奇那年早些时候就曾关注过的限制所谓的不可控的政府开支问题。

当时哈奇所不知道的是，就在10月4日，参议院预算委员会的智囊领导约翰·麦克沃伊(John McEvoy)已向马斯基提交了一份关于哈奇要求召开听证会的备忘录。麦克沃伊对哈奇的要求抱有复杂的心理。一方面，他倾向于让哈奇点到为止，不要深究这个除了经济学家之外很少有人知道或关心的问题，不愿让他有时间卷入这件或许会带来更多麻烦的事；另一方面，国会预算局局长里夫林"并不真想召开一个听证会，而希望我们把哈奇拖一段时间，她说，对国会预算局用于预测的模型进行批评的人，是一批为极右路线捧场的人，不应该让他们举行听证会，以免使他们的观点合法化，使哈奇得到一个我们定会拒绝给他的讲坛。"

用于制定国家经济政策的经济模型没有考虑供给方面的影响，这一观念在得以确立两年零七个月之后，主张高支出的人们仍在捍卫他们对公共政策的垄断。自由派没有按模型的功过来对待这一经济学的问题，却试图通过把供给主义者称为一伙从个人偏见出发、重视意识形态问题的"极右路线的吹捧者"来歪曲这个问题。麦克沃伊说，哈奇是"不在此列的"。当然，麦克沃伊的意思很清楚，这就是说，哈奇没有跟着贝尔蒙同马斯基联合起来，总是通过搞赤字来扩大政府开支，而每当提出减税时，又总采取一个预算平衡者对财政的负责的态度。麦克沃伊把哈奇为改变经济政策而进行的斗争看作是"针对预算程序和参议员贝尔蒙的报复行动"。

如果这些计量经济学模型能够经得起任何公众的严格审查，就不需要什么阴谋诡计，听证会早就举行了，"右翼路线的吹捧者"也会名声扫地。对主张高支出的人来说，问题在于供应学派的观点不是轻易能被驳倒的。这些计量经济学模型做的是短期预测，它们忽视了对资本形成、工作态度、劳动生产率、长期经济增长的影响以及着重于在近期内控制需求的价格水平的作用。这些模型对自由派的政策是简捷易行的，但到一定时期，就逐渐削弱了美国经济，使之陷于"滞胀"困境。尽管麦克沃伊把里夫林关于如何掌控听证会的建议转达给了马斯基，如果听证会不得不举行的话；但是，如果听证会举行，实际上是无法阻止事实真相浮出水面的。

显然，资历不深的共和党参议员哈奇，正在对“陈规旧习”施加巨大压力。这样的事情是始料未及的。马斯基被这个持异见者所挫败，渐渐被搞得精疲力竭。1981年第一个预算决议案准备期间，一天在委员会，马斯基在关于国防开支的辩论中大发雷霆，骂哈奇是“偏狂症患者”。当哈奇再一次对经济模型提出异议时，马斯基怒气冲冲，拂袖而去。

马斯基的粗鲁激怒了哈奇，马斯基并不知道有人已经匿名把麦克沃伊备忘录的副本送给了哈奇。哈奇一直不知如何是好，但现在当着委员会众多同事的面受到如此挑衅，他就把它拿了出来。大家都很清楚，哈奇就这个问题进行的公开斗争已经导致了暗中对他的人身攻击。

参议员哈奇在他所在的委员会里击败了有权有势的主席，也许正是由于这次失败导致马斯基在卡特政府最后一年的一段时间里辞去了在参议院有实力的职位而成了卡特政府最后一任国务卿。也许正是一个资历不深的人物打垮了这个自命不凡的人——由于供应学派日益成功地对政府的开支机器施加压力使他陷入了困境。马斯基在这两年里，亲眼目睹了高级官员纷纷倒戈。玛乔丽·霍尔特提出的对1979财政年度第一、第二预算决议案的替代案在众议院仅以为数不多的几票之差被否决，尽管民主党的多数派拥有115个席位。在参议院，民主党人以对税收法案的纳恩修正案自行采纳了税收和预算的削减。显然，众、参两院都不太愿意公开投票反对削减税收和政府开支的政策。1979年起，整个参议院预算委员会都背叛了凯恩斯主义。

联合经济委员会

从1977—1979年的几年里，国会的联合经济委员会经历了一场变革，这场变革把该委员会推到了经济思潮的最前沿。早在1977年，大多数民主党经济学家们仍在大肆宣扬扩大政府开支的刺激将保持经济复苏的理论时，少数共和党人则在提倡有关经济政策的新思想。

联合经济委员会在1977年的年度报告里，仍然是与卡特政府和国会众、参两院的大多数民主党人的凯恩斯主义思想相吻合的。卡特总统的经济刺激计划，在1977年第三预算决议案中被国会通过，该计划要求实行一次性退税，并为创造就业计划增加政府开支，其结果是703亿美元的赤字。以密苏里州的众议员理查德·博林为首的联合经济委员会的民主党多数派在报告中指出，1977—1978 年刺激性的政府开支措施“在财政政策上形成了一个必要的和合乎需要的方向性转变”。

联合经济委员会 1977 年度报告在对 1978 年政府开支水平的建议方面，比卡特政府走得更远。卡特 1978 年的预算赤字为 577 亿美元，而联合经济委员会的多数派认为这还不够，他们建议增加政府开支刺激，使 1978 年的赤字接近 700 亿美元。

> 民主党人并不欢迎持续的巨额赤字，然而另一种方案更糟糕，因为这意味着经济停滞、持续的失业，以及所有随之而来的社会弊端。如果现阶段国家的劳动力资源和私人企业的生产能力处于非充分利用的状态下，我们就不相信赤字会引起通货膨胀，赤字也不会把私人举债者挤出借贷市场(p.43)。

作为一个未来的预言家，参议员本特森在脚注里不同意委员会的建议。

在参议员肯尼迪的带领下，委员会大多数成员敦促“稳定工资和物价委员会”发挥更积极的作用。报告指出：“相信工资和物价的稳定能脱离政府的协同努力而实现，这是蛮干。”委员会提出了一些措施，诸如要求对物价上涨进行预测，延缓“可能对经济产生严重的通货膨胀影响的工资和物价上涨”(p.49)。民主党人避免正式赞同强制性控制，而他们的建议实质上等于是强制性控制。

共和党少数派在 1977 年的联合经济委员会的报告中同意民主党多数派的观点——在 1977 年和 1978 年刺激是必要的，但在需要什么样的刺激上意见有分歧。共和党人认为永久性的减税将比“兴奋剂式的”一次性退税更有用些。他们主张货币供应量的适度增长，反对民主党提出的较高的货币增长量。“他们赞同多数派增加企业投资的要求，但又反对那种观点——认为需求本身的增长就能带来投资增长，而对保证工人有足够的工资，投资者有足够的收益却很少顾及”(p.68)。

共和党成员认为，问题在于供给而不在于需求：

> 在过去的 7 年里，为刺激需求，我们的赤字已将近 2 500 亿美元，而经济效益并不理想。被刺激起来的却是通货膨胀。实际上，任何一种旨在对经济进行微调而又不合时宜的政府刺激只能造成更严重的通货膨胀和经济衰退，此时再加上更多刺激，就形成了一种恶性循环(p.71)。

委员会中的共和党人警告说，如不重视供给，将会导致通货膨胀的过早抬头，因为扩大需求会推动物价上升。联合经济委员会的少数派成员意识到永久性减税的重要性，指出减税有刺激储蓄和投资从而促进就业和经济增长的积极作用。

在联合经济委员会1978年的年度报告中，经济政策上的分歧仍继续存在。民主党人开始认识到他们1977年所提出的建议的不足之处，但是他们中大部分人还是主张推行同样的凯恩斯主义的需求管理政策。少数人则认为，共和党人发展和完善了他们的关于永久性减税、货币紧缩以及放松管制的论点。

在联合经济委员会1977年的年中经济报告里，民主党人认识到"通货膨胀是经济复苏的主要障碍"。然而，1978年他们仍建议在1979年增加刺激，这次增加的刺激是来自扩张的货币政策。多数派认为，财政政策再也不能承担维持经济这一重负，货币政策应该把注意力放在力图缓和通货膨胀、拯救美元的国际地位上面。

在1975—1976年经济衰退后的复苏过程中，投资滞后于消费的增长，多数派认为，刺激投资问题可以通过扩张的货币政策得到解决，货币供应量的迅速增长能够提供足够的货币以弥补国家和私人的债务，从而消除庞大的预算赤字可能挤占私人投资的危险。

尽管委员会的多数派成员仍受凯恩斯主义概念的束缚，但是在1978年，他们对其政策建议所无法解决的问题并非视而不见，他们写道：

> 过多的失业要求扩张性的政策，但是这样做要冒使通货膨胀重新抬头的风险，而高通货膨胀率又要求紧缩的政策，这就要冒失业增加的风险。不幸的是，在70年代，由于推行了放慢经济增长和增加失业的经济政策，通货膨胀阻碍了就业法的贯彻实施(p.49)。

鉴于"减少生产和就业所造成的昂贵代价"，多数派强烈谴责任何试图用紧缩需求来对付通货膨胀的主张。他们仍然受到"菲利普斯曲线"在通货膨胀和失业之间的权衡，以及关于通货膨胀的并不高明的观点——忽视扩张性货币政策是通货膨胀的元凶——的束缚。

由于多数派赞同扩张货币而谴责紧缩需求，对付通货膨胀的唯一工具就是(政府开支计划而不是所得税的)指数化和收入政策了。前者通过增加政府福利收受者的福利以跟上价格的上涨，以此削弱通货膨胀对他们的影响；后者试图通过抑制纳税者的工资来控制通货膨胀。多数派竭力重申他们1977年的建议,敦促稳定工资和物价委员会发挥更大的作用。[参议员劳埃德·本特森在一个附加的《补充意见》(*Additional Views*)里对他的民主党同僚们的建议持有异议。他写道:"现在我们应该看到,将对工资和物价的控制强加于经济上,就要付出沉重代价,诸如资源配置的混乱、生产效率的低下以及无形的政府官僚主义者对我们生活潜在的支配。"]

与此相反,共和党少数派已经回答了这个当时最困难的问题,少数派在报告中认为问题并不在于如何在不加剧通货膨胀的条件下刺激需求,而在于如何提高劳动生产率以战胜通货膨胀。提高劳动生产率的方法就是增加对劳动、投资和储蓄的刺激:"每个希望经济更迅速增长的人都应该关心储蓄。只有转化为储蓄的一部分国民收入才能用于投资和弥补政府赤字。"接着,少数派认为,"在短期内,较高的投资率对维持我们目前的经济发展是必要的,但从长期来看,我们需要大量的资本支出"(pp.94—95)。

联合经济委员会的少数派注意到了边际所得税率(为最后一美元挣得的收入支付的税率)的重要性。由于通货膨胀把纳税人推上了更高的纳税等级,边际所得税率正在上升,按少数派的观点是,"边际所得税率上升到某一点很可能大大削减国家的经济增长率"(p.98),因此,为了经济增长,共和党人强烈要求永久性减税,反对一次性退税。

1978年,共和党人赞同民主党人的观点——制止严重损害经济的通货膨胀是头等大事。从这一共同点出发,他们却完全背道而驰。民主党人主张收入政策和货币扩张,而共和党人却认为制止通货膨胀的唯一途径就是"逐步削减多年来积累的货币增长率"(p.100)。他们不同意多数派的观点——认为货币政策过于紧缩。"的确,国内通货膨胀加剧,海外对美元需求减少,反倒说明美元供过于求"(p.101)。与民主党的结论相反,少数派认为永久性减税较之货币政策更有可能在较低的通货膨胀率下实现投资的增长。

参议员罗斯在他的《补充意见》中批评了卡特的税收计划——对几乎所有的收入集团增收附加税。在肯普的协助下,他提出了自己的《减税法案》,全面削减个人边际所得税率。参议员哈奇和麦克卢尔在他们的《补充意见》里指出了计量经济学模型的缺点:忽视了财政政策对供给方面的影响。

随着联合经济委员会1979年度报告的公布,对漏洞百出的凯恩斯主义政策的不满上升到一个新的高度。在新主席参议员本特森和众议员克拉伦斯·布朗的领导下，联合经济委员会产生了20年来第一个一致通过的报告，这是令人鼓舞的。报告指出，滞胀是在供给不足时刺激需求的政策的后果，民主党多数派，包括像肯尼迪和麦戈文(McGovern)这样的自由派，都在报告上签了字，赞成共和党少数派为之奋斗了两年的供应学派方案。

在报告的导言中，主席本特森承认，在委员会乃至这个国家内，渐渐形成一种共识——联邦政府应该进行内部整顿，而现在和不远的将来主要的挑战来自经济的供给方面。滞胀——通货膨胀和失业在经济中并存的现象，已发展成为美国面临的最大问题。1979年度报告建议通过投资和劳动生产率的增长刺激经济增长。提高劳动生产率要通过紧缩政府开支、适度的货币政策、减税和放松管制来实现。正统的凯恩斯主义观点——认为投资会导致通货膨胀，储蓄会拖累经济，不考虑税率水平如何，扩大政府开支就会导致经济增长——在报告中不见了。

以前，联合经济委员会倾向于认为膨胀性政策对经济增长有利。1979年，这种观点被供应学派观点所取代。现在，联合经济委员会认为，通货膨胀对经济增长是十分不利的，因为通货膨胀使厂房、设备以及生产中所耗费的库存的重置成本大大超出折旧提存费(depreciation allowance)的价值。由于没有如实反映生产耗费，利润被夸大，征税过重，使投资收益减少。投资减少意味着产量下降。而调整需求无法对付这个严重的问题，因为“即使需求很高，如果税后实际收益率不够高，资本开支和产品的供应一般也是很低的”。委员会的结论是，对供给方面的刺激“一直被严重忽视而未成为与通货膨胀作斗争的手段”。

1979年度报告掀起了一场新的供应学派的浪潮。现在，国会主要的经济委员会把经济政策的重点转向了供给方面。“生产要素的税收负担越重，这些要素被提供给市场的数量就越少；生产的税收负担越重，产量就越少。”决策者们必须“改变政策配置以鼓励供给，减少遏制因素，提高生产的回报”。

联合经济委员会宣称反对预算委员会一贯推行的那种政府开支刺激，这对马斯基来说并不是什么令人鼓舞的事。当被民主党控制的整个国会联合经济委员会都倒向供应学派时，马斯基将怎样抵挡哈奇的顽强进攻呢？当然，一部分倒戈者纯粹是出于政治原因。民主党人已经认识到供应学派在这个问题上的成功。由于共和党人已经通过削减个人所得税率赢得了选民，所以委员会的民主党人就搞了一个供应学派的一揽子计划向大企业兜售。委员会中的共和党人，诸如鲁斯洛，指出他们的民主党同僚对削减企业税比对削减个人税更感兴趣，民主党人在与大企业的联合上的确取得了部分成功，这种联盟的确成功地把1981年削减个人税作为大幅度削减企业税的交换条件。实际上，他们做得比这个更出色。当罗纳德·里根1981年8月签署税收法案时，企业减税部分地倒推到1981年1月开始实施，而作为这次减税运动的突破口的个人税收的削减却一直拖延到1982年和1983年。

然而，除了政治原因之外，联合经济委员会倒向供应学派经济学的确是动机纯正的，许多成员认为有必要搞清楚经济增长的刺激结构，排除阻碍国家成功的生产上的障碍。1980年，联合经济委员会继续用行动巩固了上一年的开拓性报告中的成果。1980年度报告题为《供给方面的障碍》(*Plugging in the Supply Side*)，阐述了供应学派经济学已取得的突出成就。

1980年度报告再次肯定了上一年的建议。“在80年代，美国不必周期性地‘闭关锁国’，减少贸易以对付通货膨胀。”正如本特森主席在报告的导言中所说，“由劳动生产率提高带来的稳定的经济增长，伴随着稳定的财政政策和在几年内货币供应量增长的逐步减少能够在80年代大幅度降低通货膨胀，而不增加失业”。委员会认为，“在传统上减税被认为仅仅是用以维持经济的需求方面的反周期手段”，而现在减税是增加储蓄和投资所必需的。联合经济委员会再次建议政府开支占国民生产总值的比例必须下降，常规预算应该用于因对经济进行管控而带来的巨大开支。

1979和1980年的联合经济委员会报告与1978年的《霍尔特修正案》和《纳恩修正案》一样，是里根入主白宫以前的里根经济学。凯恩斯主义政策的破产及其无力为这一国家面临的基本经济问题提供解决办法，正是联合经济委员会转向供应学派经济学的原因。旧政策的失败很大程度上反映在1978年度报告中。多数派的建议被证明是软弱无力、前后矛盾的，尤其是在通货膨胀和劳动生产率的问题上；相反，少数派的观点却为陷于困境的经济提供了一个合乎逻辑且可行的解决办法。

1979年的联合经济委员会报告对试图利用1978年的选举迫使减税销声匿迹的共和党保守派和民主党自由派来说，是十分不利的。共和党人通过实施减税取得了多年来最大的成功，在参议院竞选中赢得了57%的席位，占据了6个州长职位，在州立法机关中获得了300个席位。而权威们还在大书特书所谓“普遍一致”的看法——共和党由于把《肯普—罗斯议案》作为竞选活动的基础而犯了一个政治上的重大错误。那些企图使这一结论成立的权威们是一批损人利己之徒。一些经济学家为了他们的主张能被采纳而到处活动；相反，竞选1980年总统候选人提名的那些人并没有提及减税问题。主张高支出的人除了重新成为一批主张预算平衡的人来反对减税政策之外，别无他途。在这些为自私目的而宣称减税主张在政治上失败了的一片喧嚣中，联合经济委员会一致拥护供应学派经济学，这就压制住了把减税主张说成是政治错误的活动人士的气焰，但共和党保守派、民主党自由派以及新闻界联合起来对减税的攻击还没有结束。

经济学家奥托·埃克斯坦声称：“今天我们相聚在此，对供应学派经济学是一个难得的机会。”经过长期努力，计量经济模型如何歪曲了国家的经济政策以及经济增长潜能最终如何得以发挥，终于引起了人们的关注。1980年5月21日，联合经济委员会就模型召开了听证会，证人有三个主要模型的创立者——奥托·埃克斯坦、迈克尔·埃文斯和劳伦斯·克莱因，以及他们的客户，国会预算局的艾丽斯·里夫林，她强调自己不过是一个标准服务的购买者，没有自己的模型，还有供应学派的诺曼·图尔，他是第一个致力于建立供应学派模型的人。

参议员本特森把听证会提上了议事日程，他否定了凯恩斯主义者在通货膨胀和失业之间作出权衡的做法，声称他“相信我们不必为控制通货膨胀而使人们陷于失业”。他说，今后10年的目标“应该是通过供给方面的刺激生产出更多的商品以对付通货膨胀和失业”，他和共和党人高级官员克拉伦斯·布朗宣称，一成不变的时代已一去不复返了；委员会想从模型创立者那里了解他们对如何在模型中考虑供给方面的因素是否很有研究。

在许多方面，同几年前相比，世界已发生了很多变化。里夫林在她麾下的计量经济学家们的掩护下，迅速转向“坚决赞同主席先生和布朗先生关于供给和劳动生产率的重要性的观点”。她说，模型是主要用来分析政策的短期效果，而“不能靠它来预测对经济结构进行根本性改变的政策的结果”。模型对许多税收变化的分析没有什么帮助，也无法分析边际税率对工作态度和储蓄的影响，但是模型的建立者们正转向将至今一直被遗漏的供给方面的作用考虑在内。她宣称，“DRI 模型在一定程度上比过去更多地体现了减税的作用，而埃文斯的模型也将更多地体现其作用。”现在，她把供应学派的减税看作是实现较高的经济增长的重要手段。

埃克斯坦声称，“过去 20 年来我们所犯的错误就是，总是盯住短期的在需求方面的效应，而忽视了对长期的经济增长潜力的影响”，他承认，“我们过去没有积极去做的事情之一就是注重税收制度对劳动和储蓄的供给方面的影响”。

然而轮到克莱因时，时钟好像又倒转到 1977 年 2 月，他说：“我觉得认为计量经济模型忽视供给是一大误解。”这完全是“信口开河，混淆视听”，这说明克莱因对何为供应学派经济学仍然一无所知。他以为计量经济模型包括了反映经济中有形的资源流动的投入产出表——例如，X 幢新房子需要 Y 加仑的油漆。他说：“供给模型的核心就是解释能源危机，石油禁运、油价猛涨以及其他自然资源的有限性等全部问题。”这是一位连讨论议题都不知道的诺贝尔奖获得者。“我们面临的问题是，现在有一种趋势，就是把供应学派经济学等同于对工人的劳动生产率和劳动效果的税收刺激。”克莱因一心要给供应学派经济学重下定义，他认为，因为减税使人们能更快地达到他们计划的收入水平，供给主义者对供应学派经济学的阐述可能是言过其实的。克莱因重复了里夫林三年前的错误观点，他说，人们只能把减税收入转为更多的闲暇，“废除被称为‘向后弯曲的劳动力供给曲线’的经济学法则是很困难的”，因此，减税的净效应可能会减少工作。

显然，华盛顿决策者的顾问克莱因并没有注意前三年关于经济政策的讨论，其结果是，他把劳动生产率的增长和技术的进步对劳动力供给的影响混同于削减边际税率的影响。工具和技术的改进使得每个劳动力能在较少的工作时间里生产出更多的商品和劳务。在这种情况下，工人就有可能享受更多的闲暇、更多的商品和劳务，作为生活水平提高的一部分。但是，削减个人所得税税率不可能提高收入，除非人们以较多的工作对较大的刺激作出反应。如果每个人对减税的反应都是减少工作，总产量就会下降。因此，人们如果以增加闲暇作为对减税的反应，就不能维持生活水平。

除了克莱因，证人们都接受了供应学派经济学。埃克斯坦声称在现有法律下，经济正面临巨大的税收增长(计划的工资税增长)，不用减税抵消这种增长是危险的。“由于你在 1 月 1 日盯住主要的税收增加，就很难理解为什么你在 1981 年不可能有所进展。”他反对仅仅部分抵消这些税收增加。他的模型表明，个人所得税税率的削减和更为紧缩的货币政策将增加实际国民生产总值，降低通货膨胀。两年以后，埃克斯坦把这些论点都忘记了。1982 年 4 月 29 日，在东方经济委员会(Eastern Economic Association)的年会上，我们在同一个小组。埃克斯坦认为里根的减税——几乎抵消了由于社会保险和纳税等级提高的高税收(见表 2.1)——是规模巨大的而且走得太远了。他批评降低税收和减少货币增长量的“矛盾性”政策——这是他在他的联合经济委员会声明中赞成的、里根采纳的政策。5 个月后，他又改变了主意，《华盛顿邮报》引用他的话说，“让我们面对这一问题，最终结果是减税尚未充分到使经济增长”(1982 年 9 月14 日)。

表 2.1　税级上升和工资税增加以后的净减税额(现值美元)

收入等级	1981 年	1982 年	1983 年	1984 年	1985 年	1986 年	1987 年	1988 年
15 000	145	88	56	32	90	111	116	122
20 000	199	108	21	−34	40	65	68	72
25 000	253	139	−34	−107	−22	6	5	4
30 000	306	171	−49	−136	−37	−4	−5	−6
40 000	517	318	52	21	180	265	373	477

经济政策的政治行为并不以一以贯之为特征。布朗和鲁斯洛不想让里夫林的表演被人置之不理，布朗对她说，她听起来很赞同供应学派，但是，对于最近出现的谴责供应学派是“右翼的吹捧者”的致马斯基的备忘录，又做何解释呢？里夫林回答：“我对别人错误地引用我的话无法负责。”布朗接着问她，他的想法是否正确，即“你急于要在预算模型中接受供应学派经济学的观点”。她回答说：“看看前两年，特别是最近几个月的国会预算局的报告和讨论，就可以看到我们对供应学派有着浓厚的兴趣。”

说这段故事的意图并不是为了取笑代表凯恩斯主义观点的能干的艾丽斯·里夫林，而是要说明在 1980 年 5 月以前，没有人愿意站在错误的供应学派一边；而现在，甚至克莱因也宣称自己是供应学派，尽管他对供应学派有他自己的定义。不过在总统自己的人在减税问题上处理失当之后——正如我所担心的那样，对供应学派经济学的批评再度变得时髦起来。华盛顿的决策者们从来都很会见风使舵，当供应学派经济学风靡一时的时候，所有的人都想来沾它的光，而在庆祝里根政府减税成功的时候，供应学派却被排斥在外，甚至财政部的奖金竟给了根本没有参加供应学派运动或者对此毫不热心的人。我曾经告诉我的一个代理人——他是一个花了五年时间艰苦奋斗并对这个问题卓有建树的人，不要因为他的作用未被认识而感到难过，我向他推荐了当时正在上映的电影《屠龙者》(*The Dragonslayer*)，当那可怕的野兽被杀死之后，认为此举大可不必的人受到称赞，而真正的英雄却被迫退居幕后。

这种个人竞争的一般形式有时产生的结果远不是公正的，在联合经济委员会对经济模型的听证会上，迈克尔·埃文斯声称削减个人税收对经济有很大的积极作用。《肯普—罗斯法案》以及限制政府开支(实际上使之稳定)能使预算在1984年达到平衡。一年以后，财政部在与行政管理和预算局进行的关于总统经济计划对经济的作用的政策讨论中又被卡住了。作为负责经济政策的部长助理，我建议财政部赞同埃文斯的模型以反击行政管理和预算局对总统计划的错误观点。然而，我的建议遭到我的老战友、当时的财政部副部长诺曼·图尔的反对，其依据是埃文斯的模型不是权威性的供应学派模型。这就使行政管理和预算局掌握了主动权；财政部陷于被动，只得尽量不让行政管理和预算局所发起的进攻危及总统的计划。

第 3 章

革命的扩展

那些计量经济学模型的缺点暂且不论，供应学派革命本来就是不会在一个成功的经济环境中发生的。供应学派经济学之所以成为论争的焦点，是因为 10 年来经济情况每况愈下。如图 3.1 所示，由于通货膨胀率和失业率两者都上升，即便以前被认为是不能接受的经济状况，如今也变得难以企及。例如，经过四年的经济扩张，到了 1979 年，该年的失业率比发生经济衰退的 1970 年高足足一个百分点。

美国人习惯于被称作"富裕的人民"，但是过去几十年的经济发展表明这一称号已不再名副其实了。统计材料说明富裕的引擎已逐渐精疲力竭。自 1968 年以来，劳动生产率的增长率已大幅度下降，每一工时的产量增长率已从 1948—1968 年的年平均 3.1％下降到 1968—1973 年的年平均 2.1％。1973—1980 年，私人企业劳动生产率的增长率平均数为 0.6％，只相当于 1968 年以前 20 年的增长率的 1/5。在 1979 年和 1980 年，劳动生产率的增长是负值，也就是说，劳动生产率实际上是在下降。

美国的劳动生产率增速不仅放慢了，还远远落后于我们一些主要的贸易伙伴。当我还是个攻读经济学和管理学的学生的时候，有人告诉我们，不必为美国的高工资担心，美国工人比他们的外国同行的劳动生产率高得多，因为他们有更多的资本。而现在，我们再也不能对这些信以为真了。美国劳工部对制造业部门的劳动生产率进行的国际比较表明，1973—1981 年，美国的增长率是 1.7％，而日本是6.8％，法国是 4.6％，西德是 4.5％，意大利是 3.7％，英国是

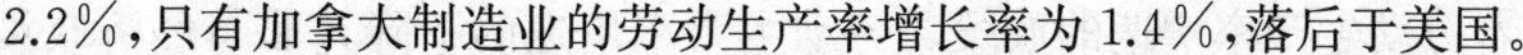

2.2%，只有加拿大制造业的劳动生产率增长率为1.4%，落后于美国。

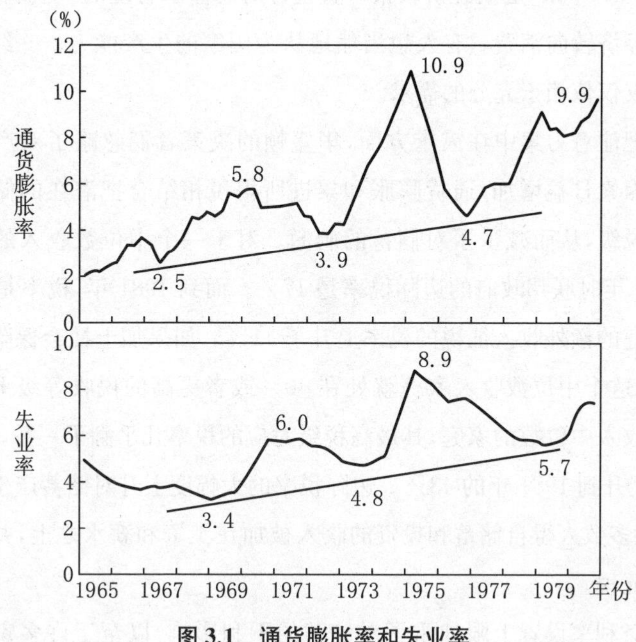

图3.1　通货膨胀率和失业率

劳动生产率增速下降，结果是众所周知的。我们的产品在国内和国际市场上的竞争力都在下降，而保护主义的压力上升了。劳动生产率增长速度的下降意味着生活水平的提高也放慢了，而在“税胀”(taxflation)——通货膨胀加上边际税率提高——的情况下，现有的生活水平只能靠苦苦支撑才得以维持。

由于通货膨胀率从60年代上半叶的每年不到2%上升到1979年的13.3%，人们为了保持其购买力，就使工资和薪水与通货膨胀同步上升。然而，我们的税收制度是对名义的或货币的收入征税，而不是对购买力征税，工资和薪水的提高就把人们推上了更高的税级。由于国内税收机构从每一单位的收入增加中提取的部分越来越大，许多人的生活水平的提高都受到了抑制。人口普查局的数据表明，1969—1980年，中等家庭的收入没有增长。

劳动生产率增速放缓有几个很明显的原因。资本和劳动力的比率(即平均分配给每个工人的厂房和设备数量)一直在下降。这种下降反映出劳动力的增加和资本形成率的下降两个方面。工人的人均占有资本额的增长率的下降就意味着劳动生产率增速的放缓。劳动生产率增速的下降并非与经济政策毫不相关。15 年来，宏观经济政策一直是针对总需求管理的，税收和政府开支被用于使经济转向消费。有人想当然地认为国家的生产能力——经济的供给方面——仅仅依赖于充分的需求。

由于把注意力集中在需求方面，华盛顿的决策者们忽略了对产生额外收入的抑制因素日益增加，通货膨胀和累进所得税相结合把潜在的储蓄者推上了更高的税级，从而减少了对储蓄的刺激。对于一个中位数收入的四口之家来说，1965 年时联邦政府的边际税率是 17%。而到 1981 年，税率是 24%——对这一家庭的额外收入征税的税率上升了 41%。如果加上社会保险税和州政府所得税，这个中位数收入家庭就处在 40%或者更高的税收等级上。一个收入两倍于收入中位数的家庭，其最高税级对应的税率几乎翻了一番，从 1965 年的 22%，上升到 1981 年的 43%。边际税率的大幅度上升对储蓄产生了不利影响，因为大多数人得自储蓄和投资的收入被加在工资和薪水之上，并自然要以最高税率征税。

政府对利率设置上限加重了对储蓄的不利影响，以至于许多家庭从他们的储蓄中获得的实际税后报酬率是负数。就是说，利率低于通货膨胀率，个人储蓄率因此而下降。1976—1980 年，个人储蓄率平均仅为 6.1%，是战后最低的五年，大大低于 1966—1975 年平均 7.8%的水平。个人储蓄率的下降，使这五年里提供给资本市场的资金减少了 1 300 亿美元。

边际税率的提高同样也损害了工作积极性和对提高技术的刺激，因为增加工作的税后报酬较低，其结果就是旷工的增加，工人不愿意接受加班工作，以及现有存量资本利用率的下降。1980 年 5 月 21 日在联合经济委员会的一个听证会上，众议员克拉伦斯·布朗就这个问题声称，税率对全职雇员的工作态度并不会产生明显的影响。俄亥俄州的国际收割机公司(International Harvester)最近发生了一次六个月的罢工，问题之一就是公司是否能让其雇员按公司的要求来加班加点。由于边际税率很高，雇员们不愿意强迫性地加班，布朗认为他懂得税率对雇员的工作态度的影响，因为“我让他们完全站在个人的立场上，用简短通俗的语言向我解释了这个问题”。

通货膨胀和税收上的折旧法相结合，导致更新在生产中消耗的厂房、设备和库存的成本未能被充分地反映出来。在非金融性部门，1976—1980 年间，存货和固定资产的重置价值被低估了2 620亿美元,这削减了企业储蓄,加之私人储蓄下降,资本市场可获资金减少的数额比这五年间累计的联邦政府的预算赤字还要大。

对折旧费用的低估使得企业利润被夸大了,而企业纳税的实际税率被提高到法定税率之上。如表3.1所示,当固定资产账面上的折旧提存根据重置成本进行调整,企业利润被征收的税率高于法定税率,这种情况已经持续了10多年,税率从70年代的平均56%达到1974年的77%。

表3.1 实际法人税税率(%)

年份	税率	年份	税率
1960	54.1	1971	53.6
1961	53.4	1972	50.4
1962	47.0	1973	55.9
1963	46.2	1974	76.8
1964	43.3	1975	53.9
1965	42.0	1976	53.6
1966	43.3	1977	49.7
1967	43.3	1978	50.9
1968	49.3	1979	56.4
1969	53.3	1980	58.6
1970	58.4		

70年代,停停走走的需求管理政策增加了不确定性。没有人能确切地知道扩大需求的政策何时会转向紧缩需求,反之亦然。这种额外的不确定因素加大了制订计划的难度,从而提高了在进行新投资之前必须考虑的“门槛回报率”(hurdle rate of return)。所有这些因素,加上政府管制以及膨胀性的货币增长,降低了私人资本形成率,阻碍了企业对技术研究和发展的投资,使资源转向非生产性目的和“地下经济”。其最终结果就是我们的劳动生产率每况愈下(见图3.2)。

这些年来,对我们的经济制度的指控是颇为尖锐的。市场经济不再被看作是一种使个体境遇得以改善的制度,而常常被描绘成一种在贪婪的驱动下折磨贫穷又不幸的人们的机器,冷酷而无情。对市场失败和社会成本的指控有助于我们改变我们的经济制度。新实施的津贴和转移支付(transfer payment)措施使人们可以对他人的收入提出要求。多年来,对生产性社会的

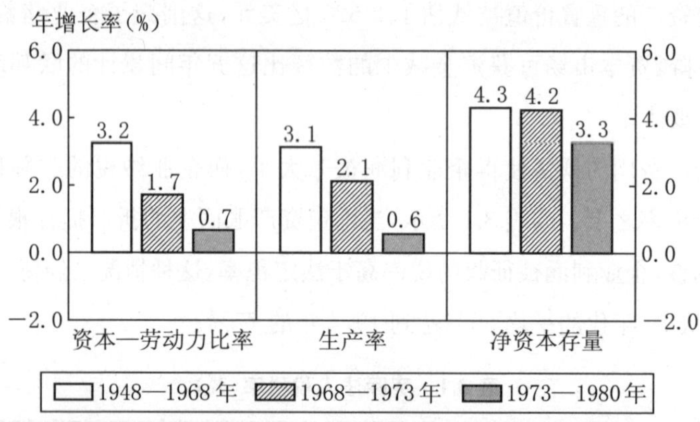

图 3.2　资本—劳动力比率、劳动生产率和实际净资本存量的增长率

积极刺激一刻不停地被一种转移支付性社会(transfer society)的违背常理的刺激所排挤。由于转移支付计划与作为大多数人的收入来源的生产相矛盾,越来越多的人把精力放在以政治手段获取转移支付上,而不是放在生产上。扩张的转移支付经济将资源从新收入的生产中抽离,导致了经济的下滑。

转移收入的增长与全职工人在扣除了联邦所得税和社会保障税之后的实际收入的停滞形成了鲜明的对照。财政部未公布的预测表明,1967—1981 年间,普通工人的税后实际收入并未增加。1972—1981 年间,每年下降 0.7%,1976—1981 年间,每年下降 1.3%。相反,1967—1981 年,已婚男性全职工作一周所得的实际税后收入中位数保持不变,而实际社会保险福利增加了 20%。

税收制度加上通货膨胀鼓励人们增加负债而不是购买证券,很多人认识到他们能够"储蓄"的唯一途径就是负债,并依靠"税胀"推高他们的房产价值,而使他们的按揭贷款贬值。工商企业同样受到税收制度的鼓励而越来越依赖于负债,它们的折旧提存由于"税胀"而被掠夺,使得他们的流动资金减少,内部资金流通受阻。由于付给股息必须纳税,而债务利息可以抵扣应税所得,因此企业就越来越依赖负债。人们担心控制通货膨胀和改变那些违背常理的刺激所必需的货币政策会产生流动性问题,并威胁着那个支持债务结构的资产价值。

正当高税收使我们的生活水平日益下降时,在对外关系上,一种新的税收正在形成,我把它称之为"软弱税"。它将由于外界发现和利用我们在经济、军事和外交方面的霸权地位的削弱而上升。软弱带来迁就,这种迁就就是向全世界表明对美国提出过分要求的报酬率是很高的。我们对这些要求往往报以妥协和让步，而使之变本加厉。如果听任我们的实力被削弱，就意味着我们将承受日益增加的、令人难堪的苛刻要求。由于这种鼓励别人向我们提要求的刺激结构已经形成，这种情况就很难纠正。

当我开始我的工作时，美国无疑是世界上最富裕的国家，但是当1981年的《世界银行专题报告》(*World Bank Altas*)于1982年初发表时，美国的人均收入排在第九位，比上一年报告中的排名下降了三位。传统的人均收入的国际比较方法的确有问题，在最富裕国家的行列中，我们未必只排在第九位。然而，世界银行的报告，对美国人是富裕的民族的观念是一种挑战。

如果经济确有下滑，这也是不可避免的。经济状况是受到政策影响的。如果说，这种多年来的错误政策已经损害了我们的经济状况，那么一个较好的政策就能使之得到改善。在政治上反对减税的人们都宣称，没有什么根据可以说明供应学派经济学会比导致经济下滑的凯恩斯主义政策更好一点。实际上供应学派经济学是言之有据的。以财政部长安德鲁·梅隆(Andrew Mellon)命名的“梅隆减税”，曾带来了没有通货膨胀的经济高涨，税收收入增加了，而且主要是来自富人的。梅隆在20世纪20年代的10年里还清了36%的国债。

再近一点的就是在1964年1月1日和1965年1月1日开始生效的“肯尼迪减税”，使个人所得的边际税率平均下降了20%。由于在六七十年代，几乎所有的美国经济学家都是凯恩斯主义者，肯尼迪减税也是从需求方面的观点出发加以研究的。减税带来的经济繁荣被解释成一种由于政府支出增加而形成的消费主导型的经济扩张。事实上，减税开始起效以后，**人们把更小的一部分收入用于消费**。图3.3把消费支出与可支配收入联系起来了。虚线表示减税以后如果人们仍然像以前一样把同比例的收入用于消费时的消费开支。实线表明实际消费支出。到1967年，消费支出至少比原来的趋势降低175亿美元——这个数字比个人所得税削减的数目要大(以美元不变价计算)。

如果消费者将把收入更小的部分用于消费，就会把更大部分收入储蓄起来。的确，经验数字也表明个人储蓄有迅速的增长。图3.4显示了个人储蓄和储蓄率的情况。减税以后，个人储蓄的实际数量有明显的增长，而60年代初一度下降的储蓄率也迅速增长。这种高储蓄率保持了10年，直到提高边际税率才把它压下去。

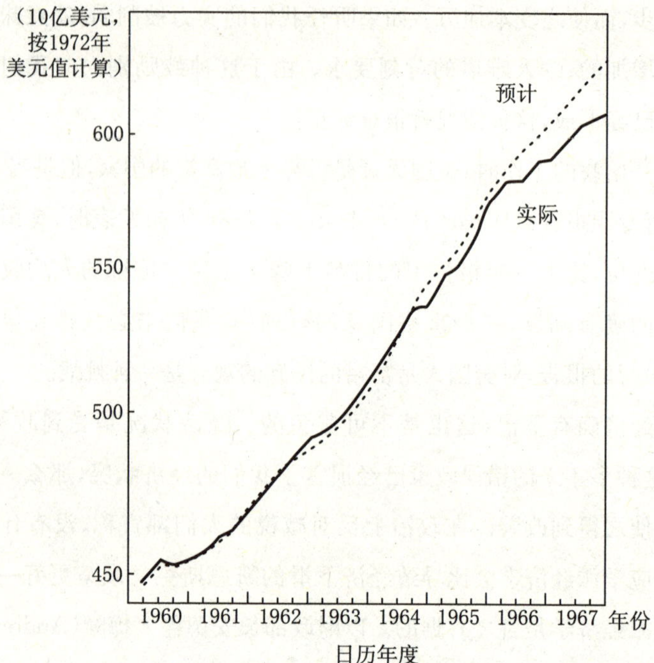

图 3.3 实际消费开支

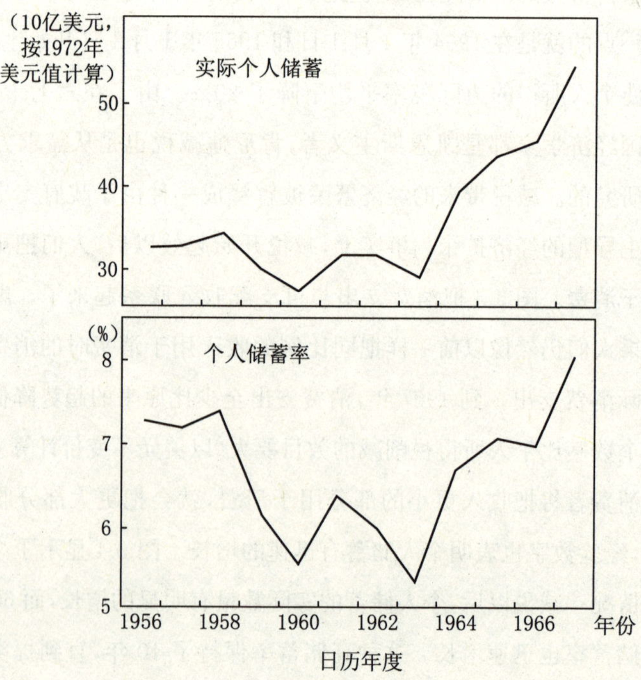

图 3.4 肯尼迪减税前后的个人储蓄

表3.2是财政部对肯尼迪减税对个人储蓄的影响的测算。1964年，实际个人储蓄比减税以前的趋势增长了66亿美元，储蓄的增长相当于减税规模的74%。此后的两年，储蓄分别比原来的趋势增长了102亿美元，相当于减税规模的72%。1967年，储蓄比原来的趋势提高了190亿美元，相当于减税规模的121%。

表3.2 1964年减税后实际个人储蓄的增长情况(10亿美元，以1972年美元值计算)

年份	减税前的实际可支配收入[a]（美元）	减税前的实际个人储蓄[b]（美元）	实际个人储蓄[c]（美元）	减税后的实际个人储蓄的增长[c]（美元）	减税额中变成实际个人储蓄增长的比例[d]（%）
1964	559.1	32.4	39.0	6.6	74
1965	576.4	33.4	43.6	10.2	72
1966	594.3	34.5	45.3	10.8	72
1967	612.7	35.5	54.5	19.0	121

注：a. 实际可支配收入的价值在1959—1963年间基本保持不变；
b. 与收入相联系的家庭的实际个人储蓄在1960—1963年间维持在5.8%的储蓄率上；
c. 实际个人储蓄和实际数量与减税前预测值的差额；
d. 1964—1966年间储蓄的增长相当于减税的3/4左右，而1967年储蓄的增长超过减税的21%。

在讨论里根总统的减税计划时，评论家们说，储蓄不会增加很多，因为人们只会把减税的一小部分储蓄起来。评论家们只考虑代扣所得税的变动额中有多少会被留出来变成储蓄，他们忽视了增加刺激对储蓄率和经济增长率的影响，在更高的收入增长条件下的更高的储蓄率能带来储蓄的大幅度上升，这就解释了为什么1967年储蓄的增长大于减税的规模。

储蓄的增长把实际资源从消费中释放出来，由此促成了经济的迅速增长。50年代以及60年代初到1962年，资本开支的实际增长率达到每年3.5%。在60年代的其余年份，实际资本开支的增长率是之前的2倍多，每年增长7.3%。在大公司的资本开支增长率很高的同时，小企业的投资增长的加速度最大。

投资的加速增长大大提高了经济的生产能力。1949—1963年，净资本存量每年增长3.8%，而在60年代的其余年份，由于减税，净资本存量年增长率达到5.5%。凯恩斯主义者声称投资的高涨源于投资的税收抵免，然而，如果不是消费者们把收入的更大比例用来储蓄从而将资源从消费中释放出来，投资的迅速增长是不可能发生的。

储蓄方面的反应清楚地表明，如果预算赤字的扩大是因税率的降低所致，那么更多的储蓄资金就将拔除赤字扩大的毒螯。事实也证明了这一点，1965年，联邦预算接近平衡，只是在为了支付越南战争和"伟大社会"计划而扩大联邦政府开支以后，预算才转向赤字。图3.5显示了为什么尽管(或由于)减税，预算状况还很不错。实际上联邦政府的收入大幅度增长，而且大大超过了收入增长趋势。

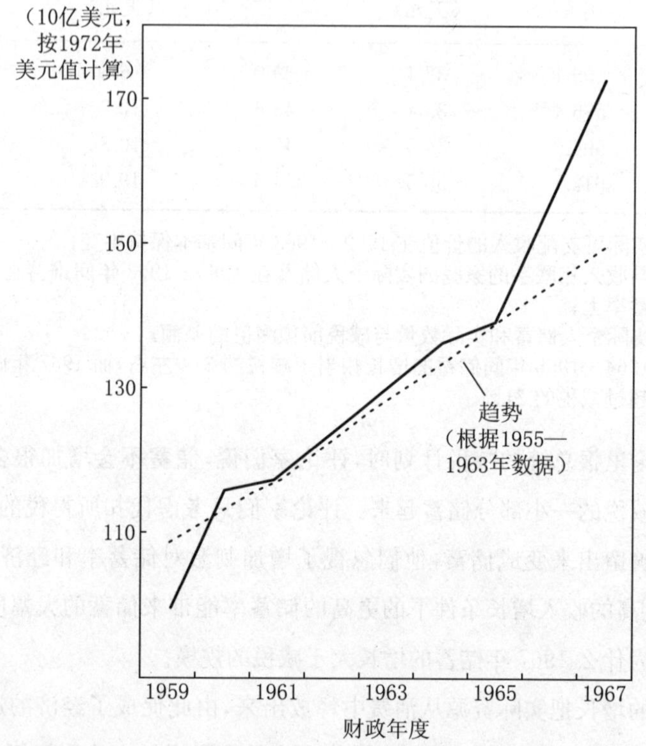

图3.5　肯尼迪减税期间的实际联邦政府收入

1977年2月7日，沃尔特·赫勒在国会联合经济委员会作证时也提出了同样的观点。他向委员会说明，1964年的减税是

> 在我们因越南战争的逐步升级而遭受打击以前，到1965年中，给我们带来了30亿美元盈余的主要因素，那次减税120亿美元相当于今天的

330亿—340亿美元。在一年之内,财政部的收入就已高于减税以前的水平。

他的结论是:“这次减税是否通过增加政府财政收入而实现自偿了呢?我认为是的的确确实现了。”

凯恩斯主义者们称赞1964年减税使国民生产总值在1965年中提高了250亿美元,到这一年年底提高了300亿美元。另一位凯恩斯主义者,布鲁金斯学会(Brookings Institution)的爱德华·丹尼森(Edward Denison)估算出实际的和可能的国民生产总值之差仅为120亿美元——肯尼迪减税的数额,显然,这一差额是不足以容纳基于不断增长的需求和未被利用的生产能力的300亿美元的经济增长的。丹尼森是测算这种差额的专家。如果这种测算大致无误,由肯尼迪减税带来的巨大增长就不能不是基于对生产性活动的税后报酬率的提高的一个供给方面的反应。

肯尼迪总统的奉行凯恩斯主义的顾问们试图刺激经济,并使经济的潜力充分发挥出来。他们选择了他们认为会刺激消费者支出的政策,时至今日,传统的观点仍然认为这是一次消费主导型经济扩张。然而,实践经验表明,决策者实际得到的是储蓄和投资活动的高涨,从而刺激了经济更充分地利用现有资源,加快了生产能力的增长。实际消费支出在收入中的比重实际下降了,因而这远不是什么消费主导型的经济扩张。储蓄、投资和税收都有了大幅增长。正如斯坦福大学的经济学教授保罗·埃文斯(Paul Evans)所说:“那些坚持认为(供应学派经济学)没有起码根据的评论家们根本没有去寻找这种根据。”

霍尔特修正案

仅仅是这种根据在华盛顿是微不足道的,然而供应学派经济学被证明是一种不错的政治学。1978年3月15日,杰克·肯普和以后成为明尼苏达州州长的艾伯特·奎伊(Albert Ouie)提交了《肯普—罗斯议案》,作为汉弗莱—霍金斯的充分就业议案的修正案。这个修正案以194票对216票被否决,鉴于民主党人在众议院拥有的庞大的多数,票数之接近令人惊讶,仅22票之差,不然,《肯普—罗斯议案》在1978年初就已经通过了。

供应学派的浪潮正在高涨，1978年5月3日，这股浪潮第一次冲击了民主党人，这就是对1979财政年度的第一预算决议案的《霍尔特修正案》。来自马里兰州的共和党人玛乔丽·霍尔特把肯普—罗斯减税与限制政府开支增长结合在一起，把1979年的政府开支控制在比1978年的开支高8%的水平上。她的计划将使预算在5年内达到平衡。

我于1977年不再担任预算委员会少数派智囊了，去帮助奥林·哈奇在参议院为供应学派而战。到1978年，为了帮助霍尔特和鲁斯洛恢复众议院预算委员会少数派的减税努力，我将实行两个转变。由于减税变得流行起来，这场斗争进行得较为容易。卡特总统和众、参两院的预算委员会都在其1979年的预算议案中提出了减税，他们还把联邦政府开支增长率定为11%，大大超出了预计的7%的通货膨胀率，其结果，政府开支的增长率比通货膨胀率快57%，1979年的赤字达到600亿美元。霍尔特修正案通过把政府开支增长控制在8%，提出了较大幅度的减税和480亿美元的较小的赤字。

在共和党人这一边，战斗主要是靠霍尔特、鲁斯洛、科纳布尔、伯格纳、雷古拉和拉塔等人，而民主党人的抵抗则来自米切尔、西蒙和预算委员会主席贾伊莫。民主党人很快转向把使联邦政府开支增加380亿美元的霍尔特修正案称为预算削减。他们这样做是把该修正案的政府开支水平同他们自己更高的提案相比，而不是和上一年的水平相比。帕伦·米切尔(Parren Mitchell)立刻求助于寡妇和孤儿们，他指责仅与政府总开支和税收数目有关的霍尔特修正案将“把对城乡贫穷儿童进行普及教育的项目削减4亿美元”，以及“取消联邦政府为教育残疾儿童提供的1.44亿美元的补贴”。更糟的是，把政府开支增长控制在8%，“我们甚至对这么多众议员都十分关注的对全体中等收入学生的助学金议案，也不能加以考虑”。显然，如果中产阶层不被过多征税的话，也就不需要学生助学金了。共和党人没有容忍关于“削减政府开支”无理言论，因此，贾伊莫调整了观点，并提醒众议院，政府开支增长11%比增长8%会赢得更多的选票。他说，他也是赞成扩大减税的，但是，

> 我们不能自欺欺人地相信，我们能够一面投票赞成给退伍军人、国防、教育贷款、农业、能源、医疗、社会保障、收入保险、政府行政开支等等增加拨款，一面又投票赞成一个听起来很不错的修正案，一个理想型的削减政府开支和税收的修正案。

贾伊莫能够熟练地运用凯恩斯主义的每一个论点，正如共和党人学会运用供应学派观点那样。他说，霍尔特修正案中更大的减税会被更低的政府开支水平所抵消，因此，“我们就得不到所需的刺激，这等于是自欺欺人”。经济将会衰退，收入将会减少。失业将增加，推动预算开支上升，赤字就会扩大。贾伊莫试图让共和党人纳入凯恩斯主义的框框里，即减税比起增加政府开支对经济的刺激更微弱。然而，这一次，供应学派经济学打破了这一框框。

在另一个问题上，共和党人也略胜一筹。他们认识到预算决议案是一个财政政策过程。而科纳布尔告诉预算委员会主席，《霍尔特修正案》不得不与“这个委员会是否将确定财政政策相关”。民主党人将让拨款小组决定政府开支总水平，然后，预算委员会把总开支减去收入就得出赤字数额。根据凯恩斯主义的财政政策，赤字作为对经济的必要刺激，而被认为是正当合理的。在这个过程中，无论政府开支达到何种水平，财政政策总能成为它的基本依据。共和党人想改变这种做法，首先决定政府开支总数，然后提交拨款委员会，由其视情形进行合理的分配。共和党人认为这个程序不仅能更好地控制政府开支，还能保护国会成员免受增加拨款的特殊要求的压力。正如伯格纳所说，国会要避免由于不得不迁就特殊利益集团而对预算带来的压力，唯一途径就是首先确定政府开支的总水平。

众议院开始对“一个听起来不错的修正案”发生兴趣，投票结果是，《霍尔特修正案》获胜。但是，民主党领袖知道该干些什么，因此施加了压力，正如《国会记录》所说，加利福尼亚州的布朗(Brown)、卡尔(Carr)、菲西安(Fithian)、弗利波(Flippo)、安默曼(Ammerman)、本杰明(Benjamin)、盖多斯(Gaydos)、马托克斯由投赞成票变成了投反对票，主张高支出的人以197票赞成对203票反对而勉强获胜，然而他们的时代已经结束了。

8月8日，国会预算委员会报告第二个预算决议案，它比第一个预算决议案与《霍尔特修正案》更为接近。政府开支被控制在霍尔特提出的水平，赤字甚至还要低一些。即使这样，在委员会里民主党人还是得以凭借一票的优势否决了霍尔特对第二预算决议案的修正案。修正案的开支、收入和赤字数目并不比预算委员会的决议案低多少，然而，修正案提出了大幅度的减税，并决定未来的政府开支的预算许可的增长将削减300亿美元。

8月16日，当霍尔特提出她的修正案时，辩论是在同样的人之间对同样的问题展开的。共和党人认为必须将财政政策置于首位，而不是迎合需要政府开支的选民。他们认为政府开支和税收负担的增长快于纳税人收入的增长，是一种既不公平也不好的经济学。民主党人，收入再分配的鼓吹者，帕伦·米切尔把这个修正案称为"对绝望者的霍尔特冲击"。过去几年里，收入再分配计划层出不穷，总审计局和卫生、教育和福利部的总监报告暴露了在这些计划中的大量浪费和舞弊，面对这些事实，任何道德说教都是虚伪的。

主张高开支的民主党人还有另一个问题。在这一星期以前，他们披着对财政问题负责任的外衣，以 177 票对 240 票否决了对众议院赋税委员会的税收议案的肯普—罗斯修正案。越来越多的成员宣称他们支持减税。然而，由于肯普—罗斯议案对控制政府开支毫无作用，他们对赤字的关注阻碍了他们投票赞成这一议案。而现在霍尔特提醒了他们，她的修正案把肯普—罗斯的减税和控制政府开支结合在一起，这正是他们曾经说要投票赞成的。

主张高开支的人们正面临着很大的压力，凯恩斯主义的经济分析在这一挑战面前被击败了。贾伊莫认为政府开支增长率的削减只能部分地补偿"肯普—罗斯"式的减税带来的通货膨胀压力。他似乎在宣称私人开支比政府开支更容易导致通货膨胀——这和他以前认为减税对经济的刺激不如扩大政府开支来得多的观点恰恰相反。民主党人被击败了，而在他们 115 票的多数中，几乎没有足够的力量来否决《霍尔特修正案》，仅以 201 票赞成对 206 票反对的微弱多数否决了《霍尔特修正案》。民主党人仍可以在票数上压倒共和党，但不能阻止他们确定议事日程和控制国家的政策方向。

纳恩修正案

《肯普—罗斯议案》与控制政府开支的增长相结合，被证明是不可阻挡的。1978 年 10 月，一份税收议案被提交给参议院，除了削减资本利得税税率外，它忽视了高税收引起的经济刺激的每况愈下。为改进这个议案，肯普—罗斯减税议案被作为修正案提了出来，但它以 36 票赞成对 60 票反对被否决，而且用税制指数化对付税级提高的提议也被否决。反对者们声称他们不能投票赞成减税，除非政府开支的削减超过减税，否则，赤字就会膨胀，通货膨胀就会加速发展，当然，在投票赞成扩大政府开支从而造成同样多的赤字时，他们中很少有人有什么烦恼。

佐治亚州的民主党参议员萨姆·纳恩参考了《霍尔特修正案》的一部分内容,他和佛罗里达州的民主党参议员劳顿·奇利斯(Lawton Chiles),在一些共和党官员的帮助下,制定了一个削减联邦政府税收和开支,并到1982年达到预算平衡的修正案。《纳恩修正案》把全面削减个人所得税率和将政府开支的增长率控制在通货膨胀率加1%的水平这两者结合起来,这种结合到1982年将把政府开支在国民生产总值中的比重削减到20.2%,并在该年使预算平衡。

当《纳恩修正案》提交给参议院时,很明显,一股新潮流正在兴起,拉塞尔·朗、罗伯特·多尔和霍华德·贝克都纷纷表示支持,而马斯基却抱怨纳恩修正案将"束缚国会的手脚,削弱预算程序在规定一个收入最低线时的灵活性"。但是没有人理睬他,参议员们大声喊着"赞成!"肯尼迪想在减税分配上挑毛病;拨款委员会主席马格努森(Magnuson)说,他将投赞成票,但却警告参议员们不要"下楼到128房间来要我们增加拨款"。莫伊尼汉(Moynihan)试图把纳恩修正案描绘成"政治上民主的国家在预算安排上的一个非凡的转变",并把它比作"模仿苏联的中央计划经济"的一种不合适的计划形式。凯恩斯主义者们在辩论中已理屈词穷,1978年10月9日,《纳恩修正案》以65票对20票在参议院通过。奇怪的是,数月后即将成为供应学派英雄的劳埃德·本特森谨慎地投了反对票。

《纳恩修正案》通过时,奥林·哈奇在投票以后立即发表了一次演讲,称颂"罗斯先生和肯普先生的长期努力",与此相对应的是《华尔街日报》早上的社论,清楚地披露了党派之间所存在的对供应学派经济学的不同路线。不入虎穴,焉得虎子。而在华盛顿,我认为,即使这样往往还很不够。

3天以后,众议院以268票对135票要求其参加众参两院关于税收议案会议的与会者支持《纳恩修正案》,供应学派经济学在国会两院都通过了,即将成为美国的经济政策,但是卡特政府仍然坚决抵制。财政部长布卢门撒尔告诉与会者,如果税收议案包括《纳恩修正案》,卡特总统将予以否决。此言一出,那些曾为该议案的其他条款游说奔走过的有组织的院外活动家们,都起来反对纳恩修正案以保护自己的利益,以免议案被否决。《纳恩修正案》的发起人为了挽救这一议案,对其进行了修订,提出如果经济条件允许的话,总统可以取消计划的减税。然而卡特的财政部连这一让步的形式也不接受。与会者达成一项协议，宣称纳恩修正案的目标可以“作为一种国家政策”来实现，剩下来的就是措词问题了。以政治手段否定供应学派的胜利，这也不是最后一次。

当与会者把关于税收议案的报告提交给参议院时，要求与会者坚持纳恩修正案以便重新提出报告的行动已开始了，但遭到了失败。这一年年底，经济进一步走向危机。供应学派的处方需要有一位新总统。

当罗纳德·里根还在竞选共和党内候选人时，肯普和其他供给主义者就让他接受了他们的思想，这一看法已很普遍。正如传说的那样，受到尊重的共和党顾问们对他们的声誉过于谨慎了，以至于不和竞选共和党候选人的右翼人士过于接近。

与共和党有联系的人不想在他们进入的竞争圈里以其名誉去冒风险。这使得里根被称为“拉弗的假药推销员”。这种说法是把供应学派革命贬低为一个偶然事件的一种误传。它有助于反对派们把供应学派经济学描述成一种无法控制的时尚。那种把供应学派经济学的一切都归之于肯普的拉弗转换和里根的肯普转换的观念以一种诡辩取代了基础广泛的强有力的运动。

到 1978 年秋，国会的多数派已经明确表示，供应学派经济学是不可抵挡的，它再也不能被公开投票否决了。1979 年，众议院的民主党领袖们改变了影响预算程序的规则，以避开《霍尔特修正案》。他们不能否决它，就改变规则阻止它的提出。到 1980 年竞选总统候选人时，只有无动于衷的人才看不到肯普—罗斯议案正在赢得一场政治斗争，而且，除非通过卑鄙的手段，它是不可能被击败的。当里根成为候选人时，共和党的权势集团转向通过把平衡预算强调为主要的政治和经济问题来影响他。这又是一场类似于供应学派在国会经历的斗争。具有讽刺意义的是，里根总统安排那些在竞选总统候选人时被他击败的人——那些人曾经嘲笑过他的经济计划——来担任白宫官员，这些人因而控制了他的政府。

不论里根面临的考验和磨难究竟如何，他接手了一个已经通过了他的经济计划的国会。1980 年 8 月 21 日，就在候选人里根批准了削减个人所得税率 10%以及企业加速折旧抵减的议案的两个月以后，参议院财政委员会给允许华盛顿的一个教堂免税进口 6 个青铜铃的议案加了一个修正案，财政委员会用这个不起眼的议案提出了一项重要的立法——1980 年减税法，包括个人所得税率的削减和企业的加速折旧抵减。

多数派领袖罗伯特·伯德寄希望于卡特在大选中获胜，而使减税受到抑制。最后伯德被迫批准就参议院是否将在大选之前批准财政委员会的减税，进行法律程序上的投票表决。减税是否对他们有利或是否会被看作是对里根经济计划的认可，尚在未定之天。因而，参议院的民主党人投票要求把减税放到大选之后。大选使参议院的控制权落到共和党人手中，这可能是选民们声称他们现在也信奉供应学派的方式。到罗纳德·里根入主白宫时，只有无能的政府才会在减税之争中败北。

第4章
里根上台伊始

罗纳德·里根是以一个供应学派的政治纲领来竞选总统的，他因此而有了一个不靠通货膨胀和政府计划的就业政策，有了一个无需以失业的增加为痛苦代价的反通货膨胀政策，也有了一个依靠经济增长消灭赤字，而不借助于纳税者的支持来平衡预算的政策。里根不同于一般的候选人，他强调国民和美国经济的力量，他怀着重新唤起国民自信的希望投入竞选。里根的乐观主义对于共和党权势集团是如此陌生，以至于共和党候选人乔治·布什把它称为"伏都教经济学"。里根提出了"复兴美国"的口号，他的话激起了人们对未来的希望，他打破了一切根深蒂固的政治惯例，赢得了胜利。

新政策在一些共和党人中间引起了不满，他们自认为属于与夸夸其谈的民主党截然不同的"富于责任感的政党"。有责任感就意味着"忠实于选民"，坦率地告诉他们，要振兴经济，不经历一番痛苦和折磨是不可能的。由于在失败的竞选中为这种政策付出了代价以及被指责为对穷人漠不关心，他们的责任感就更加强了。政策的转变减轻了他们的沉重负担，同时，他们的作用也越来越小了。他们意识到自己正在被一批供应学派"狂人"所取代，这就是祖德·万尼斯基对我们所有人的形容。面临这种威胁的人是不会愿意支持新政策的。

共和党的权势集团急于要抓里根的把柄。里根不但在某些方面被看作是一个政治上的守旧派，而且正在以其信条赢得民心，使他们认识到他们可以重新依靠自己而不是依赖政府。更有甚者，作为一个外来者，里根正在威胁着权势集团对这个党的控制。

在竞选期间，里根声称他将平衡预算。这是共和党的传统纲领，而从拉弗派的供应学派经济学观点来看，这是再简单不过的了。里根认为平衡的预算应是一项旨在恢复经济繁荣和独立经济增长的计划的结果。他并不把平衡预算作为他的主要目标或左右其经济政策的强制性力量，当然就不会通过增加税收来平衡预算，或通过进一步削减国防能力来平衡预算。然而，共和党权势集团看准了这个把柄，一下子就抓住了它。越是强调平衡预算，以紧缩手段作为平衡预算的可供选择的方案的机会就越大，而紧缩的政策可以用来压制里根和肯普的新经济政策。具有讽刺意味的是，"拉弗曲线"在权势集团的手中起了作用，它使得里根和肯普对平衡预算过于自信，而没有意识到它被用来作为反供应学派革命的工具的可能性。

最初的威胁

我于1978年秋离开参议院去《华尔街日报》担任副总编和"政治经济学"专栏撰稿人，这是社论版的一个新栏目。我很高兴有机会宣传供应学派经济学。我所接替的万尼斯基曾大肆鼓吹过供应学派经济学。然而，作为一个记者，他的报道大肆渲染，给人的印象是，杰克·肯普是华盛顿唯一主张减税的人。也许这是使新观点引起公众注意的正确策略。但是，既然供应学派经济学已引起了人们的注意，它需要人们的信任和广泛的基础。

两年以后，我作为里根总统的税收政策智囊团成员回到华盛顿，这时共和党人已经入主白宫和参议院，并在众议院也拥有一个成员更多的少数派，供应学派经济学也被提到国家的议事日程上来了。民主党人没有什么可供选择的政策，参议院的一些民主党人甚至是比他们的共和党同僚们更坚定的供应学派的支持者。对于里根计划的威胁来自其他方面：一些企业的院外活动家们把攫取尽可能多的减税作为一场具有竞争力的游戏；经济学权威们决心要保护自己免于因新政策而地位下降；想要问鼎白宫的共和党人则不愿意在供应学派成功地实施复兴美国的政策时靠边站。很明显，真正的斗争不是同民主党人的公开较量，而是在共和党人内部。

这场斗争几乎是立刻就展开了。早在1981年1月总统就职之前，在戴维·斯托克曼(David Stockman)的领导下，组成了一个小组，以确定里根经济计划的经济假设和预算内容。未老先衰、白发早生的斯托克曼是一个活跃而健谈的人,他有着一副干瘪的、苦行僧般的外貌,使人联想起虔诚的理想主义者。因此,很少有人对他一旦掌权后所表现出来的勃勃雄心和竞争力有所准备。斯托克曼在为里根准备的模拟辩论中,正在起着他的前任上司约翰·安德森(John Anderson)的作用,他被认为是站在供应学派阵营里的。他想当行政管理和预算局局长,这个位置是杰克·肯普帮他获得的。对斯托克曼的任命一宣布,我们在思想上就放松了。有斯托克曼当行政管理和预算局局长,我自己做负责经济政策的财政部部长助理,诺曼·图尔任财政部副部长,供应学派相信总统的计划是安全的。但是,我们谁也没有想到斯托克曼并不真的赞同这一计划。

小组的其他成员包括艾伦·格林斯潘(Alan Greenspan)、艾伦·雷诺兹(Alan Reynolds,他认定斯托克曼过于依赖格林斯潘,在辞去行政管理和预算局首席经济学家一职后就退出了小组)、诺曼·图尔、史蒂夫·恩汀(他曾和我在国会共同作战,成为我在财政部的代理人之一)和我本人。起初,我们在斯托克曼的国会办公室附近的一间宽敞的众议院会议室里会面。那个房间对我们来说是太大了,我们好像还没开始工作就要淹没在华盛顿了。后来,我们在白宫旁边的老行政办公室开会,这间稍小一点的、华丽的房间是行政管理和预算局提供的。小组又发展了包括贝里尔·斯普林克尔(Beryl Sprinkel,财政部负责货币问题的副部长)、马丁·安德森(Martin Anderson,总统的国内政策顾问)、默里·魏登鲍姆(Murray Weidenbaum,经济顾问委员会主席)和其他一些人。

我们像获胜的伙伴那样一心为了美国经济的复兴而聚在一起。在这些临时团体中,以后将威胁里根经济学的所有矛盾都已初露端倪。许多研究和论著探讨了决策集团中人们的相互影响。无疑,决策成果受到基于分析的论点和经验性证据的影响,而这些又常常成为个人野心和战胜别人的竞争性冲动的附庸。在这一过程中,完全理解所发生的一切及其原因,即便对参与者来说也是很困难的。势力范围、个人之间的较量和政治抱负与论点的合理性、其运用技巧或国家利益一样地有可能会左右对某种观点的反应。从1月初到2月中的6个星期时间里,显然,关于经济假设的辩论,由于奢谈党派之间争夺势力范围的胜负而被歪曲了。对于大多数参与者来说,他们的合作在尚未形成之前就分崩离析了;在这种只考虑自我利益的严酷环境中,总统的经济计划时时面临风险。

里根经济学

新当选的总统里根试图通过各种刺激来重建美国经济。他淘汰了一方面控制工资,一方面管住物价,并继而实行需求管理的做法,即以失业对付通货膨胀、以通货膨胀对付失业的经济循环。他放弃了时而过紧、时而太松的,紧缩和扩张相交替的货币政策,而代之以稳定、适度和可预测的货币供应量增长。他一反以增加需求刺激经济的做法,而偏重于提高供给方面的刺激。

这就是被称为"里根经济学"的一揽子政策。里根经济学颇有争议的特征就是它认为经济能够在通货膨胀下降的条件下实现实际国民生产总值的增长。货币政策将首先稳住继而降低通货膨胀,同时,减税将创造流动性和对生产的刺激,从而避免因货币供应增速放慢而导致的经济衰退。税收制度由于在过去产生了错误的刺激,损害了个人和企业的现金流动,致使国家负债累累;而国家的信贷规模已过度扩展,因此,必须小心翼翼地使经济复原,以免造成流动性危机。

10年来的"税胀"(通货膨胀和边际税率上升)已经夺去了个人收入增长的绝大部分,人们无可依赖,只能转向负债以资助其消费的增长。由于债务利息可以抵扣应税所得,负债就成为人们从政府那里夺回一部分收入、实现生活水平的提高的唯一途径。企业同样也在税收制度的鼓励下负债。摆脱这一困境的唯一途径就是提高对生产的刺激,改善个人和企业的现金流动状况,同时逐渐降低货币供应量的增长率。减税有两大目的,其一是降低税率以增加对生产的刺激,其二是避免因货币增长率的降低而造成私人部门的流动性问题。在对生产的刺激作用恢复的条件下,货币量的增长就被用于支付实际商品和劳务的增加,而不是哄抬房产和消费品的价格。

正如威廉·西蒙所说,"总统一旦当选,就将被旧势力征服",罗纳德·里根也不例外。里根经济学的观点是,实际国民生产总值和就业能够在通货膨胀下降的条件下实现增长。这与被称为"菲利普斯曲线"的虚构的,但却颇有影响的概念是相矛盾的,"菲利普斯曲线"旨在显示通货膨胀与失业之间的数学联系，声称经济政策不可能削减其中一项而不使另一项上升。一种被称为“基础性通货膨胀”(core inflation)的更加不严谨的观念认为，通货膨胀在经济中根植得如此之深，以至于必须以巨大的经济代价才能根除。尽管“菲利普斯曲线”作为预测工具被证明是不准确的，但“基础性通货膨胀”的概念仍然影响着经济预测专家们。

艾伦·格林斯潘(以后在默里·魏登鲍姆的支持下)认为，一种与这些观念相矛盾的政府预测将得不到经济预测专家们的信任。他们两个人都不愿意明确地破除那些过时的观念；这些观念阻碍经济运行，所引发的政治变革，促成里根上台。他们不愿意打破旧事物，这本身就是对总统经济计划的一大威胁。如果总统无法表明他的新政策会让经济表现有所改观，他的旨在彻底改变美国税收、货币、预算和管理政策的计划就很难成功。

对于一次政策革命来说，当其受到类似于“基础性通货膨胀”和“菲利普斯曲线”等旧观念的束缚时，结果是令人沮丧的。这就意味着，如果我们要多考虑降低通货膨胀，就不能寄希望于实际经济增长多少；反过来，如果我们要达到一个较高的实际经济增长率，就不能使通货膨胀下降太多。格林斯潘坚持这些规则，尽管在他任福特政府的经济顾问委员会主席时，这些东西并没有被他采纳。格林斯潘本人是否相信“基础性通货膨胀”，这一点从来都搞不清楚。他提醒我们，一个被广泛运用的预测模型表明，目前存在着12%的通货膨胀率，而其中5/6是“基础性通货膨胀”。这就是说，货币政策最多也只能把通货膨胀率从12%降低到10%。

货币主义者和供应学派都反对格林斯潘的观点。我们认为，他要把我们同旧事物绑在一起。如果里根政府的经济计划不得不遵循类似于“基础性通货膨胀”这样的观念，那么供应学派或货币主义的政策——或者在某种程度上两者都——会因达不到目的而不得不首先被放弃。如果供应学派把实现较高的经济增长预计为提高对生产的刺激的结果，货币主义者就无法把降低通货膨胀预计为较低的货币增长的结果；反之则反是。

报界连篇累牍地报道了供应学派和货币主义者之间的紧张关系和矛盾对立。在“菲利普斯曲线”或“基础性通货膨胀”的问题上，我们不能不发生冲突——这是报界对这个问题的表达方式。当然，供应学派和货币主义者都不相信这些概念。在反对传统理论这一点上，我们是一致的，我们与传统理论的矛盾才是真正的矛盾。我们认为,用"菲利普斯曲线"和"基础性通货膨胀"来说明凯恩斯主义的需求管理政策的失败是有其合理性的,但对于我们正在创立的新政策来说,则是毫无意义或可取之处的。从这一点来看,里根经济学并不存在其本身固有的矛盾。然而,报界却盯住了这一吸引人的主题,并且不打算放弃它。尽管报纸上常常描述货币主义者和供应学派如何互相攻击,而实际上我们是在共同作战以抵挡政策上的传统主义者和政治上的操纵者。

变本加厉的赤字

"基础性通货膨胀"的论点还有另一个不幸的后果,它使得斯托克曼把赤字作为经济政策的首要问题。在最初的几个星期里,我们曾经试图确定税收和货币政策将如何影响实际产值和通货膨胀。预算赤字被认为是一种经济活动的后遗症,它会逐渐被经济增长政策所消除。政府中没有一个信奉供应学派的人是许诺降低税率将通过提高收入而实现自偿的"拉弗派"。我们都认为,减税所损失的一部分财政收入将由于经济增长所带来的税基扩大而重新获得。我们假定,赤字是存在的,但由于储蓄率较高,就较容易为弥补赤字筹措资金。我们试图估算收入回流、私人部门储蓄的增长以及政府开支增长率的下降(这将把赤字作为一个**经济**问题来解决)这三者的总和。

对于用这种方法对付赤字,斯托克曼渐渐坐不住了。随着讨论的继续开展,通货膨胀率、储蓄率和实际经济增长率成为衡量政府施政成功与否的指标。这使得斯托克曼的中心地位被削弱了,因为税收和货币政策不会给行政管理和预算局局长的脸上增光。斯托克曼需要他自己的成功指标。总统在竞选中曾说要平衡预算,这一目标被共和党权势集团的成员强调成一种用以保持他们对决策的影响力的手段。

斯托克曼开始宣称,赤字是一个**政治**问题。由于预算中没有任何条款说明私人部门储蓄的增长可抵消预算赤字,人们就看不到我们正在取得的进步。然而,持续的赤字将成为根本性的问题,并引发市场忧虑。民主党反对派会把赤字归咎于减税,攻击我们在财政上不负责任——同样的攻击由共和党施加于民主党时却从未奏效。

斯托克曼如果主张赤字是一个经济问题——它妨碍了在预算平衡之前削

减税收和降低通货膨胀率，就会引起我们的警觉。在这场政策变革之初，表达这样一种观点会被视为异端。减税和降低物价是预算平衡**之后**才能提供的回馈，这显然是权势集团的观点。斯托克曼转而对“基础性通货膨胀”理论发生了兴趣。“基础性通货膨胀”将使通货膨胀率居高不下，这就意味着较高的名义国民生产总值和较高的税收。在提高税收的条件下，他可以规划一个平衡的预算，而一旦付诸实施，它就会妨碍整个经济计划。

由于格林斯潘和魏登鲍姆已经在为“基础性通货膨胀”而辩解，斯托克曼打破了这个平衡。对这个小组中级别稍低的成员来说，宣布总统经济计划的最后期限临近，形势是艰难的。实用主义的态度是带有威胁性的，因为它占据了一席之地，将其他事物推向极端；突然之间，“狂热的”供应学派和“极端的”货币主义者都面对着一个“实用主义的”斯托克曼。我们中的一些人是倚仗某位共和党参议员的提携才得以在政界占有一席之地，这也于事无补；这位共和党参议员最后成了斯托克曼的盟友。情况很清楚，次级官员是无法控制一个直接接近总统的人的。我们若再轻举妄动，新闻界会把我们描述成一批认为赤字并不重要的人，而我们的党将在参议院的听证会上自己给自己造成困难。

贝里尔·斯普林克尔（曾被提名为财政部负责货币问题的副部长候选人）向斯托克曼提出，我们的货币增长计划太低了，无以支持斯托克曼需要用来平衡预算的名义国民生产总值的增长。斯托克曼认为，我们不应该考虑把较高的国民生产总值指标加在经济计划里。为了在国会削减政府开支，他曾经十分关注 1981 年和 1982 年的预算，但还没有时间去确定 1983 年和 1984 年的削减预算计划。以后他会找到的，到那时，我们将把名义国民生产总值指标降低使之与我们的货币计划相一致。同时，“基础性通货膨胀”替代了预算削减，使斯托克曼得以平衡预算。

把减税、增加国防开支和平衡预算这一切都放在一个一揽子计划里，这一功绩使斯托克曼成为总统的英雄人物。斯托克曼可能曾为潜在的赤字而担忧，但他的助手们后来宣称，他希望国会只兑现减税的一半，让他来平衡整个预算。

通过掩盖赤字，斯托克曼把平衡预算提高到比他原来设想的还要多，这就标志着政府对于平衡预算是如此重视，以至于不择手段地制造预算平衡。这使得一些人混淆了我们工作的重点，预算赤字的大小成为衡量一个政府成败的超越一切的标准。这最终将形成一种威胁，使里根在其总统任期内重蹈曾经使卡特政府倒台的政策大转折的覆辙。显然，预测赤字，并把重点放在调整对生产的刺激和降低通货膨胀上，这可能是比较明智和容易的。过去20年里，经济一直有赤字，现在，经济也不会因赤字的继续存在而发生动荡；如果政府开支控制住了，对生产的刺激恢复了，经济就更不会发生什么动荡了。

一旦赤字成为问题的焦点，供应学派的减税（迄今为止还是经济计划的中心）就退到一边。1月份开始的减税被推迟到7月份，而减税的第一步就更要推迟到10月份，并减少一半，这都是以平衡预算的名义进行的。如果总统不坚持立场的话，减税还要拖下去。这种拖延使得减税将被经济衰退所盖过，并使减税所造成的税收损失还要加上大量的衰退性赤字。经济衰退自然要产生赤字，由于就业和收入下降，财政部的收入也会减少；同时，用于收入支持计划的预算开支却要上升。经济衰退意味着赤字计划必将提高。如果赤字规模已成为衡量经济活动的高于一切的标准，那么，在减税产生效果之前，经济指标就会显示出该计划的"失败"，而要坚持一个被视为失败的计划是很困难的。

坚持不懈

的确，要把这一计划坚持到足以使之在国会通过是很困难的，那些不愿意公然支持不同于总统的政策主张的官员可以诉诸报端，也有很多外部人士想要插手以使政策的方向向他们倾斜。

到了总统宣誓就职的那个星期，新闻界还在报道政府内部，以及关心总统经济计划的外部顾问们之间的意见分歧。有报道说，许多保守主义的顾问们（虽然不是绝大多数）反对里根减税计划的某个或更多的方面；减税的时机、规模及方式都遭到了他们的批评。里根坚持"肯普—罗斯减税方案"——在三年时间内全面削减边际税率30%，第一年削减税率10%，追溯到1981年1月1日，第二、第三阶段将分别在1982年1月1日、1983年1月1日开始。

1981年1月23日，《华盛顿邮报》兴奋地报道说，艾伦·格林斯潘在联合经济委员会作证，声称了减税应被推迟到1981年6月。推迟首次减税"能使1982财政年度的联邦政府的负担减少350亿美元以上"，其他证人在委员会强调要削减政府开支。以紧缩政府开支来取代总统计划的呼声很高。只有美国商务部的首席经济学家理查德·拉恩(Richard Rahn)对减税给予同样的重视。

就在伦纳德·西尔克(Leonard Silk)在《纽约时报》上发表《共和党在税收政策上的分歧》(*G.O.P.Rifts on Tax Policy*)的同一天,阿瑟·伯恩斯(Arthur Burns)(联邦储备委员会前主席)告诉参议院预算委员会,他根本不想在这个时候减税。西尔克认识到了总统在减税问题上的坚定性,但他认为政府也许已经为放弃减税找到退路了:那就是发现预算状况比任何人所想象的还要坏得多。卡特政府给新政府留下了550亿美元的赤字,而在1981年是很难削减政府开支的,因为这一年已经过去了1/3(1981财政年度始于1980年10月),因此,西尔克认为,“里根政府很难实现其庞大的减税计划而不使赤字恶化,赤字可能增加200亿—300亿美元”。

1981年2月2日,首先削减政府开支以“保障”减税的呼吁得到了联邦储备委员会主席保罗·沃尔克(Paul Volcker)的响应。沃尔克说,如果仅批准减税,联邦储备委员会就仍将继续保持对货币和信贷增长的严格控制,这将导致利息率的提高。他对斯托克曼关于只有在实现政府开支削减的条件下,用某个“触发器”使减税生效的建议表示很感兴趣。《纽约时报》的史蒂文·拉特纳(Steven Rattner)引用了沃尔克的话:“我在同政府官员,尤其是同斯托克曼先生的交谈中很受鼓舞。”拉特纳指出,沃尔克的立场与财政部长里甘(Donald Regan)不一致,里甘认为减税不能等到预算开支削减后才实行。看来,里甘成了支持总统的为数极少的高级官员之一。

1981年2月6日,《纽约时报》刊出了史蒂文·罗伯茨(Steven Roberts)的一篇文章:《共和党承认减税计划需要修改》(*G.O.P.Admits Need to Revise Tax Cuts*)。文章披露,参议院财政委员会的新任主席,堪萨斯州的参议员多尔曾告诉他,减税计划将不得不做某些改动以便从民主党那一边吸引足够的选票。这位《纽约时报》记者写道:“在最近对美国国会的访问中,白宫官员们已被告知这个计划(指“肯普—罗斯计划”)在政治上是不现实的。”共和党领袖们希望把这一计划削减一半,但却必须包括一棵“圣诞树”,为特殊利益集团奉上诸多税收大礼。这样,个人所得税的削减规模就不得不被缩小。

《纽约时报》的社论还对总统的减税计划进行了严厉的批评。1月30日,一篇题为《驯服通货膨胀这个怪兽》(*Taming the Inflation Monster*)的社论指出了在减税中潜伏着危险的通货膨胀。文章认为,总统不太明智:“问题不在于他的固执，而在于他的头脑，当通货膨胀尚未控制住时，这样的减税面临着使之恶化的风险。"此后，总统的批评者们又会持相反的观点，指责他的减税导致了经济衰退。

正在通货膨胀颇受关注之时，"基础性通货膨胀"的鼓吹者们决定通过向新闻界透露消息，使较高的通货膨胀预测成为定论。2 月 11 日下午 4 点的新闻广播节目引用了"来自不愿披露身份的人士的消息"报道说，里根政府对通货膨胀的态度不如一星期前那样乐观。第二天债券价格就下跌了。

1981 年 2 月 18 日，白宫对新经济计划的内容作了详细说明。第二天早晨，《纽约时报》以题为《谁的计划更好》(*Who Has a Better Plan?*)的社论对总统的计划给予了一天的支持。但很快《纽约时报》又对减税进行攻击，这一次是因为减税没有充分考虑投资。2 月 26 日，这家报纸要求以大企业减税取代个人减税："如果说减少税收能使经济好转的话，那就不是简单地让钱逐渐流向消费者，而是交到能直接把钱投向创造就业的企业的人的手中。"后来，削减企业税收由"太少"变成了"过多"。1982 年 7 月 25 日(星期天)，就在共和党的参议院基本上放弃了对企业的减税以后，《纽约时报》祝贺共和党人"把去年轻率地给予企业的大幅度减税的一部分"又追了回来。

《纽约时报》的评论没能理解削减个人所得税背后的供应学派的逻辑，它所认识到的一切就是一个"没有教科书或历史书为依据"的"模糊概念"。我曾经预见到这个问题，供应学派经济学不像正被取代的凯恩斯主义政策，它来自决策过程本身，而不是来源于高等学府。昔日席卷华盛顿的财政革命是经过多年准备的。凯恩斯主义经济学在进入华盛顿前几十年就在一些大学里被奉为经典。一代新闻记者、国会成员、政府的经济学家都受过它的理论和基本规律的熏陶，它在成为政策之前，已是人尽皆知了。

然而，一种理论成为政策所经历的长期准备，在供应学派看来是不必要的。供应学派的时代在很多教授知道供应学派经济学是怎么回事以前就已经到来了。凯恩斯主义政策仍在教室里和教科书上起作用，但在实践中已停止发挥作用了。多年来，政府对经济承担了越来越多的责任。有朝一日，政府一觉醒来发现它的政策已无以为继了。所幸的是，一种新的政策已经形成，而且彻底了解供应学派经济学的一批人就是国会辩论的参与者或《华尔街日报》社论的读者们。让人们了解新政策是很重要的，尤其是要对它进行报道的记者，以及要为之辩护的白宫官员和内阁部长们，更需要了解它。《纽约时报》所要求的这本缺失的“教科书”是必不可少的。

经济报告

白宫在 1981 年 2 月发表的有关新经济计划的报告，使得政府有了一个解释供应学派经济学的机会。财政部领导下的经济顾问委员会、行政管理和预算局以及白宫每年都要准备《总统经济报告》(*Economic Report of the President*)。卡特总统在离任前发布了 1981 年的报告。鉴于面临的政策转换，里根政府决定发布一个自己的经济报告。解释新政策的逻辑和基本原理的官方的总统报告将是一个重要的文件，对新经济政策的一大威胁就是缺少能受命解释新政策的人。既然很少有人能够解释新政策，新闻界——以及那些靠向新闻界透露消息和编造故事来争权夺利的政府官员——就能够随心所欲地评论总统的政策。

然而，这个解释新政策的机会却失掉了。起先，一切都按部就班地开始了。《财富与贫困》(*Wealth and Poverty*)一书的作者乔治·吉尔德(George Gilder)受委托来撰写经济报告的导言，吉尔德的作品反映了总统自己的充满希望的主题。戴维·斯托克曼本人曾在吉尔德的著作的护封上宣称：“《财富与贫困》在智力和观察力上是富于创造性的，它一度并且永远地打破了凯恩斯主义和福利国家的错误观念——这些错误观念曾给我们这一时代失败的传统理论带来沉重的负担。它揭示了繁荣和增长的源泉的古老的真理——而且是非常及时的。”尽管有这些赞词，吉尔德的导言还是被扔进了垃圾箱。所有在最后的报告中保留下来的只有一句话：“美国经济的持续增长并非面临着难以逾越的障碍。”

财政部对减税的供应学派的解释也被删掉了。我们意识到，我们正在艰苦作战以免让经济顾问委员会的经济学家们用凯恩斯主义的观点来解释减税。指出供应学派的减税目的是刺激需求以对付经济的萧条，这也不失为一种应急措施。我们正在准备里根的供应学派革命宣言，却还不能摆脱那些旧秩序的象征和术语。

正如财政部官员从为寻求证实或挑起事端而来电的记者处获悉的那样，

白宫中的某人大肆宣扬总统的经济报告是对供应学派的一次硬生生地回绝。由于总统本人就是信奉供应学派的，这种解释就意味着报告对他没有起到应有的作用。很多记者已不再注意他们的消息来源是否可靠，而把白宫办公厅主任詹姆斯·贝克(James Baker)的首席顾问理查德·达曼(Richard Darman)当作他们的消息来源。不论是谁，都会遵循削弱内阁各部以建立白宫官员的权威这一经受过时间考验的规则。1981年2月20日，埃文斯和诺厄克(Robert Novak)在他们的文章中报道说，白宫官员阻止了对总统经济计划作供应学派的解释。据报道，默里·魏登鲍姆已经把除了一些最空洞的有关供应学派经济学的介绍以外的内容都删掉了。

他可能是这样做了，但是出于别的原因。魏登鲍姆是一个传统的经济学家，他对自己在一个被货币主义者和供应学派控制的政府中的作用并不十分清楚。尽管他从未真正相信过总统的经济计划——正如他在明确辞职以后不久对约瑟夫·克拉夫特(Joseph Kraft)所说的那样，但魏登鲍姆正在策划更重要的事情。他在保护他的势力范围。总统的经济报告总是由经济顾问委员会起草的，而魏登鲍姆不想丧失他对财政部、行政管理和预算局或乔治·吉尔德的影响。同样，经济顾问委员会的那些曾经为吉米·卡特写过报告的智囊们又在以同样方法为罗纳德·里根写报告。

财政部的经济政策办公室在为使里根在实现某些转变以前不被旧势力所征服而斗争。当一份又一份草案在财政部、经济顾问委员会、行政管理和预算局以及白宫之间穿梭往返时，助理部长蒂姆·麦克纳马(Tim McNamar)是财政部的联络员。同很多从企业界来到政府的人一样，麦克纳马总是寻求达成共识。当然，这种共识由于放弃了总统政策的原则而对变革起了反作用。我曾不止一次地提醒政府，总统自己知道该做些什么，他在等着我们去做，而不是等着我们对他该做些什么达成一致意见。人们对于领袖是如此不熟悉，以至于总统的官员们不能领会总统的意图。1981年2月14日，我向麦克纳马提交了一个备忘录：

> 我认为，在里根的第一个经济报告中(即使是一个很小的报告)，第一个明确主张供应学派的当选总统对他曾大肆宣传并正在努力贯彻的新政策竟未做任何解释，这是很令人惊讶的。

我敦促麦克纳马严肃对待总统的经济计划。也许他是这样做了，但他对相关经济学分析只字未提，只对计划作了一番描述，以求解决这个问题。后来，我们听说，副总统布什告诉他的助手，白宫把这个报告和白宫发布的消息中所有的“肯普式语言”都删掉了，以免激怒好嫉妒的众议院。布什所指即供应学派经济学。总统曾告诫我们，政策要优先于政治，但这又是一次政治压倒政策的胜利。

2月18日，总统的经济报告作为对里根经济学的第一个官方解释，在没有对该计划的基本原理进行说明的情况下被抛出了。报界和读者对此中原委全然不知，这并不奇怪。未被解释的政策受到报刊媒体的批评和猜疑。最终，斯托克曼在《大西洋月刊》(*Atlantic Monthly*)上大肆指责总统的计划只不过是“劫贫济富经济学”的一种伪装。一年以后，即1982年3月，马丁·费尔德斯坦(后来接替魏登鲍姆担任经济顾问委员会主席)宣称：“税收规则以及货币和财政政策上的变化能大大有助于结束过去10年的可悲局面，政府对新政策的解释是如此贫乏，这是十分不幸的。”

2月17日，就在报告公布的前一天，财政部仍在竭力抵制把削减预算描述成“我们的计划中心”的企图，而真正的中心——减税，被说成是“计划的第二位要素”。我们把这一段重写，并把计划的每一个要素——降低税率，削减政府开支，放松管制，减少货币增长——都写成“一个要素”“另一个要素”，等等。由于大家齐心协力，我们的反对意见至少在形式上得到了重视。但是，在白宫却有人坚持认为减税从一开始就不应该占很重要的地位。最后公布的报告把削减预算描述成“本计划的突破口”。尽管总统的计划即将付诸实施，但它还是被紧缩的政策所取代。到新政府成立后的第三个星期，很明显，名目繁多的概念已足以冲淡里根派对政策的影响。

然而，总统还是取得了一个重要胜利。尽管这个报告计划到1984年平衡预算，但报告中没有一个地方把平衡预算列为里根政府的**目标**。平衡预算将是实现该计划的四个目标或要素的**结果**。预算目标被明确定为把政府开支在国民生产总值中的比重从1981年的23%削减到1984年的19.3%。后来，新闻界忘记了政府是如何确定其目标的。在减税被推迟，货币政策被排斥在外，以及国会拒绝部分地削减政府开支以后，政府的经济计划再也不能在1984年达到预算平衡了。新闻界放松了对里根政府未能实现预算平衡的“原则目标”的大肆攻击。1981年12月18日，我们向很多记者说明了我们的目标，但这并没有起什么作用，因为新闻界所宣传的“罗纳德·里根的失败”，正是针对这些目标的。

除了体育运动之外，新闻界对于美国任何形式的成功的支持是如此之小，这是令人困惑的。不厌其烦地唠叨政府内部的“分裂”和“失败”，并通过推测在决策官员中谁有影响，来激起他们之间的竞争，这是新闻界的一大癖好。我知道，对决策官员来说，这样的工作环境会不断侵蚀这一计划。总统的官员们会相互争斗，但这种争斗并不是为了总统的经济计划。谁控制谁将成为当前的主要问题，而总统所期待的那种根本性转变却被搁在一边。但是，从一开始，政府官员们就向报界泄露一些政策决定（有些决定甚至在尚未形成之前就被透露出去了），正是他们自己造成了这种具有破坏性的工作环境。消息的泄露，也许可解释成该决策是某些政府官员的“政策的失败”。但财政部和供应学派被击败得过于频繁了，好像我们的政策与总统的政策迥然不同似的。新政府诞生仅三个星期，就产生了两项重要决议。但这两项决议都未能在第一年把投资收入的最高税率从70％削减到50％，政府的经济计划说明了财政部的失败。

最高税级的政治学

税收制度对于投资收入是有歧视的。对工资和薪金收入最高征税50％，而对储蓄和投资收入的征税最高可达70％。甚至在术语上也有歧视，储蓄和投资的收入被称为“非劳动收入”。削减税率30％将使70％的税率下降到50％。问题是在第一年就马上把税率一下子降下来，还是把削减税率分散在三年内进行（就像削减个人所得税那样）。很多经济学家认为，一次性降低最高税率，将使投资和经济形成更多的高涨。然而，这需要付出政治上的代价。总统会因此而被指责为偏向富人而首先对他们进行减税。为了避免政治上的煽动，最后作出的决定就放弃了可能会对经济带来额外冲击的政策。

此后发生的一切就很糟糕了。白宫官员并不只是未把这一提议纳入税收一揽子计划，还把这一决定透露出去以表示对财政部的断然回绝。1981年2月13日下午4点27分，道·琼斯公司（Dow Jones）报道说：“白宫说里根总统否决了财政部对非劳动收入削减最高税率的提议。”那天，我曾经花了一个中午的时间向诺曼·乔纳斯（Norman Jonas）和《商业周刊》（*Business Week*）的史蒂夫·怀尔德斯特罗姆（Steve Wildstrom）解释，总统的经济计划正在实施中，道·琼斯公司这样做就等于把总统和财政部这种高层之间的分歧公之于众了。

后来，当我看到下午的新闻报道时，我对《商业周刊》的信任化为乌有了。财政部尚未把这个问题列入总统的决议中。我们从我们的法律事务办公室得知，一个自由派民主党人，国会议员布罗德黑德（William M. Brodhead）将包揽赋税委员会的议案问题，而不管政府是否提出。既然事情很可能会变成这样（事实上也成了这样），财政部也不曾费心要摆脱自己的矛盾心理：对此，从经济学意义上来说，我们是欢迎的，但在政治上又很担忧。

财政部长里甘对此也并不感到高兴。当其所在的部门遭到总统否决时，没有一个内阁成员愿意看这种报纸，即使它是真的。而如果它是假的，就更令人讨厌。白宫作出了如下的辩解：不立刻削减全部税率的决议是为某些设想提供了机会。后来，又有了这样一种解释，说总统有不少百万富翁朋友，并常带着穿着华贵的第一夫人出入各种高级宴会。看来，有必要反击一下对富人的形象化描述。如果总统曾经否决了他的顾问们的意见而自己决定反对给富人减税，那他在公众中或许会赢得不少信任。

白宫在公共关系上的天真是令人惊讶的。总统似乎是掌握在某些人手中，而这些人几乎是在浪费他最宝贵的财产——他的真诚。对白宫来说，对一个虚构的贫穷问题流露出（虚伪的）敏感是很危险的。白宫真正要表示的，是接受对总统计划的其他思想方式的约束的愿望，这是一种可悲的政治，因为它招致了对总统计划的更强烈的抵制。过去，减税通常不过是收入再分配和对不纳税的人实行退税，因而往往是徒有虚名。由于我们试图重新恢复对生产的刺激，助长这种思想——认为在足够的压力下，白宫可能为较高等级的边际税率的削减让路，是不明智的。

政策分歧

除此以外，我们真正的问题并不相同。《商业周刊》和《纽约时报》上都有关于政府中的政策分歧的报道。财政部对这些传说很担忧。重建美国经济所必需的根本性政策转变将难以实现，甚至在参议院的地位确立之前，关于我们的内部分歧的传闻就给了反对派一个信号——总统的队伍内部不够团结，打垮它的时机已经成熟。有关政策分歧的传说正由白宫官员传给报界——据我在新闻界的朋友说，消息是来自“贝克身边的人”。贝克当然是指白宫办公厅主任詹姆斯·贝克，这位来自得克萨斯州的百万富翁，靠他的圆滑谋得了这个职位。正如《商业周刊》(1981 年 12 月 7 日)所指出的，贝克有一段“为了卡特总统以及后来的总统候选人乔治·布什而反对里根总统的历史”。1978 年，当他在得克萨斯州竞选司法部长失败后，贝克就成了布什竞选 1980 年共和党总统候选人时的代理人。贝克身边的人有理查德·达曼(他的副手)和戴维·格根(David Gergen)(白宫事务主任和后来的白宫联络主任)。从电视上看，格根是个过激人物，在一次总统的记者招待会后，里根总统还没有同记者们进行充分的即兴交流，他就把里根推出门外。这三个人都谈不上对政策有所了解，当然也不是里根这一派的。

我认识到，如果总统要坚持他的经济计划，我将冒很大风险，不得不在政策分歧上做点文章。控告贝克是不行的，于是，1981 年 3 月 19 日，星期四上午，我在《华尔街日报》上发表了题为《凯恩斯主义者对里根计划的进攻》(*The Keynesian Attack on Mr.Reagan's Plan*)的文章，抨击《纽约时报》的史蒂文·拉特纳所作的蛊惑人心的宣传。我在文章中写道：

> 拨开这个新闻记者施放的烟幕，我们就会看到，供应学派同行政管理和预算局、财政部及总统站在一边——并不完全像他所说的那样地位正在下降。而且，里根税收议案也仍然富于生命力。问题不在于掌握政策，而在于如何解释它。

这样，一切都公之于众了，人人都知道拉特纳对白宫进行了新闻采访，而他那些有关政策分歧的故事也来源于那里。此后不久，《纽约时报》就把他派到伦敦去了。

此后，我继续在《华尔街日报》《纽约时报》《华盛顿邮报》和《财富》(*Fortune*)杂志上解释、捍卫和阐明总统的经济计划。显然，我在政府以外的同盟者比在政府内部要多得多，因此，我捍卫我的文章的独立性的决定是明智的。我估计我能帮助总统摆脱元老们的束缚一年。一年以后，我就辞职。《华尔街日报》的编辑鲍勃·巴特利(Bob Bartley)对我说,我已赢得了一个在政府背后为总统计划而斗争的游击队员的称号。

乐观的方案

总统经济计划在1981年2月18日公布时,所确定的实际经济增长率,1982年为4.2%,1983年为5.0%,1984年为4.5%(见表4.1)。它们被称之为"乐观的方案"(玫瑰方案)。

表4.1 总统经济方案摘要(%)

	1981	1982	1983	1984	1985	1986
实际国民生产总值增长率	1.0	4.2	5.0	4.5	4.2	4.2
消费物价指数的变化	11.0	8.2	6.2	5.4	4.7	4.2
国民生产总值消胀指数	9.9	8.2	7.0	6.0	5.4	4.9
政府开支在国民生产总值中的比重	23.0	21.6	20.1	19.2	19.2	19.3
货币基数的增长率	8.0	6.4	5.4	4.4	4.0	3.4
失业率	7.8	7.2	6.6	6.4	6.0	5.6
国库券利息率	12.0	9.3	8.0	7.2	6.2	5.7
劳动生产率增长率	0.6	1.8	2.3	2.2	2.0	2.0

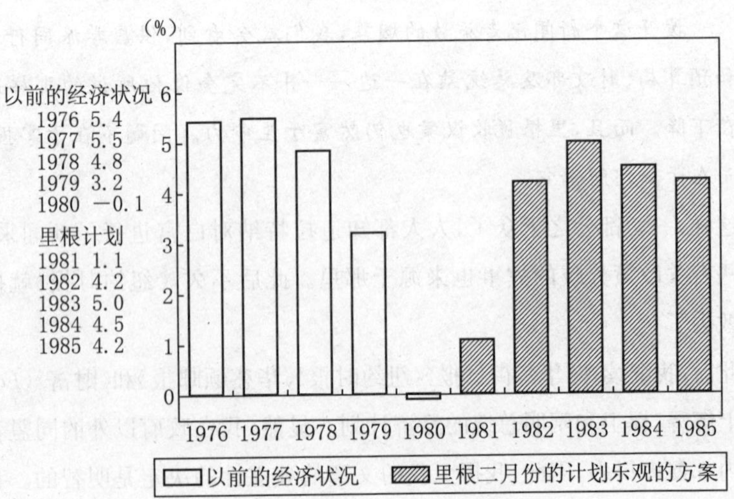

图4.1 实际国民生产总值增长率(以前的经济状况与里根经济计划的对比)

图 4.1 把我们实际经济增长的五年计划同卡特政府时期的实际经济情况作了比较，这在宣传里根新政策体系的 2 月 18 日文件中不得不被省略。里根所许诺的实际经济增长率看来要比 1976—1978 年间经济所达到的实际增长率要低，这个图提出了一个明显的问题：如果这些变革并没有改善经济状况，为什么要对美国的税收、货币和预算政策进行根本性的变革呢？要证明对这一计划所进行的政治斗争的正确性，里根的方案还不够乐观。

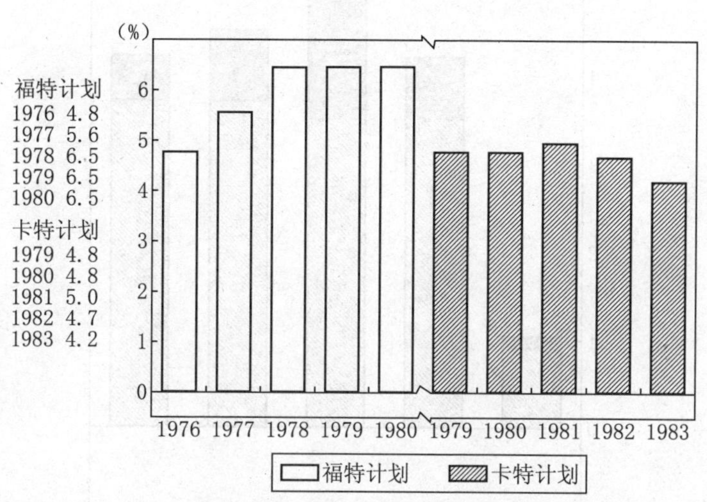

图 4.2　实际国民生产总值增长率(福特和卡特计划)

如图 4.2 所示，在大幅度减税的条件下，我们所计划的实际经济增长率，是低于福特和卡特两位总统在增加税收条件下的经济增长计划的。而且，他们乐观的经济增长设想没有妨碍他们预计通货膨胀率将大幅度下降。然而，卡特政府和福特政府的两任经济顾问委员会主席查尔斯・舒尔茨和艾伦・格林斯潘都参与了新闻界对我们的计划的批评。但是，正如图 4.3 所示，里根的二月计划比舒尔茨在前一个月为卡特政府准备的计划只是略有提高。然而，新闻界和政客们却成功地让人留下了这样一个印象，即里根政府已经提出了比以前所见的更为乐观的计划。

这种夸张变化无常。1981 年 3 月 9 日，《华盛顿邮报》指责里根的"方案远远超出这个国家或任何其他工业化民主国家以往的经验水准"。但是，近如 1976—1978 年，经济的实际增长率分别是 5.4%，5.5%和 4.8%。就在《华盛顿邮报》发表这种可笑的指责的那天，财政部从日本大藏大臣那里了解到，日本近期的经济发展情况恰恰同《华盛顿邮报》的论断相矛盾。1974 年，日本的通货膨胀率为 24.5%，实际经济增长率为−0.6%；5 年以后，日本的通货膨胀率是 3.6%，而它的经济增长率为 5.9%(见表 4.2)。

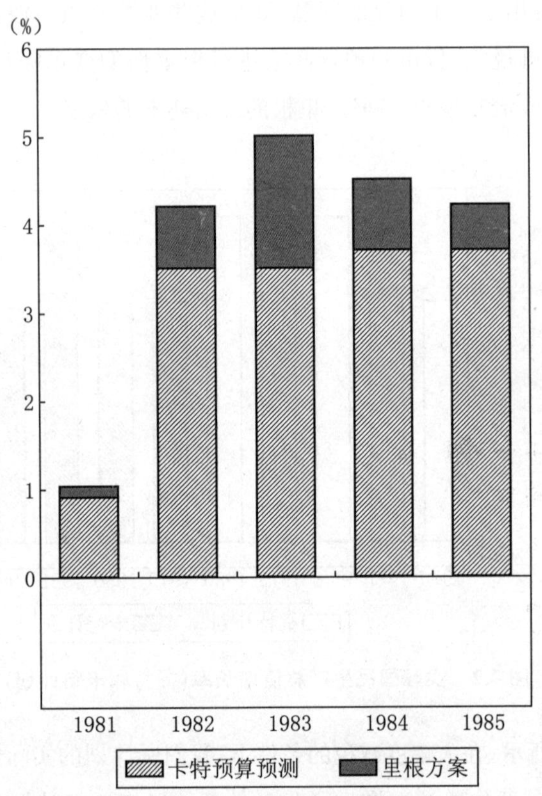

图 4.3　实际国民生产总值增长率

表 4.2　日本经济状况(%)

	1974	1975	1976	1977	1978	1979
实际国民生产总值增长率	−0.6	1.4	6.5	5.4	6.0	5.9
消费物价指数	24.5	11.8	9.3	8.1	3.8	3.6
国民生产总值消胀指数	20.1	8.6	5.6	5.6	3.9	2.1

日本的经验与那种认为在削减货币供应量增长的同时不可能有实际经济增长率的上升的指责也是相矛盾的。1973 年，在 1974 年通货膨胀率猛烈上升之前，为了适应第一次石油危机所带来的能源价格的大幅度上升，日本的货币供应量增长率为 22.7%。受到通货膨胀震动的日本随即对货币供应量的增长

加以控制。1980年9月，日本银行的顾问铃木先生（Yoshio Suzuki）在胡佛研究所（Hoover Institution）对朝圣山学社（Mont Pelerin Society）发表演讲时，把五年来的成功归功于"货币政策的转变"，即没有用扩大货币供应量来适应第二次石油危机。

但是乐观预测的神话破产了，它成了里根政府对其计划进行过分许诺和吹嘘的平凡事物。随着时间的流逝，财政部准备了一套更为乐观的计划。斯托克曼不得不对此进行干预以便使政府摆脱窘境。的确，还有一组更为乐观的数字，但是财政部还没有准备好。正如《商业周刊》1981年2月23日所说，"克莱蒙特经济学院院长、经济顾问约翰·拉特里奇（John Rutledge）为行政管理和预算局准备了更为乐观的预测。"

从经济正在发生衰退的立场上看，政府的计划还是乐观的。但是，这个计划并没有预见到一次严重的经济衰退，其他人也没有这样做。的确，1981年春季到夏季，当我们试图使这个计划在国会通过时，四处充斥着计划会导致通货膨胀失控的指责。在这些指责我们的人中，沃尔特·赫勒确信，该计划提出的减税将给经济带来过多导致通货膨胀的购买力。在1981年2月的《华尔街日报》上，他提出了这样一个问题："经济怎样才能吸收如此巨大的购买力，而不使我们已经无法忍受的通货膨胀更为加剧?"几天以后，《华盛顿邮报》的专栏作者霍巴特·罗恩（Hobart Rowen）声称，减税是"如此之大，以至于传统的共和党人和很多民主党人把它当成是危险的通货膨胀"。罗恩还说，"即使国会通过了与减税相对应的削减预算计划，从那些并未醉心于供应学派理论的人的观点来看，在财政计划中也没有什么可对抗通货膨胀的"。

此后的几个月里，通货膨胀又加剧了。5月11日，参议院财政委员会主席多尔告诉《纽约时报》，他个人仍担心减税可能会带来通货膨胀。在联邦储备委员会和经济顾问委员会的七月会议上，艾伦·格林斯潘估计紧缩的货币政策将被减税所压倒，通货膨胀即将爆发。格林斯潘认为货币政策还是很不成熟的，"除了维护旧制度以外，无所作为"。无疑，通货膨胀的加剧刺激沃尔克作出了过分的反应——过于严厉地压低货币增长。

在1981年，几乎每个星期赫伯特·斯坦都有新的抱怨，他相信政府将在通货膨胀的阴影下使经济增长。《纽约时报》也有同感，它在7月29日的社论中又说，"1981年的大减税……造成了更严重的通货膨胀。"认为财政政策占支配地位的过时的凯恩斯主义信念与政治和华盛顿的斗争相结合,甚至在经济陷入衰退时,也会激起通货膨胀。1981 年春,当联邦储备委员会临时性地让货币增长率大幅度上升时,它确信里根政府想使赤字货币化。

1981 年的二月计划不是一种预测,它是对充分贯彻里根计划对经济的影响的一种估计。这个方案基于三个重要假定:一是个人所得税率在 1981 年 1 月、1982 年 1 月和 1983 年 1 月分别削减 10%,这一方案从未得到调整以对减税的推迟作出反应。第二个假定是,政府开支将受到控制,到 1984 年它将下降到占国民生产总值的19.3%。第三个假定是联邦储备委员会将提供适度的、可测的货币供应增长率。

货币政策

二月计划的三个假定是我们多次明确声明过的。例如,2 月 18 日的总统经济报告指出:"这一经济方案假定货币和信贷的增长率要稳步下降,到 1986 年将下降到 1980 年水平的一半。"财政部长里甘、副部长斯普林克尔和我在国会都公开声明,我们的货币假定以及向联邦储备委员会主席保罗·沃尔克要求的政策就是在 6 年时间内分阶段逐步把货币供应量的增长率削减 50%。然而,说来也怪,1982 年 3 月 5 日,当我在参议院预算委员会发表声明时,主席多梅尼西对我关于政府的货币假定的说明感到很惊讶。他大概以为在 1980 年,当沃尔克把这一年里六个月的货币供应量的增长压到零时,我们是支持这种极为紧缩的货币政策的。我真不明白在政府中还有谁和多梅尼西有此同感。

对总统的二月计划我们从不抱幻想,因为我们清楚它实质上就是我们的假定。我们认为,我们有一个斗争的机会以重建税收制度并降低联邦政府开支的增长率。我们最为关注的就是货币政策。就在里根宣誓就职的第二天,财政部被要求就新总统对沃尔克的指示这一课题准备一个短小的备忘录。这个备忘录写道:

> 除非联邦储备委员会提供一种正确的货币政策,否则总统就无法贯彻其政府的主要政策。正确的政策就是稳定、适度和可测的货币增长……沃尔克应该管理联邦储备委员会的事务以减少其不确定性……他们没有理由失败。如果联邦储备委员会失败了,里根政府也完了。

不幸的是，我们的担忧成了现实。联邦储备委员会没有把削减货币增长平均分散在六年期间进行，而在第一年就要把货币增长率削减75%。1981年11月，财政部官员报告说，主要的货币指标$M_{1\text{-}B}$（由现金加所有活期存款构成），在过去的六个月内已经**下降**，这是1959—1960年那次下降以来的第二次。的确，10月份经济中的货币量是比4月份要少。这一年$M_{1\text{-}B}$的增长是微弱的，几乎同1970年和1975年经济衰退时的数字相等。这的确是极度的紧缩，加上减税的推迟，经济衰退是不可避免的。

政府中的货币主义者担心联邦储备委员会会把事情做过头而发放过多的货币，而我却担心他们会弄巧成拙，发放货币太少。如果在政府削减税收和预算的计划通过以前，联邦储备委员会导致了经济衰退，那么里根计划就将破产。收入下降和赤字扩大将危及减税，而失业增加将使削减政府开支十分困难。鉴于这些忧虑，我于1981年3月9日向财政部长里甘提交了一份经济备忘录。备忘录一开头写道："当前的经济状况以及对其趋势的预测可能以决定性的方式与里根的一揽子经济政策在国会的成功发生相互影响。"最近的失业数从表面上看还不错，"但是就业人数的增长已从前6个月的平均27.5万人下降到5.1万人。"大多数预测者已不再预测1981年经济将趋于下跌了，"但是，由于他们从凯恩斯主义观点出发，他们很可能对货币方面没有给予足够的重视。"特别是：

> 自11月中旬以来，货币基数已经趋于停滞。过去几年内，货币量始终在以8%—9%的年增长率增长，而在今年夏天和初秋增长率为10%，如此突然的萎缩是近年来没有发生过的。
>
> 可以想见，货币供应量的进一步紧缩将使经济下降得比目前的预测更快、更猛烈。

我的结论是："联邦储备委员会过去的行为很可能已经给政府的一揽子经济政策设下了陷阱。"

结果，经济衰退在该计划被通过之后，预计被推迟的减税起效之前发生了。然而，这次衰退由于随之而来的赤字已足以危及减税。1982年7月20日，《华盛顿邮报》以《里根经济学带来了什么？》(*What Comes After Reaganomics?*)为题发表了一篇社论，文章针对经济衰退声称，供应学派的减税是一大失败——而正是在这个月，第一次减税10%的方案开始起效。《华盛顿邮报》为了证明其轻率否定一项未经尝试的政策这一行为的正当性，指出供应学派曾经许诺对未来减税的预期将首先带来投资和经济的高涨，而这一许诺并未兑现，因此我们需要换一种新的政策。

《华盛顿邮报》随便地忽略了这样一个事实：在减税之前，联邦储备委员会已经造成了经济衰退。此外，《华盛顿邮报》在原则问题上也鲁莽行事。显然，那种认为对减税的预期将首先带来经济高涨的论点是哈佛大学教授，全国经济研究所所长马丁·费尔德斯坦提出的。1980 年 8 月 7 日，我在《华尔街日报》上发表文章，反对这种观点，并把它称为“这位负责的经济学家对拉弗曲线的翻版”。有关减税的预期对当前的经济有着**不利的**影响。人们会把赚钱的活动拖到将来税率较低的时候进行，而把信贷和可以抵扣应税所得的活动放到现在来进行，因为这样做最合算。其结果将使目前经济和赤字状况更为严重。这是从理论上来分析这一问题，而后来的实践也证明了这一点。由于我知道削减税率将分阶段进行，我很担心（对减税的）预期可能会导致经济的暂时下滑，这是我不主张在减税之前实行任何紧缩货币政策的原因之一。我不是唯一的一个持此观点的供给主义者。一旦得知倒推到 1981 年 1 月开始的减税将不再生效，波士顿的一家持供应学派观点的预测公司——H.C.温赖特公司(H.C.Wainwright)，在别人都预测通货膨胀时，预见到了这次经济衰退。听取了该公司意见的用户们在经济发生衰退、现金流动极度贫乏时，都没有背上大量债务。

在 3 月 9 日的备忘录中，我警告财政部长里甘，经济衰退也能导致我们（控制）通货膨胀计划的破产。鉴于以往的政策经验，人们已学会预期一次经济衰退之后必然是货币量的膨胀。因此，他们对通货膨胀的预期会在经济复苏以前就上升了。这将使经济衰退期间的利息率居高不下。高利率将导致某些特定的政策被放弃，从而使总统的经济计划遭到失败。在 1979—1980 年，我曾经预言，除非实行政策转变，在未来的经济衰退中，利息率仍将居高不下——普信公司(T.Rowe Price)在 1982 年 4 月 2 日这样提醒了它的客户们。我 3 月 9 日致里甘的备忘录在结束时这样说：“货币供应量的下降可能潜伏着隐患，这就是总统的经济计划必须早日被国会通过的原因。”

里根政府犯了一个根本性的错误：当它公布 2 月 18 日经济计划时，没有一个基线预测，以表明在继续推行旧经济政策情况下的经济状况，或者说如果里根的政策不通过的话，经济将会怎样。由于没有一个公开的、官方的比较标准，新闻记者和评论家们就要用自己的标准来进行比较，而这往往是对我们不利的。我曾致力于提出一个基线预测，但没有引起任何人的注意。

各种各样的有害的解释都起源于缺少一个基线预测。其中危害最大的就是税收损失测算，其数字将被用来衡量减税规模。没有基线，税收损失就不得不以里根的较高的国民生产总值计划作为税收基数来计算，这样就夸大了减税的规模。正确的方法是，把当时的较高的税率用于较低的基线国民生产总值，以计量在未减税情况下的税收收入；然后，计划的较低的税率应该用于预测由于增加对生产的刺激而带来的较高的国民生产总值，从而确定里根计划下的税收收入。两者之差就是税收损失。但由于没有基线预测，就无法采用正确的方法，税收损失就被夸大为 7 655 亿美元。

1981 年 1 月 31 日，在给副部长图尔的备忘录中，我提出反对“基于受到现行税收法阻碍的经济增长状况”来进行收入预测。总统需要保护，以不受 7 655 亿美元这一不切实际的庞大赤字数目之害。孤立地公布这个数字，给人的印象是政府损失了 7 655 亿美元。应该把在里根计划下一年的年收入增长和过去的卡特预算所计划的收入增长加以比较，以此来分析减税。尽管实行了减税，联邦政府的收入在 1981—1986 年间还计划增长 57％。在卡特的方案中，收入计划要增长 95％。鉴于我们计划的较低的政府开支和较低的通货膨胀，我们不需要这样高的收入增长率。现在正在进行的减税的方式将不会造成任何恐慌。

然而，7 655 亿美元这个数字传到了新闻界，其原因我不得而知。图尔和我曾共同战斗了多年，也许他所要与之斗争的东西太多了，以至于他无法对这个问题作出积极回应；更多的可能是税收政策办公室的想堵漏洞而不想减税的官僚主义者们冥顽不化，拒绝对其所谓的“标准方法”作任何变革。在另一条战线上，我们还是做了旧势力的俘虏。

对总统计划的攻击

里根犯了一个根本性的错误，没能把与其政策的成功有直接利害关系的白宫高级官员，任命到经济顾问委员会以及行政管理和预算局中去。相反，他却召集了一批顾问，这些人在经济政策上喜欢标新立异。然而，相信菲利普斯曲线或相信可以用失业对付通货膨胀的人们不可能同时也相信供应学派经济学，相信“基础性通货膨胀”或相信赤字导致了通货膨胀的人们也不可能相信货币主义。总统有一个以一整套原则为基础的计划和一批信奉另一套原则的顾问。

所有的供应学派成员都在财政部，在那里他们可能会很快陷于被孤立的境地。1981年2月，很多新闻记者纷纷报道说，斯托克曼在经济问题上过分表现自己，而把财政部长里甘置于相对次要的地位上，这使得里甘十分恼火。《华盛顿邮报》的赫伯特·罗文声称，斯托克曼的削减政府开支计划，总的来说要比未经验证的“供应学派”税收计划更可信些。《纽约时报》的史蒂文·拉特纳也宣称，财政部长里甘“在决策中只起了一般性的作用，他没有组织起自己的人马”。

不断扮演着传统的预算平衡者角色的共和党人斯托克曼受到了自由派新闻记者们的赞扬；而试图在政策辩论中阐述总统自己的供应学派观点的里甘，却显得软弱无能。然而，如果里甘处境不佳，也不全是他的过错，因为他在财政部是处于“狂热的”供应学派的包围之中的。在微妙多变的华盛顿政界，个人形象对自我和权力都是十分重要的。对神通广大的斯托克曼和无所作为的里甘的报道来源于政府内部和新闻界，他们想把里甘从总统的非正式顾问团中孤立出来，使他屈服于传统势力。里甘深受自我和对总统的忠诚这两者的折磨，这就导致了财政部在政策辩论中左右摇摆。

把斯托克曼捧为政治明星的活动还在继续，3月23日，合众社(UPI)的报道是这样开头的：“戴维·斯托克曼是近日来美国国会的头号明星。”这篇文章接着说，斯托克曼的作用十分重要，因为他是削减预算的总设计师，而内阁部长们都很无能。就在报界大肆宣传斯托克曼的削减预算计划的同时，对里根计划中的减税部分的攻击还在继续。3月4日，保罗·沃尔克声称，政府对前景过于乐观了，这表明联邦储备委员会对总统的计划也不太支持。

另一场幕后斗争也在进行着，白宫国内政策顾问马丁·安德森也卷了进去。2月2日的《商业周刊》报道说，安德森将为艾伦·格林斯潘和阿瑟·伯恩对总统的意见起一个桥梁作用，这两个人都是供应学派经济学的批评者。3月10日《纽约时报》刊登的史蒂文·拉特纳的报道把安德森列入了反供应学派的阵营。3 月 16 日的《商业周刊》赞扬安德森反对对投资收入的最高税率进行削减的提议，这被看作是对供应学派的一次挫败。此外，据说安德森还反对让纽约商人、供应学派的拥护者刘易斯·莱尔曼（Lewis Lehrman）到经济顾问委员会任职。从报纸上看，安德森好像要用他的权力为制止供应学派的活动采取某些行动。我和安德森曾是斯坦福大学胡佛研究所的同事，我们都是里根派的，有很多相同的观点。如果我和他联合起来，财政部的供应学派将与白宫取得直接联系。与此同时，他将得到财政部官员的支持，从而增加他的政策的力量。有人唯恐这一潜在的联盟形成，在我们可能取得联合之前就试图从中作梗。

里根政府成立之初，在其他政策问题上也有令人烦恼的混乱迹象。里根总统的最初行动之一就是警告他的内阁们不要让"永久的政府"——官僚主义——控制政策。尽管有这种警告，交通部长德鲁·刘易斯（Drew Lewis）从被任命之时起就有被官僚主义俘虏的迹象。1 月 28 日，新政府成立仅 8 天，刘易斯就召集了一个内阁部长会议。我和里甘一起赴会。会议一开始，财政部长里甘就惊讶地发现他被叫来开会是来听曾在卡特政府任职的助理部长帮办查尔斯·斯温伯恩（Charles Swinburn）阐述他关于对日本实行汽车进口限额的观点——这是与里根政府的自由市场原则直接对立的保护主义政策。财政部打电话给交通部副部长达雷尔·特伦特（Darrell Trent）和部长助理朱迪思·康纳（Judith Connor），质问他们交通部到底在搞什么名堂。他们使财政部相信，交通部并无意急于搞限额，他们继承了卡特政府的官僚主义作风，而这种作风是必须被抛弃的，因为官僚主义无助于许多国内问题的解决。交通部正在成立一个特别工作小组，它造成了一种政府正在对日本汽车问题采取某些措施的气氛，这将阻止国会使限额问题以立法的形式确立下来。此后不久，德鲁·刘易斯对记者说，政府的政策正在对汽车工业采取措施，而他自己为进口限额问题在报纸上进行了一次声势浩大的宣传。

此后的一个月，里根派不无疑惑地看到，汽车进口问题把里根的一揽子经济政策挤出了议事日程。到 3 月的头一个星期，财政部的注意力完全从减税转到抵制保护主义浪潮上去了。交通部的一个助理部长帮办使得要进行一场政策变革的政府偏离了它的目标。没有人知道为什么德鲁·刘易斯没有接到白宫的电话。对日本汽车的进口限额问题不仅在时间上是不合时宜的，而且对总统来说也是毫无成功可能的。财政部、经济顾问委员会以及行政管理和预算局都不相信保护主义会使美国汽车的竞争力提高，使工会不再提更多的要求，并在管理上更加灵活。如果总统作出正确的决策支持自由贸易，就会被指责为偏向日本工人而不支持美国工人；如果他作出错误的决策以避免政治上的风险，又似乎他的原则性不够强，对于他的经济计划会和其他经济部门一起给汽车工业带来复苏这一点缺乏信心。而且，在限额问题上的让步将为一大串要求政府保护的人打开大门，而他们每个人都有自己的对某个特定行业的提案。在最初的日子里，在问题一个接一个，危机一次接一次的情况下，为了恢复对经济的控制，政府是冒了把新政策挤在一边的风险的。

3 月 13 日，蒂姆·麦克纳马召集了一个财政部汽车问题特别工作小组的会议。《纽约时报》的头版文章报道了内阁在对日本汽车的进口限额问题上的分歧。麦克纳马说，白宫指定财政部与新闻界周旋，这是十分荒谬的。交通部已经把这一问题向新闻界公开宣传了几个星期了。麦克纳马这是在告诉财政部如何从这场论战中脱身。官方的思路是，出于对政府形象的考虑，妥协还是必要的。妥协就是日本将自愿限制他们对美国的汽车出口。为此，美国差一点挑起了一场贸易战。加拿大向日本表示希望得到类似于它给予美国的待遇。如果日本对美国而不对加拿大限制汽车出口，加拿大将采取单方面行动。欧洲议会主席西蒙娜·维尔也声称，任何“给予美国的优惠条件都必须同样给予欧洲”。欧洲人担心日本为了弥补对美国出口的损失而对欧洲增加出口。

等到这个问题解决的时候，几个财政部政策顾问已经精疲力竭了。总统的经济计划并没有任何进展。《华盛顿邮报》指出，政府内阁官员们对总统的计划丧失了积极性，这就意味着国会将把它的意志强加给总统的一揽子经济计划。里根的革命在开始之前就遭到了挫折，重新开始还需花很大力气。

第 5 章
胜利的序曲

我在 1981 年 3 月 30 日(星期一)应邀去白宫与里根总统共进早餐。我作为他的经济计划的设计师,本来很愿意坐下来和他谈谈。但是,这次早餐对被总统所任命的官员们来说是一次社交活动,也是与总统合影的好机会。对里根来说,这亦是一次机会——他可以看看他的政府里有些什么人。历届总统对其任命的大部分官员所知甚少,搞不清他们是依靠谁上来的。一些观察家对总统与其政府之间的缺乏联系作了夸张的描述:这一屋子负有总统使命的人都受到财政部特工处的注意。总统在对这群人的简短讲话中,又一次敦促他的政府要置政策于政治之先。坐在我旁边的一位先生问我是否是第一次到政府任职。他自我介绍说,这是他第三次到政府工作了。这时,我参加白宫早餐的喜悦心情突然变得十分低落;我感到里根革命是新车走老路。一阵孤独感涌上心头,我不知里根是否也有同感。

那天晚些时候,当我听到总统遇刺的消息后,更感到万分孤独。白宫传来了亚历山大·黑格(Alexander Haig)的声音——“我在这里负责”——这怎能不使人感到希望渺茫?早先的传闻是罗纳德·里根已去世,白宫正等待着布什副总统回到华盛顿宣布总统遇害的消息。政府内的里根派在互通电话,对这一不幸深感悲哀,共同体会着突如其来的脆弱与无助。造成这种脆弱与无助的不是凶手的子弹,而是对各权势集团的钩心斗角。在经历了围绕着总统经济报告、“乐观的方案”、自动进口配额以及延期减税这几次斗争之后,我仍存斗志,相形之下,他们显得无精打采。我坐在自己宽敞的办公室里,透过落地窗能俯瞰白宫的前草坪。墙上挂着一幅达拉斯(Alexander J.Dallas)的油画肖像。我常常在这里对来访者作出非正式的解释并与他们讨论总统的经济计划。达拉斯在1814年10月至1816年10月间担任财政部长。我曾试图考证,那时的白宫在1812年战争中被英国人焚烧之后是否已经重建,或者达拉斯时代的财政部是否就是在隔壁的房间里掌管着一片废墟的国家。

确切的消息传来了,总统并没有受到致命的伤害。我们重新振作起来,全力以赴地为总统的经济计划而战斗。里根赢得了人们的同情——这是总统生涯中能努力把全国团结起来的为数极少的机会之一。里根的肺部中了一颗子弹,但却表现出异乎寻常的忍耐力。他俏皮地说:“我忘了躲闪一下。”然而,我们知道,总统在通过春季预算决议案的关键时期将无法出来工作。

契机与妥协

自政府打着平衡1984年预算的旗号决定推迟减税的实施日期以来,财政部就一直关注着动向。我们想知道,这一决定是否会变成背离我们旨在通过提高经济增长来平衡预算的方案的第一步。减税的理论基点在于通过改善经济状况,达到预算平衡。而政府的决定实际上是通过推迟减税来改善预算状况。如果是这样的话,为何还要全面减税呢?如果将推迟减税的决定得以成立的逻辑推演到底,那么就无须减税了。

站在预算开支的立场上考虑,赤字对减税来说也是一个问题。国会在4月份的辩论集中在削减预算和赤字问题上,或者说至少报纸是这样描述的。把重点放在削减预算和赤字上对减税来说不是一个好兆头。限制政府开支的增长有可能成为一件棘手的事情。如果这都是在平衡预算的名义下进行的,那么要接受政府收入的损失来自减税的观点则是令人颇费踌躇的。有组织的政府开支机构已习惯于多多益善的做法,而纳税者却是无组织的,尽管他们之中不乏一些拥护里根、肯普以及另外一小部分人的勇士。政治家们乘虚而入,按照对富人的税率向这些无组织的纳税人征税,从而为政府的支出计划筹资。但即使这样,钱还是不够。政府已无力维持其庞大的支出,被迫靠举债支付它的开支。里根经济学旨在将政府置于这样的境地:减少其债务,同时又削减其收入。这就是国会眼中的总统经济计划。

关于妥协之说，朝野上下议论纷纷。众议院预算委员会主席吉姆·琼斯(Jim Jones)设计出一种战略，旨在促使总统对其政策作出让步。琼斯作为一个主张减税者是享有一定声誉的，因为他曾在1978年削减资本利得税中起过作用。与总统的预算提案相比，琼斯的提案主张更高的开支和更低的赤字。琼斯试图把民主党人联合起来。高开支会受到自由派的欢迎，低赤字则会迎合南方保守派(the "boll weevils")的胃口。琼斯通过小规模减税来实现其一揽子计划。他以偏袒中、低收入阶层的一年减税方案代替三年削减税率方案。为寻求实业界院外活动者的支持，他暗示他的计划在企业的折旧提存上会比政府所提出的方案有更多的优惠。

4月9日，《华盛顿星报》刊登了一篇社论，题曰《吉姆·琼斯是支持总统的吗?》(*Jim Jones for President?*)文章提醒人们："琼斯仅仅代表俄克拉荷马州的选民，他与总统是不一样的，他没有从全国的范围来考虑他的经济计划，况且他未得到44个州大多数选民的支持。"社论的意图是显而易见的：别挡总统的道！可是，第二天在参议院预算委员会，三名共和党议员与九名民主党议员站在一起否决了总统的提案。许多人由此认识到，民主党反对减少开支，共和党反对预算赤字，这两股力量联合起来，对减税是一个威胁。

在华盛顿，原则是一个舶来品。原则很快就会瓦解，主张推行它的人不再坚持，它自然气数已尽。罗纳德·里根命中注定要遇到的是，现有的原则总是与其计划相冲突。三位新当选的共和党参议员威廉·阿姆斯特朗、史蒂夫·西姆斯(Steve Symms)、查尔斯·格拉斯利(Charles Grassley)发动了一场反赤字运动。他们不准备投票赞成里根或其他任何人的赤字方案。多梅尼西自己就坚持原则，这样，里根的计划被否决就不可避免了。他拒绝接受总统1984年度的平衡预算方案，认为它是建立在尚未确定的440亿美元的预算削减基础上的。戴维·斯托克曼仍在预算问题上玩弄花招，与此同时他却指责财政部在经济预测上做小动作。多梅尼西采纳了国会预算局提出的447亿美元的赤字方案，从而失去了在他的委员会里为总统预算方案投赞成票的机会(他在以后的两年里也未赞成总统的预算方案)。

由于白宫方面无人在参议院共和党人中推行总统的政策，《华尔街日报》在一篇社论中为总统说话了。这篇发表在4月16日的社论《约翰·梅纳德·多梅尼西》(*John Maynard Domenici*)说："预算委员会最根本的问题是其主席皮特·多梅尼西坚持采用那些假定总统的计划会失败的经济方案。”社论反对在1981年根据对1984年赤字状况的预测来制定政策。“假如你认为这些预测中的任何一种能告诉你1984年的赤字情况，那就躺下等到那一天到来再说。”社论警告说，如果参议员多梅尼西继续使用国会预算局的方案，就会削弱减税。其实，为什么不反过来设想一下，总统的方案是能够实施的呢？否则，“我们就会重蹈覆辙——在今后的三年里用通货膨胀来提高税收，以求平衡预算”。

第二天，戴维·斯托克曼和吉姆·贝克给罗伯特·巴特利写了一封信，为多梅尼西辩护。里甘部长没有在这封信上签名。也许这是因为里甘已听到这样的说法——多梅尼西已被他的助手说服不要与阿姆斯特朗合作从开支方面减少赤字，而要推迟减税。巴特利感到可笑的是，斯托克曼和贝克所选择的不是去捍卫总统，而是去捍卫多梅尼西。

4月22日，《华盛顿邮报》刊载了罗兰·埃文斯和罗伯特·诺瓦克撰写的专栏文章，他们从这件事里所看到的不仅仅是错误原则指导下的行为。他们认为，以多梅尼西为首的预算委员会的官员——尤其是史蒂夫·贝尔——“一个现年37岁的前报社记者，诗人，自命为文艺复兴者”——正在利用预算赤字作为扼杀“肯普—罗斯减税方案”的一种手段。这一指控是不无道理的。自参议员贝尔蒙时代起，参议院预算委员会中的共和党官员就一直在反对减税方案。如果贝尔的所作所为真是如此，他不正是继承了这些人的衣钵吗！一般说来，参议院预算委员会的首席顾问是一个重要的决策者——如果其他人来制定议事日程，情况就不是如此了。里根、肯普和供应学派已制定了议事日程，留给其他决策者们的只是贯彻执行的角色。在华盛顿，很少有人会为他人的成功效力。在埃文斯和诺瓦克看来，贝尔已为抨击“供应学派理论家”和贬低削减税率方案定下了基调。他们写道，在预算委员会投票击败总统的预算方案之后，一切都变得一目了然了。“多梅尼西的助手带着毫不掩饰的喜悦宣称，‘肯普—罗斯法案’寿终正寝了。”据报道，贝尔告诉预算委员会的官员，多梅尼西没有同像阿姆斯特朗那样的保守的共和党人合作，以控制支出来减少赤字。相反，他可能会与民主党人合作，通过推迟减税来减少赤字。埃文斯和诺瓦克在当时都是斯托克曼的崇拜者。他们认为，斯托克曼对此密谋有所警觉，并且阻止了它。由于贝尔利用了斯托克曼自己提出的用拖延减税来平衡预算的策略，这使得了解一下斯托克曼用什么观点去论争就变得饶有趣味了。更有可能的是,是《华尔街日报》的社论使参议院预算委员会陷入了困境。对那些共和党参议员和他们的助手来说,要从根本上动摇作为共和党人的里根总统,为时尚早。

坚守堡垒

财政部和《华尔街日报》的社论成功地为总统在其康复的一个月中守住了堡垒。总统打算在4月28日初愈后重返白宫,在国会联席会议上发表演说。但这一天不会很快到来。在税收上妥协的议论——关于降低削减个人所得税的规模——已是满城风雨。4月12日,吉姆·琼斯无意间透露出一次不折不扣的离间行动。他告诉记者,有三位财政部官员,即约翰·查波顿(John Chapoton)、诺曼·图尔和布鲁斯·汤普森(Bruce Thompson),已表示愿意就三年减税方案(即每年减税10%)进行妥协,而接受一年的减税方案。这一说法是不真实的,或许是误解的结果。总统在病榻上指示收回妥协的建议。但破坏已经形成,白宫的反减税派纷纷出笼,摇旗呐喊。一位未透露身份的白宫官员告诉《纽约时报》记者豪厄尔·雷恩斯(Howell Raines)说:"某个总统的非正式顾问团的人士曾暗示吉姆·琼斯,我们可能会向一年减税10%的方案妥协,而否认这一说法将是愚蠢的"(1981年4月14日)。雷恩斯接着报道说:"即使在遇刺以前,里根先生曾在其椭圆形办公室会议上被告知,他也许不得不确定一年的减税方案,而且总统本人并未排除他将修订他的税收方案的可能性。"

显然,白宫的助手们没有放弃任何机会告诉总统,他要在国会通过他的全部计划的机会是微乎其微的。他们也从未放弃向报界透露总统私人会晤的情况的机会,尤其是当他们想把里根的减税方案得不到支持的情况公之于世的时候。例如,1981年4月15日,即在雷恩斯文章发表后,卢·坎农(Lou Cannon)在《华盛顿邮报》上写道,一个被称为高级政府官员的统一战线正试图使总统在他的税收方案上妥协。来自白宫的关于妥协的说法大长了像琼斯、罗斯滕科斯基(Dan Rostenkowski)和奥尼尔(Thomas P.O'Neill)这些民主党人的士气,而不利于总统的支持者。显然,有人在白宫操纵着新闻界和人们的士气,竭力制造压力,以产生一个既成事实的妥协方案。财政部想知道为什么要提前产生出一个妥协方案,为什么共和党人自己不去进行内部的谈判。国会曾于1978年一致通过了里根经济学，所以没有理由认为国会会再一次否决它。财政部的官员想知道，总统是否看过那些报纸——如果他看了，他为什么不去清除那些正在削弱他的计划的不忠诚的“白宫官员”。具有讽刺意味的是，吉姆·琼斯把财政部的总统的非正式顾问团看作妥协主义者，而这些人又是供应学派的力量基础。具有双重讽刺意味的是，被称为妥协主义者的人中，有两位先生属于坚定不移的供应学派——政策设计师之一图尔，以及布鲁斯·汤普森（他曾任参议员罗斯的税收问题助手）。最有可能的是，那个跑到里根病榻前报告财政部向吉姆·琼斯妥协的白宫助手，正是向报界编造妥协之说的人。

4月28日，总统在通过电视向全国转播的国会演说中，制止了这些毫无根据的议论。卢·坎农在《华盛顿邮报》上承认，“罗纳德·里根凯旋般地回到白宫”，里根经济学“又一次占了上风”。里根的寥寥数语击垮了琼斯和奥尼尔的预算决议案，并确认了格拉姆—拉塔议案。这一议案是以得克萨斯州民主党人、前经济学教授菲尔·格拉姆（Phil Gramm）和俄亥俄州共和党人德尔·拉塔两人命名的。格拉姆—拉塔议案是支持总统方案的南方保守派和共和党联合行动的产物。它提供了总统的削减税收和开支的计划，并于5月7日通过了众议院“270-154号”条款；全体190名共和党议员和80名民主党议员投票赞成里根经济学。投票结果表明，里根在国会比在他的政府内拥有更多的支持者。

里根在国会的演说中指出，我们必须指引出一条大胆的新航程，以恢复我们的经济力量，为人民创造机会。我们是带着这样的一个梦想开始我们的事业的——我们能干得更好，加上我们的信念，我们就能“超越陈规旧习，充满创造力和勇气”。里根政府中的一些人听懂了演说的内涵，而那些把自己想象成实用主义者和现实主义者的人听到的无非是些假大空的废话。他们在事业开始之前就已经落伍了。

财政部在拟定总统的演说稿时插了一手。在寻得别的合适人选之前，肯·卡奇吉安（Ken Khachigian）应里根之邀，担任白宫演说的主要撰稿人，他从老行政办公大楼送来了演说稿。演说稿的内容过多地强调了预算赤字。我们提醒卡奇吉安说，强调预算赤字会给总统的计划设下陷阱。如果赤字将成为争论的焦点的话，那么“总统的方案将会由于取消减税甚或增税而被挫败”。

我们建议，注意力“应放在这样的事实上，即政府开支的增长一直比经济增长快以及必须降低如此之高的开支增长率”。如果重点放在控制支出方面，那么就不可能通过提高税收来解决。这是罗纳德·里根自己的看法，也是他以后十个月中演说的主题。

也有一些偶然的胜利减轻了政府内里根派的令人苦恼的状态。2月底，华尔街黄金交易家詹姆斯·辛克莱(James Sinclair)警告他的经纪人不要希望黄金价格会更高。辛克莱写道：“我们已如此习惯于妥协，以至于我们认为力量、性格和奉献精神在这个星球上是不存在的。”但是，里根派“在美国政治上具有与众不同的机智与献身精神。我们应该把他们这种狂热赞美成对一个目标的奋不顾身的追求。在他们看来，这一目标比起拯救美国来毫不逊色”。黄金价格的上涨“只能是谋略上的失误所致”：“只有未能秉持促使本届新政府上台的原则和指令，才会使黄金价格大幅上涨。”我把辛克莱的新闻稿的副本送给里甘部长，并注明我们现在要做到名副其实——坚定、强硬的个性，不会因妥协而使总统的方案破产。

另一个胜利来自未曾料到的方面。4月，布鲁金斯学会出版了一本论文集，文集评价税收政策对经济活动所产生的影响。4月27日，卡罗琳·艾特金森(Caroline Atkinson)在《华盛顿邮报》上发表了一篇简短的书评。它给人的印象是，论文所阐述的观点与政府的供应学派观点相矛盾。但事实上正如财政部官员所指出的那样，“这一研究得出的大部分主要结论在主体上是支持政府立场的”。供给主义者曾因为主张通过减税增加工作量和企业投资而受到批评。然而现在布鲁金斯学会的研究表明，政府税、地方税和社会保险税的结合会导致已婚男性减少工作量。另一研究结果表明，高边际税率会引起经济效益的下降，并随着收入增加而愈加严重。这本论文集的一些章节论及投资、股票价格和资本收益，对总统经济计划的理论基础表示支持。

但就是研究报告的发表也无助于改变形势。新闻界和学术界继续宣称供应学派经济学没有丝毫理论根据。在这一点上，他们总是指没有证据证明减税会在每一个纳税阶层得到自偿。由于里根经济学不是建立在“拉弗曲线”上的；为了咬住假想的敌人，他们不知道或者装作不知道他们在批评些什么。会议的组织者总是推出一个诺贝尔奖获得者去扼杀在他们看来是无知的供应学派。这些人在思想上顽固地反对国防开支和对富人减税。在他们看来，这两个方面就是里根经济学的全部内容。他们从未打算过要认真对待供应学派经济学。

4月份又出现了一个胜利。自二月经济报告发表以来,我们一直试图对基于里根经济学的经济分析作出官方的解释。尽管受到白宫的干扰,我们还是以财政部的名义准备了一份对总统方案的经济理论进行说明的文件。然而,这份文件却是作为我们的私人报告出现的。蒂姆·麦克纳马附加了一个旁注,说此文件是我和诺曼·图尔准备的。记者们迅速发问,这是否意味着财政部不承认供应学派经济学?或者说,我和图尔极端自私,以致利用财政部的公章去欺世盗名?在财政部,没有人对这份文件持有异议。我们感到纳闷的是,麦克纳马为何要一反常态给人造成这是一份私人报告的印象。我们还感到纳闷的是,为什么他在有关政策分歧的传闻甚嚣尘上之际,甘冒风险去制造财政部内部在分裂这样一种印象。不知是因为我们的名字使人联想这是一份有争议的文件,还是记者们认为这份东西过于不切实际,总之,不知是何种缘故,这份文件没有被理解为对总统方案的说明。

到了4月,里甘部长表示总统的方案尚缺一份说明材料。他说这一方案比人们原先想象的要更有道理。难道我没有搞出一份如何使方案实施的书面说明吗?我们在一开始没有为我们的行动作出说明,因而现在就处于一个被动的局面。我准备了一份二页半纸的简要说明材料。这样,对总统的一揽子经济计划进行说明的官方文件终于产生了。

决策中的演变

在华盛顿,胜利的滋味不得不在私下悄悄品尝。一旦张扬出去,胜利者就会成为众矢之的,就会被嫉妒所吞噬。当报界在宣扬供应学派缺乏影响时,我已为自己在政府内确立了总统方案的代言人这样一个不容忽视的地位。这一地位的确立并非没有代价。我可能赢得同僚们并非由衷的尊敬,但也可能付出失去朋友和伙伴的代价。我既然付出了代价,就必须谨慎小心地把握已取得的成果。然而,4月中旬,祖德·万尼斯基来到华盛顿,他肆意破坏了这一成果。

万尼斯基确信,吉姆·贝克和戴夫·格根(他们俩曾竭力阻挠里根成为共和党总统候选人)是供应学派的支持者,但他们却不知道应该选择哪一种政策。除了万尼斯基,他们还能得到比他更好的顾问么?当财政部里到处都是供应学派的人时,万尼斯基是怎样使自己爬上白宫官员的供应学派顾问这一宝座的呢?他安排了一次与贝克和格根的会晤,告诉他们财政部的供给主义者对他们有所畏惧。因此他们不应依靠内部的供应学派为他们的真知灼见摇旗呐喊。他们需要来自外部的顾问,那些敢于直言的人们。万尼斯基毛遂自荐,同时又推荐了杰弗里·贝尔(Jeffrey Bell)。不管万尼斯基是否认识到,他已经危及财政部的影响。值得怀疑的是,贝克或格根是否会把我们看成一群在他们面前瑟瑟发抖的人。我的两个副手,史蒂夫·恩汀和马尼尔·约翰逊(Manuel Johnson)信心十足,直言不讳。没有人把我和图尔看成是胆怯之辈。不过,如果贝克和格根得到的印象是我们可能会与他们难以相处,他们是会粗暴地压制我们的。

我在财政部的最后六个月中,里根经济学的命运维系于一组由行政管理和预算局收集的虚假统计数据上。统计数据旨在证明政府的预算赤字会引起通货膨胀和高利率。财政部的专业人员、经济顾问委员会和在学术界享有盛名的经济学家对这个问题已进行了长达数年的研究,却并未发现有这样的联系。经验表明,赤字和利率是随着经济周期而运动的,但两者的运行方向是相反的。在周期的顶点,赤字低是因为经济繁荣使得税收收入增加。这时,尽管赤字下降,利率因私营部门的投资旺盛以及消费增加仍会居高不下。在周期的谷底,赤字上升是因为收入和税收的下降以及与失业相关的开支增加。这时,尽管赤字上升,利率因私人信贷需求的下降而变低。虽然行政管理和预算局的统计数据的论证是违背现实的,但它仍然影响着政府。当经济顾问委员会成员威廉·尼斯卡宁(William Niskanen)1981年在美国企业家协会的一次会议上宣布其科学的研究结果——赤字本身不会引起通货膨胀和高利率时,白宫和共和党参议员们竟勃然大怒。

斯托克曼的先发制人

到5月,斯托克曼显然为被掩盖在基础性通货膨胀之下而又呼之欲出的隐性赤字感到担忧。斯托克曼的解决办法是用缩小减税幅度来再次掩盖它。他不能直接阻止当时已提交国会的二月税收提案，这样做会招致里根派用肯普议案来反对他。此外，这还会削弱斯托克曼在政府内的地位。如果认为我们需要从二月税收提案中退回来，那就等于承认政府在呈交提案时并不知道自己在干些什么。这样政府把对经济政策的主动权交到国会手中，这会使里根政府受到当头一击而摇摇欲坠，甚至连国会内对总统政策持怀疑态度的人都不想有此结局，因为这会反映出他们处理问题的能力不足。

斯托克曼的策略是以迂回的方法对付减税。他提出，高利率表明金融市场对经济方案缺乏信心。他说，尽管总统在预算决议案(格拉姆—拉塔议案)上取得了胜利，但市场行为将会导致国会投票反对总统的税收方案。从这一论点出发，妥协是挽救局势的一条途径，就像后来增税成为挽救总统政策的途径一样。妥协总是指把个人所得税在3年内每年削减10%的方案再进行压缩。杰克·肯普和比尔·罗斯已成功地使他们的税收议案作为总统的政策被采纳。斯托克曼只能依赖国会部分议员的嫉妒和怨恨去对"3年内每年削减10%的议案"进行压缩。这样，肯普和罗斯的减税规模就会减少。

尽管总统说过他不会妥协，但总有人在推动着他就范。5月14日，《纽约时报》登载了史蒂文·韦斯曼(Steven Weisman)写的报道。这篇报道是根据对一位不愿透露身份的"白宫高级官员"的采访写成的。文章的题目是《助手们暗示里根调整的税收方案：市场混乱是妥协的理由》(*Aide Hints at Reagan Tax Shift: Market Disarray Cited as Ground for Compromise*)。文章的开头这样写道：

> 华盛顿，5月13日电——一位白宫高级官员今天说，里根总统考虑到金融市场的不稳定状况，准备接受不执行他所提议的减税方案的全部内容，但要求国会中的民主党人首先采取妥协的行动。
>
> 在采访中，这位官员说，政府的决策者越来越担心市场的行为会使国会议员们在投票赞成里根先生的税收方案上不得不三思而行。
>
> 这位官员又说，市场最近的混乱状况向里根的助手们表明：华尔街担心减税会扩大预算赤字，从而导致人们对通货膨胀的恐惧。他说，这一结果使得政府更愿意在减税的规模上作出让步。

这位官员接着说，"就一些基本观念而言，我们在政治上是走在形势的前面；但就金融市场的反映来看，我们又落后于形势。"这使得"我们处在一个节骨眼上”，而且需要我们调整经济计划，“以扭转我们在市场上所看到的信心严重不足的局面”。这位官员建议，对里根来说，重要的是有一个逐年削减个人边际税率的理念，而在削减的幅度上则可以协商。报道者指出：“这位官员多次提醒我们，市场的状况动摇了政府的官员，而这些人一直希望里根的一揽子经济计划能合法通过，从而使华尔街振作起来。”

就是从这篇报道本身的内容来看，整个故事也是站不住脚的。如果总统要在小规模减税上让步，他会让赋税委员会主席罗斯滕科斯基知道，而无需让他手下的一位高级官员公开地谈论他的政策。那种认为股票和证券市场因总统的经济政策而四分五裂的观点通常是民主党反对派的观点。这篇报道并不高明。韦斯曼并未把这一泄露看成是阻碍减税的一次做法，而是恰恰相反。他认为，这位官员的评论“似乎是政府策略的一部分，目的是要促使伊利诺伊州民主党人罗斯滕科斯基先生走出妥协的第一步”。

财政部从报道所阐述的观点上猜到了这位未明身份的官员。他就是斯托克曼。其他所有的人也猜到了。《新闻周刊》(*Newsweek*)6月15日报道说，“一些有权势的白宫官员私下里对‘斯托克曼对报界的两次谈话——提醒人们里根政府的税收提案正处于危险之中’——的做法表示不满”。

> 在第一次谈话中，斯托克曼过早地暗示了里根在税收上让步的意图。在另一次谈话中，他声称里根将会在今后的两年中削减200亿美元的国防预算以弥补减税，而白宫官员们认为还未作出这一决定……官员们说，斯托克曼在未向总统提交其方案之前，就已在竭力推行了。

与此同时，财政部对这篇报道感到困惑不解。虽然有权势的白宫官员被说成是“感到不满”，但从他们那里援引的话语却是称赞斯托克曼的“热情和朝气”。“感到不满”的白宫官员说，“斯托克曼十有八九是想先发制人。”为了保全面子，这些官员所承受的不满的压力似乎比他们实际感受到的要更大些。

全面地看，这是一个先发制人的步骤。斯托克曼试图通过播下妥协的种子来产生一个小规模的税收议案。他抢先一步，把高利率与赤字以及赤字与减税联系起来，以解释高利率。经济顾问委员会和财政部的货币主义者对利率的走向有着不同的看法。4月底，联邦储备委员会允许以 M_1 计量的货币供应量大幅度上升。由于联邦储备委员会所制定的指标超出其目标，致使利率停止下跌并开始上升。斯托克曼一意孤行，无视联邦储备委员会的举动对利率的影响。他似乎太急于将矛头指向减税。不管怎么说,自2月以来市场已了解到减税的规模(如果在2月之前不是这样的话),在货币供应量激增显而易见之前,利率一直是下跌的。

唐·里甘同样感到恼火。这位平时处事慎重的人,直接向总统抱怨说,斯托克曼正在削弱财政部长的作用,使他变得无所作为。在韦斯曼文章发表的同一天,里甘在他的办公室里告诉我,总统"想让斯托克曼清醒一下"。我不知道这指的是什么。就我看来,斯托克曼已经走得太远了。他不仅侵犯了财政部的地盘,还破坏了总统的经济政策。从里甘的话里,我听不出他是在抱怨斯托克曼危及减税方案,还是损害了他的地位。在我揣摩出来以前,他又告诉我,那天他和总统还谈到了要"废除联邦储备委员会"。由于保罗·沃尔克在外间办公室等着见里甘,我想,让我感到不知所措应该是很有趣的。

我走回到我的办公室,吃不准总统是想为全面减税而战斗,还是像一些政府官员对新闻界和国会所说的那样,这就是拿出协商的姿态。如果总统在减税上仅仅是惺惺作态,那么我为他所进行的艰苦斗争将把我自己置于危险的境地。另一方面,如果他是想真刀真枪地干一番,那么他手下的一些官员正在挖他的墙脚。我无法确定那位"白宫官员"是为总统说话还是为自己说话。我不得不在自我保护和忠诚上作出抉择。毫无疑问,在我以前的许多决策者都曾面临过类似的窘境。当我寻求他们是如何最终作出决策的答案时,我牢记我是在为一份事业而奋斗。

5月13日的情况汇报会

财政部已注意到斯托克曼的观点。具有讽刺意味的是,那天在他向《纽约时报》透露这些观点时,我正在里甘部长的办公室里着手准备一组反击斯托克曼观点的简报。我告诫部长,政府官员宣称高利率反映了市场对总统的预算和财政政策失去信心,尤其是在货币政策行将失败的时候,他们的这种说法是错误的。一个"在政府内任职的资历颇深的经济学家"最近对报界说,政府对年内的高利率预测已失去了把握,持续上升的高利率意味着暗淡的预算前景。这一说法有两大害处:它只注意到预算而忽视了货币政策和利率之间的关系;而且它使我们的经济计划面临被扔在旧法律和政策之下运行的经济活动绑架的风险。里根的经济政策还没有见效，但是如果把高利率归咎于财政政策而不是货币政策的话，里根政策就不可能行之有效。

我向里甘指出，利率几年来一直在随着通货膨胀的波动而起伏。很少有经济数据系列如此紧密相关。但到了1979年，这一关系破裂了。证券市场开始对货币较快增长的任何迹象都十分敏感，因为较快的货币增长与较高的通货膨胀，较高的利率和较低的证券价格之间存在着相关性。自1978年底以来，货币供应量大起大落；有一段时间内，信贷得到限制。没等货币供应量的变化通过通货膨胀率体现出来，利率就随着货币供应量的上升而开始直接向上运动。1980年11月，联邦储备委员会放慢了货币供应量的增长。1981年初，利率下降，但货币增长率从2月至4月再次上升，并且带动利率上升。3月至5月间，三年期国库券利率从13.5%上升到15%，十年期国库券从13.1%上升到14.1%。短期利率猛增，三月期的国库券和六月期的主要商业票据从大约13.5%上升到16.5%。货币主义者认为，货币供应的反复无常加剧了利率的不稳定性和"风险补贴"。没有迹象表明货币政策已被确定在一条可预见的道路上了。

政府内的货币主义者和供给主义者感到焦虑的是，联邦储备委员会正逐渐摆脱困境，而总统的减税方案正逐渐陷于困境。1981年5月，有一种观点认为减税会导致消费剧增，从而引发通货膨胀，而对此的恐惧心理会使利率居高不下。（后来，尽管实行了减税，通货膨胀还是下降了。上述观点随之变为：利率高是因为赤字挤占了私人投资。在经济衰退期间，当公司饱尝失败之苦，私人投资几乎停滞不动的时候，这一观点成为对高利率的时髦的解释。）

为了对付减税会导致消费开支剧增，从而引发通货膨胀这一论点，我们仔细考量了极为相似的肯尼迪减税方案实施后的反应。事实表明，人们对降低税率的反应是：用于消费的只是其收入中的很小一部分，而储蓄和投资却扩大了。我们收集了一些引人注目的图表，并向里甘建议财政部应将这一情况写成供内阁成员参阅的简报。我们认为，至少应该将其呈送到由里甘主持的内阁经济事务会议上，但事与愿违。据我所知，这些经济计划的证明材料从未提交给里根政府，尽管其中的部分内容被用于里甘对国会的说明之中。我庆幸自己还保持着握笔的独立权。我于5月21日和8月24日分别在《华尔街日报》和《财富》(*Fortune*)杂志上公布了调研的事实。即使里根政府不知道，至少广大公众都会知道总统的方案究竟是怎么回事。

到1981年5月(如果不是在这之前的话),有一点是清楚了:一个支持总统方案的人在里根政府内是无立足之地的。你可以说你支持总统的方案,但一旦真干起来,那就是另一码事了。我虽然是总统经济计划的设计师,但从未被允许在财政部所主持的内阁经济事务会议上作任何阐述。里甘本人似乎对这种会议也没有什么控制力。这种会议成为行政管理和预算局以及经济顾问委员会交流经济政策观点的论坛。财政部只是收收议事日程表,审阅一下要提交给会议的文件,为部长准备一下评论材料,但实际上,财政部常常被绕过。

在5月13日的简报中,有一份简报题为《货币增长:供给与需求之争》(*Money Growth*: *Supply vs. Demand*)。财政部经济政策办公室对政府的货币政策构想表示关注。政府支持在五年内逐步紧缩货币供应量。我们赞同货币主义者的看法:货币供应量的增长率必须从卡特政府时期联邦储备委员会所确定的那一水平上降下来。然而,在减税改善了工作与投资的赢利状况后,经济将会因为商品与劳务的迅速增长而要求更快地提供货币。于是,联邦储备委员会不得不为保持物价稳定而加快货币量的增长。对政府来说,重要的是明白所给定的货币供应量的增长是否会引起通货膨胀,取决于货币为什么要增长。如果货币供应量的增长是因为政府把货币供给当作还债的手段,那么就会产生通货膨胀。如果货币供应量的增长是因为实际产量的增长对货币的需求十分强烈,那么情况就不同了。我告诉部长:

> 在一个为更高利润而扩张的经济中,货币供应量的增长并非是通货膨胀。在这样的环境下,货币供应量的增长会降低利率,阻止正在形成的资金短缺,从而避免通货紧缩。

暗算与妥协

在华盛顿,保持低调则更安全,而我为供应学派的减税方案冲锋陷阵,使我自己成为打击的目标。当然,这种打击不是公开化的——那不是华盛顿的风格——而是在暗地里进行的。

鲍勃·多尔对总统的减税方案不是很帮忙的。他告诉所有的人,尤其是报界,财政委员会无权对肯普—罗斯议案进行表决。由于白宫官员对总统税收方案的轻蔑更甚于多尔，这次又轮到罗伯特·巴特利和《华尔街日报》向总统伸出援助之手。5月15日的一篇社论发问，《鲍勃·多尔到哪里去了？》巴特利说，“总统需要参议员多尔的支持”，但是“他却支支吾吾，态度暧昧”。“这位财政委员会主席以为减税方案会在参议院‘遇到麻烦’。他不愿让任何人去干扰他那来之不易的权力，因而顾虑重重。”社论鲜明地指出，多尔应该行动起来，兑现总统的议案；要么拿出自己的东西，“如果他有更好的方案的话”。

四天以后，多尔把社论的副本送给里甘，并附上一封信。他在信中说：“如果我要与人打赌的话，我敢肯定这篇社论是受到你的部下克雷·罗伯茨的唆使。”我感到困惑的是，多尔想到的是我，而没有认识到是他自己的行为触动了巴特利手中的笔。随后，我又想到我的对手正抓住这个机会使多尔迁怒于我。总统为数不多的几个支持者正承受着越来越大的压力。

多尔不想接受三年内每年削减税率10%的方案，这不仅是因为这是肯普的提案，还因为税收委员会的成员想把许多福利计划塞到税收议案中去。多尔想从规模上削弱“三年内每年减税的议案”，以产生“政府收入的结余”给一些特别项目派用场。总统却想要一个简明的政策议案。我们正在努力阻止经济的崩溃，而国会却在想着拉选票。这显然是目的上的分歧。现在回过头看看，总统和财政部战胜了政府，参议院的共和党人和众议院的民主党人最终使税收议案被通过，这不能不令人惊叹！

5月13日，史蒂夫·韦斯曼采访斯托克曼的那篇报道重又煽起了对税收议案进行妥协的众多议论，而这些议论曾因6天前总统在预算决议案上的胜利得到了制止。财政部担心的是，这些关于妥协的议论会促使罗斯滕科斯基和奥尼尔非要搞出一个实质不同的税收议案。这一议案主张扩大收入再分配，减少供给方面的刺激手段。如果总统被迫作出太多的让步，那么，这一议案将不足以达到我们的目的。总统最终不得不使这一议案成为自己的方案，或者承认失败。他的政治顾问们将否认这是一次失败，但他的公共关系专家们则会向他保证他们能把这一法案作为胜利来兜售。由于在华盛顿很少有真正的胜利，宣传者们在此类事上可谓经验丰富。我们担忧的是，一个残缺不全的议案可能成为供应学派的一个伟大胜利而展现在世人面前，因此，我们更加努力地为总统的方案而斗争。

到5月中旬的一个星期五，有关妥协的议论已闹得满城风雨。那天早晨，

《华盛顿邮报》报道说，里甘在星期四会晤了罗斯滕科斯基和多尔，以商定一个折中方案。报道说，"据有关人士透露，财政部长里甘暗示，如果里根方案的剩余部分得到相对完整的认可的话，政府最终会同意一个少于三年的减税法案"。当我们在财政部新闻通报上读到这篇报道时，我们想知道里甘是否表露了愿意压缩"三年内每年削减税率10%的方案"，还是多尔、罗斯滕科斯基以及他们的助手或是其他人把这些意念强加在里甘的头上。如果里甘已暗示妥协，那么这一信号是否来自总统？或者里甘仅仅是从报上得知从政府内部披露出来的种种妥协议论来决定他还是步调一致为好？里甘在与多尔和罗斯滕科斯基会晤后，动身赴沙特阿拉伯访问，留给我的却是新闻界潮涌般的询问，无非是打听财政部是否已屈服了。

这是极度迷惘的一天。在记述里甘暗示妥协的同一篇报道中，又援引了总统立场坚定的话："我一点也没有改变我的观点。"然而，在晚间新闻中，白宫新闻发言人拉里·斯皮克斯(Larry Speakes)说："妥协不再是一个肮脏的字眼。"斯皮克斯之后，是全国广播公司新闻评论员朱迪·伍德拉夫(Judy Woodruff)的评论。她说，"财政部的官员"对斯皮克斯的说法"表示惊讶"，"这表明白宫绕过了他们"。这又带来了一股新闻机构的询问的浪潮——财政部被绕过是因为它不屈服吗？我指着报道援引的总统的那句话对记者说，重点是总统没有屈服。一个记者觉得这种说法毫无说服力，出来打圆场说："总统将作出他的政府所要作的任何一种决定。"

人们对妥协的期待使得里甘部长的每一举动都成为议论的话题。新闻报道说，里甘在对沙特阿拉伯和另一些国家进行为期九天的访问。有一点新闻界是不知道的，里甘打算提前回国，把余下的行程交给其他财政部官员来完成。由于人们的注意力都放在政府对税收方案是否妥协这一问题上，我们担心新闻界会把里甘的提前回国曲解成他是应召回国，就人们期待的妥协问题进行磋商。如果到时拿不出一个妥协方案，新闻界又会把这解释成为政府进行交涉的尝试失败了。这种解释反过来又会增强另一方搞出一个妥协方案的能力。

妥协的议论在以后的整整一个星期里继续盛行不衰。报上出现了这样的标题：《里根准备在税收方案上让步》(*Reagan Ready to Bend on Tax Program*, 5月16日《华盛顿星报》)、《总统声称准备讨论减税方案》(*President Called*

Ready to Discuss Tax Cut Accord，5 月 16 日《纽约时报》)、《传闻里根准备做一次减税交易》(*Reagan is Said Ready to Make Tax Cut Deal*，5 月 21 日《华盛顿邮报》)。5 月 18 日《华盛顿星报》报道说，白宫的高级官员们"坚信，如果他们拿出赢得预算决议案时的那股全力以赴的干劲，他们会有一个'非常好的机会'使总统的税收议案在众议院通过"。但他们不愿花费两个月的"政治资本"去为"每一张选票进行一番肉搏战(hand-to-hand combat)"——一年以后，同样是这些白宫高级官员却愿意为增税而进行这种肉搏战。

妥协的议论使得财政部谨小慎微，因为妥协的推动力来自政府**内部**和一些参议院的共和党人，而不是来自众议院的民主党人和证券市场。问题的第一方面是一些人士对杰克・肯普的敌对情绪，他在这些人眼中被视为在政治领导才能上发挥得过于成功；问题的第二方面是，斯托克曼想使自己成为经济政策的垄断者；问题的最后一个方面是，律师和行政官员们从他们的职业生涯中懂得了个人成功的道路是由谈判与妥协铺成的。当他们作为总统任命的官员来到华盛顿，他们把这些特性也带来了，并且很自然地开始用妥协的办法去把握政治进程中的变化。这种政治与个人动机的融合以及所具有的特性，使得政府能独立地、不受影响地走向妥协，从而将减税方案的第一部分拖延到 10 月份并被削减一半。财政部一再发问："为什么政府还要与其自身谈判？"

斯托克曼的目标是把三年内每年减税 10%的方案压缩为三年内第一年减税 5%，后两年各减税 10%，且第一次减税延迟至 10 月。我认为，如果我们不得不妥协并压缩减税规模的话，我们应该在经济上和政治上都做得合情合理。我宁愿把减税定为两年内每年削减税率 10%，而不愿在减税上拖延。拖延减税我们将一无所获。斯托克曼提出的程序是第一年把边际税率削减 10%，这在 1982 年 7 月之前是不会起效的，那时已是里根执政的第 18 个月了。拖延减税将使经济在总统任期的前半段步履蹒跚而使供应学派一无所获。这也将会给中期国会选举带来风险，并且我们所设计的经济方案对经济所起的作用不会十分有效。例如，乔纳森・菲尔布林格(Jonathan Fuerbringer)在 5 月 4 日《华盛顿星报》上报道说，默里・魏登鲍姆"在几次讲话中都警告不要乐观，并尖锐地指出，良好的经济形势将不会继续下去"(1981 年第一季度的实际国民生产总值增长率是未曾预料到的 7.9%)。报纸援引魏登鲍姆的话："我们甚至会看见失业率正在上升。我正力图让人们对此做好准备。"如果我们认为我们正走进经济衰退之中，那么拖延减税更是毫无道理的。如果减税方案是经济所需要的一剂良药，尤其是，如果我们预料经济将发生衰退，为什么我们要拖着不服用呢？拖延减税不正表明我们对自己的政策缺乏信心吗？

当政府内部正在对斯托克曼的妥协方案发生争执时，这一方案被作为“多尔提案”提交给众议院的民主党人。众议院赋税委员会在5月28日否决了这一提案。民主党人在观察了里根政府内业余政治家自我纠缠了四个月之后，他们确信他们能够找到一个更好的办法。政府内的谈判家和妥协主义者终究还得斗下去。我们没有花费两个月的政治资本去为总统的议案进行肉搏战，最终我们在为斯托克曼的妥协而战斗。

年中检查

在关于妥协的议论满城风雨的时候，我们面临着对1982年预算的中期检查。行政管理和预算局以及经济顾问委员会想发布经济增长预测，这一预测指标比二月计划文件中提出的预测要低。财政部所持立场是，我们在得到国会的政策之前是不能进行任何预测的。二月计划文件中的数据是对我们的政策实施后经济将如何运行的估计，而不是对经济在不受干预的情况下走势的预测。在一个不恰当的时间——正好是国会对总统税收议案作出决定的关口，降低对经济增长的预测只会扩大赤字。财政部认为，如果政府似乎在等待着赤字增长而不是经济增长，国会是不会通过税收议案的。

没有基线的预测导致了另一个问题的出现。政府所提供的数据仅表明在总统方案的政策假定下的开支、收入和赤字。但是这一方案还未起效。行政管理和预算局以及财政部需要一组建立在无政策变化时经济是如何发挥作用的基础上的开支和收入数据。这种基于对经济动向最新预测的“真实数据”所产生的压力把我们的方案变成了一种对经济行为的预测。这种把计划变成预测的做法似乎使我们对总统方案的期待下降了。

一个有基线的预测可以提供一个预算收支数额，并且使得政府能把处于基线状态的经济与新政策下可预测的行为相对比。没有基线预测，就不能提供收支数据，由此产生的压力使我们的计划被取代只是时间问题。财政部的观点是，我们不应该过早地把我们的计划转变成为一种预测，这会危及在经济政策上进行重大转折的前景。

行政管理和预算局对财政部的观点表示不满。斯托克曼想要一个比总统所提议的规模要小的减税方案。他企图预测出高赤字以便使国会相信需要削减税收一揽子计划，并接受大规模削减政府开支的计划。那时斯托克曼对货币政策会产生赤字的概念一无所知，尽管他为了主张增税在报上使用了这些字眼。5月，当我们在准备年中检查时，我们仍然陷在 M_1 货币供应量激增的旋涡中。联邦储备委员会打算紧急刹车，把我们甩到挡风玻璃之外，而政府对此一无所知。

尽管行政管理和预算局对财政部的观点表示不满，它仍在一年后的1982年采纳了这一观点，而那时斯托克曼正想使一个增税方案得到通过。1983年预算的中期检查正好碰上国会对政府1 000亿美元的增税法案进行审议。由于经济衰退的结果，预算决议案中对经济增长的预测是过高了些。但降低对经济增长的预测又会使赤字膨胀，从而抵消增税所得。众议院对在大选之前通过大规模增税法案已表现出犹豫不决。假如新的预测表明，尽管有高税率的存在，赤字仍会增大，众议院就不可能通过增税法案。正如1982年8月2日《商业周刊》的一篇报道所说的那样：

> 行政管理和预算局的官员们感到，现在不是改变预测的时候。该局的首席经济学家劳伦斯·库德劳说："我们要做的第一件事是使预算决议案在国会通过。我们要做的最后一件事就是通过推出新的巨额赤字预测来发起一场新的有关经济政策的辩论，从而打乱决策程序。"

在上一年当政府试图进行减税时，正是行政管理和预算局在竭力干扰议事日程。

1981年度的中期检查因斯托克曼的四处活动，加上赤字和缺少基线预测而复杂化了。货币主义者想利用这一时机纠正"货币流通速度问题"。流通速度是指国民生产总值与货币供应量之比。货币主义者认为这是一个稳定的数字。当斯托克曼在鼓吹"基础性通货膨胀"的观点，要求提高国民生产总值的预测和平衡预算时，他把这种关系混淆了。如果假定货币增长速度下降，国民生产总值的预测中将暗示着比货币主义者认为可能出现的更快的货币流通速度。政府内的货币主义者决心降低货币流通速度。这里有两种方法可取：一是提高货币供应量；二是降低国民生产总值。要想降低国民生产总值，就必须降低实际经济增长或者降低通货膨胀。

当然,货币主义者是坚定不移地反对增加货币供应量的。他们认为这样做就会失去反通货膨胀斗士的声誉。而压低国民生产总值会产生赤字,又会使他们失去平衡预算者的声誉(此外,我们作为通货膨胀斗士,在与那些认为通货膨胀是由赤字所致的人的斗争中赢得的信任也会丧失殆尽)。如果我们降低通货膨胀率,我们就会失去那些相信“基础性通货膨胀”的局外预测家对我们的信任。而降低实际经济增长率就会取消供给方面的作用,而这些作用构成了总统方案的理论基础。

6月5日和6月10日,在白宫吉姆·贝克的办公室里举行了两次高级会议,在会上财政部不得不强有力地捍卫总统方案。行政管理和预算局认为,降低国民生产总值预测会使利率下降。假定证券市场对高货币流通速度和国民生产总值的预测感到困扰,它会把两者看成是通货膨胀的表现。该局认为,降低国民生产总值的预测——这会扩大赤字——可以使证券市场“放心”,因为证券市场把高经济增长与高通货膨胀联系在一起了。

提出这一观点的是,行政管理和预算局的一位官员,他叫劳伦斯·库德劳,此人以前曾是纽约一家公司的新闻撰稿人。在行政管理和预算局,库德劳继续干他的老本行——撰写新闻短讯。他大致定期写一份“经济与财政最新动向”。他在6月5日的会议上强烈主张降低对国民生产总值的预测。但在6月1日的“经济与财政最新动向”上,他认为“自2月份以来所注入的大量流动资金意味着在未来货币购买力可能遭到进一步蚕食”。有人问库德劳,一个指望高通货膨胀的人怎么会主张降低国民生产总值预测呢?

政府内的货币主义者对高利率有不同的解释:高利率反映了货币政策的频繁变化。无论这种解释正确与否,它至少是与政府的执政姿态相符的。而降低税率——尤其是降低税率会提高储蓄和投资的赢利——将使金融市场不稳定,这种观点与政府的执政姿态是不相符的。当他们说的话被重新提出来后,财政部的反对派被激怒了。他们当中的一个竟脱口而出,如果我们不进行任何减税,市场就会真正安定了。

他们做得太过分了。这种对总统政策明显不支持的态度震惊了埃德温·米斯(Edwin Meese)。他出面制止了任何压低国民生产总值的修正,但他并没有明确他所指的是绝对水平还是增长率。这一点是重要的,因为第一季度的国民生产总值比预计的要高得多，从而提高了国民生产总值的基数。在增长率相同的情况下，更高的基数意味着更高的国民生产总值水平，而国民生产总值的高水平意味着高税入和低赤字。另一方面，如保持同样的国民生产总值水平，第一季度的高基数将要求降低增长率。会议之后，行政管理和预算局以及经济顾问委员会为显示减税方案的论据不足，他们抓住米斯讲话中模棱两可这一点，令国民生产总值水平不变，从而降低 1982 年和 1983 年的实际增长率。战斗仍在继续。

当米斯出面为财政部说话解决了这一问题之后，斯托克曼的副手埃德温·哈珀(Edwin Harper)说，他已得到了斯托克曼的授意，同意里甘和财政部的看法。他说，斯托克曼认为任何压低国民生产总值的修正都会扼杀税收议案。这是从政治上保护斯托克曼，使他跻身胜利者的行列。但随后埃德温·哈珀又重提已被米斯了结的问题，声称库德劳的观点仍然非常重要。这个策略得到主张增税派的赞赏，在 10 月间他们又故技重演，重提总统已拍了板的事情。

专横跋扈的议事安排

现代政府对自身议事日程安排的控制权极小。毋庸置疑，像波兰和芬兰这样的小国已敏锐地认识到了这一事实。那些所谓第三世界国家大声抱怨，他们受到强权政治以及从咖啡到银行信贷的国际市场价格运动的冲击。然而，即使像美国这样的大国政府也很少能控制自身的议事日程。通常，一个总统是不会带着一个具体而固定的议事日程表来到华盛顿的。即使有人这样做了，不久他就会发现前政府所承担的义务、官僚主义的议事日程以及一系列国内和国际危机已把他的一切活动都预先布置好了。1981 年夏，当改变美国经济政策的斗争正处于白热化之际，里根政府发现它的议事日程已被最近的中东危机、渥太华首脑会议以及国内收入署对福利金征税的压力所支配。

一天上午，在财政部官员的一次会议上，国内收入署的专员罗斯科·埃格(Roscoe Egger)宣布，该署准备颁布旨在对就业者的福利金实行征税的条例。此外，他们打算取消对密西西比州几所私立学校的免税规定。里根政府正试图减轻对人们的课税，而国内收入署却在计划单方面地提高税收。报上出现了这样的标题:《里根向工人的福利金征税,其目的是为富人减税》(*Reagan Taxes Workers' Fringe Benefits in Order to Cut Taxes for the Rich*)、《里甘的愚蠢毁了总统的税收提案》(*Regan's Folly Sinks President's Tax Bill*)。负责税收政策的助理部长查波顿不无认真地说,为了"行政管理上的方便",公司一年一度的聚餐会将不列入雇员收入的征税范围。也许老板赠送的圣诞火腿或火鸡也不会落入税网。

负责立法事务的财政部助理部长丹尼斯·托马斯(Dennis Thomas)对此大为震惊。作为一个前参议员的参谋,他没有料到他会对政府的不协调举动感到吃惊,但他确实受到了震动。他的任务是使减税得以通过,但突然间他却被一项一手减税一手增税的不协调的政策弄得茫然不知所措。此外,在总统正试图把南方的民主党人争取到他这一边时,向私立学校开刀是很不合时宜的。政府内的官僚集团正在掂我们的分量,看看他们是否能支配政策。幸运的是,我们没有冒和他们摊牌的风险,因为几小时之后,里甘收到了一封由 64 名参议员签名的信件:

> 我们十分关注国内收入署署长所提出的建议以及贵部负责税收政策的助理部长即将颁布的对就业者福利金征税的条例。我们强烈敦促你制止颁布这些条例,因为国会不可能允许这样的条例生效。在减税上所做的努力已进入关键阶段的时刻,这样做只会给政府在政治上带来完全没有必要的麻烦。

为了保证部长能够理解,他们继续写道:"你应该想到对福利金征税计划并不是一个新货色。它在福特政府和以后的卡特政府期间都曾被提起过,但每一次都招来一片强烈的抗议声。"我们当中的一些人曾参加过这两次抗议活动。我们感到高兴的是,参议员们没有再次要我们去为此抗争,尤其是在一个更为恶劣的丑剧正要从国务院官僚集团出笼之时。

7 月,对总统税收提案的投票即将开始。如果总统失败了,他的新经济政策也就破产了。然而就在这个关口,他却不得不抽身赴加拿大渥太华参加七国首脑会议。这一安排是卡特在 1980 年威尼斯七国首脑会议上确定的。一届国会不能束缚另一届国会,但这不适用于历届总统。罗纳德·里根被束缚住了,这就是议事日程。这次首脑会议的主题是"南北问题"。"北"是指美国、日本、加拿大和西欧;"南"是指第三世界国家。在渥太华,人们认为里根将同意进行全球谈判——一次把收入从北重新分配给南的角逐。此外，还认为里根将同意向一个世界银行所属的“能源机构”提供几百亿美元的资助来帮助解决第三世界的能源问题。

七国首脑会议的召开始于1975年，此后，由于各国的首脑、外交部长和财政部长像走马灯似地轮换，现在它已被牢牢地掌握在国际官僚集团手中。首脑会议成了官僚集团操纵首脑们按他们意志行事的场所。为确保能控制里根，他们为他准备了一组简报和讲稿，包括一个“活动安排”表，确切地告诉里根何时会见何人，应该说些什么。同时为了使这位美国总统确信他对议事日程安排是毫无发言权的，里根手中的文件总是适时地提醒他，“1980年威尼斯首脑会议确立了渥太华会议的主题是南北问题和对外援助”。

老谋深算的官僚集团把那些含蓄、模棱两可的话编进总统的发言里，使他每一次都会应允去做些他始料未及的事。年复一年，总统更替，官僚集团编织着官僚主义势力的网络，直至其牢不可破。但这一次官僚集团并不十分含蓄，他们让里根称呼密特朗(Mitterand)为“有远见之士”，赞扬法国的社会主义是“时代的新精神”，并且让美国承担义务，“在南北事务中发挥积极合作的作用”。在会议的发言中，里根宣称法国社会党的当选使他“对我们时代最为根本的人类的勃勃生气肃然起敬”。在此，里根对法国银行的国有化表示赞许。这些发言都是由外交家起草的，他们应该考虑到这些发言对英国首相玛格丽特·撒切尔会产生的影响。

官僚集团也许确信，罗纳德·里根对法国新政府的主张和政策并不了解。密特朗，这位有远见之士，已任命雷吉斯·德布雷(Regis Debray)为对外政策顾问之一。德布雷曾因帮助谢·格瓦拉(Che Guevara)推翻玻利维亚政府而在玻利维亚监狱里待了三年。在首脑会议召开的前两个星期，德布雷让密特朗对美国在中美洲的政策表示强烈的反对：“西方应该去帮助那里的人民，而不应驱使他们继续挣扎在水深火热之中。当他们发出求援之声时，我不愿让卡斯特罗成为唯一倾听他们呼声的人。”里根准备在渥太华密切合作的对象竟是一个有着左派言论和观念的人，而不是玛格丽特·撒切尔。

由于国务院和新闻界大帮倒忙，美国又一次在首脑会议上处于防守的地位。总统将会发现自己被置于被告席上，不得不去为捍卫美国的高利率、坚挺的美元和被认为会导致通货膨胀的减税措施而申辩。他在第三世界所提出的要求面前以及西伯利亚石油管道(这是由西方以优惠利率信贷资助的,它将使欧洲依赖于苏联的能源)问题上也将处于被动。

我所在的办公室为渥太华首脑会议做的准备工作只是一些皮毛。令人困惑的是,这次首脑会议的任务之一是要美国解释其国内经济政策。7月4日的《华盛顿邮报》报道称,法国外长克劳德·谢松(Claude Cheysson)抱怨说:"至今还没有人为我们恰当地解释美国的经济政策。"我们似乎对这个问题秘而不宣。由于供应学派的人并未参与会议的许多轮准备工作,我们想知道美国方面将提供一个怎样的解释。伦敦《泰晤士报》(*Times*)敦促道,为降低利率,美国应该采取反通货膨胀的高税收财政政策。它告诫说,"这一必要的路线"要求里根总统"推迟他的减税许诺"。国际清算银行警告说,里根的货币政策将会使其他国家处境艰难,并且可能导致国际经济合作的崩溃。国务院对国外的抱怨历来反应敏感,实际上它是以国际关系处于危险之中为理由,借机发动了反对总统减税方案的运动。

加拿大总理特鲁多(Trudeau)计划于7月10日在白宫与里根和黑格共进午餐,并在一次首脑会议的预备会议上与里甘会晤。政府试图对加拿大有区别地限制美国投资一事作出反应,并倾向于以报复相威胁。美国作为世界中心的时代已经过去,对此我是欢迎的;但我相信我们正在失去一个领导世界的机会。我在7月8日给里甘部长和总统国家安全事务助理理查德·V.艾伦(Richard V.Allen)的一份备忘录中,提出了一个不同的对策。我们应该告诉特鲁多,收入再分配政策在工业化国家和第三世界国家受到了过多的重视,这样会损害收入增长政策。决定第三世界国家经济命运的不是靠国际官僚集团宽宏大量的恩赐,而是靠生产性的私人投资。为了实现这一转变,我们必须欢迎私人投资,并确保财产权。加拿大限制美国的投资将给第三世界树立一个坏的榜样,从而让人们相信马克思的剥削理论。我的备忘录补充道:

> 对特鲁多的这一对策,也可能会阻止他去支持密特朗在"南北问题"上所进行的意识形态方面的攻击。由于以往美国在世界上虚弱的领导地位,许多国家都会以为美国将安于守势。如果我们想重新恢复真正的领导地位,我们就应该早一点反守为攻,改变这一有名无实的领袖形象。

我的备忘录肯定给一个跃跃欲试的里根派同盟者看到了,因为不久一叠厚厚的为渥太华会议准备的文件送到我的手里。那是7月8日,离首脑会议的召开只有10天了。为会议所作的准备工作花费了几个月时间——确切地说，自上次首脑会议之后就开始着手干了。看来一切都已是既成事实。

会议文件的准备工作是绕开里根派进行的。副总统乔治·布什负责协调会议的各项准备工作。卡特政府之后继续留任的负责经济事务的助理国务卿罗伯特·霍马茨(Robert Hormats)负责由各部组成的联合小组,为总统准备情况简报和政策说明。国家安全事务委员会的理查德·艾伦,也像其他里根派一样,被或多或少地架空了。他没有担任主要负责工作。

官僚集团事先为会议准备好了一切事项,包括会议结束时要发布的会议公报草案,它被想象成是各国首脑深思熟虑后作出的。换言之,这是一场预先筹划好了的演出,因为会议最后的联合声明竟也是事先拟定的。渥太华会议的文件内容更是毋庸置疑地说明了为什么里根派会被排斥在准备过程之外。公报草案充斥着不负责任的义务,所使用的文字暗示着美国不仅对其盟友(不管它们的政策如何),而且也对第三世界承担经济责任。在公报中我们看到,西方国家的首脑们(他们个个背着福利国家日益增长的赤字这个沉重包袱)在渥太华会议上展望着坎昆首脑会议,期待与第三世界进行全球谈判的时机到来。

罗纳德·里根摆出一种试图避免冲突的架势。官僚集团在外交上所遵循的唯一原则就是与世界共处,而不管所需的代价与现实如何。里根也是难以自拔。7月4日,美国独立纪念日这天,《华尔街邮报》醒目地刊登了法国方面的警告:

> 法国外长克劳德·谢松今天警告说,如果里根政府不高度重视改善不发达国家与工业化国家的关系,它就会“恶化”与其欧洲盟国、特别是法国的关系。

我对此十分关注。我在7月8日、9日和10日把备忘录分别送给里甘部长、副部长斯普林克尔、国家安全事务助理理查德·艾伦、总统顾问爱德华·米斯和财政部负责国际事务的助理部长马克·利兰(Marc Leland)。我们在为首脑会议制定的战略上有一个明显的弱点,即由于以过分和解与颂扬的态度去对待密特朗,我们将不可能对其所作所为进行任何限制。这会使得他(还有特鲁多)能为左派说话,而把首脑会议变成击败里根的会议。作为一种备选方案,里根必须准备去质问密特朗,他所推行的使法郎不稳定的经济政策以及对美国外交政策在意识形态上的攻击将会动摇欧洲的联盟，在这一点上，他打算走多远。

总统所需要的是以充满自信和信任的态度去渥太华，而不是去对每一个可预料的责问进行辩护。他应该把那些受到操纵的程序抛在一边，带着里根主义去参加会议。要扭转这一趋势为时已晚。但官僚集团却在无意之中提供了一个确凿的证据，它说明了为渥太华会议所准备的材料中含有对总统有绝对危险的内容。

7 月 13 日（星期一），《华盛顿邮报》报道说，在最后的时刻，为总统的渥太华会议作准备的重任转移到了白宫。从后来国内外对会议结果的报道看，我们把美国从任人责骂的孩子变成领袖的努力成功了。法国《世界报》报道说，尽管欧洲的愿望与之相反，里根总统在渥太华会议上重新获得了“三个权力要素”——美元至高无上的地位，强硬的自由主义的合法性以及拒绝技术转让。

里根派取得了胜利。但是官僚主义却在逐步恢复它对政策的控制，并在 10 月 22 日有第三世界参加的坎昆会议上侵蚀了这一胜利成果。一向对国外观点十分留意的国务院的官僚集团坚决拒绝接受罗纳德·里根的哲学观点、主题思想和精神实质。国务院为总统所拟的在坎昆会议上的开幕词令人吃惊地背离了总统 10 月 15 日在费城对世界事务委员会演说时所阐述的立场观点。

总统在费城说，我们需要理解发展的真正意义。它不是财富的大量转移，也不是那种为追求目标的实现而不顾对个人或历史传统付出的代价的集体主义。发展的实体是那些“创建使每个人都能激发发展动力的自由市场”的自由的人民。

为了使大家明白这层意思，总统说道：

> 那些在历史上把个人自由与经济收益结合起来的为数不多的几个工业化国家现在已生产出世界一半以上的财富。

他又说：

> 亚洲是发展中国家增长最快的地区。非洲和拉丁美洲国家为他们的人民提供了更多的经济自由——选择的自由、拥有财产的自由、选择工作的自由和为未来的梦想进行投资的自由。

他还说：

> 也许发展和经济自由携手并进的最好证明能够在一个不让其人民拥

有自由的国家里找到。这个国家就是苏联。

总统说,“众所周知,苏联人将不参加坎昆会议”,因为“他们无所奉献”。事实上,“我们可以问他们这样一个问题:谁养活谁?”

里根对那种要使世界相信资本主义的美国是世界饥饿贫困的根源的广泛宣传运动不屑一顾。他说,美国带头帮助发展中国家提高人民的生活水平。她提供了他们所最需要的两个最重要的东西——为他们的制成品开放市场,以及敞开进入美国资本市场的通道。

在斥责了那种旨在引起负罪心理从而诱出大量赎罪的钱的宣传之后,总统接着明确了坎昆会议的议事日程。第一个内容是:

“发展中国家在发展中所面临的障碍以及他们如何去最有效地排除之。例如,公共和私人企业的活动是否不平衡?高税率抑制了对生产的刺激并妨碍了个人储蓄和投资资本吗?”

总统在费城的演说展示了鲜明的哲学思想和政策构想,以及作为全球谈判实际上可供选择的行动方案。总统清晰地表达了他的政策,但是他的政府却充耳不闻。国务院为总统起草的坎昆会议发言稿的内容与卡特政府的主要思想和方法在实质上是何其相似乃尔!当其他国家首脑在侧耳倾听之时,歪曲总统的哲学思想和计划这一做法只会是一无所获。但是为了防止总统的国内经济政策出现倒退,时间的压力迫使我放弃了为里根派外交政策而战斗的念头。

有人曾使总统相信,他与墨西哥总统洛佩斯·波蒂洛之间有着“特殊的关系”。为了维护这一关系,总统在费城的演说中删去了一些“尖锐言词”,向满足第三世界需要的方向靠拢。这就是里根派所得到的对总统应在坎昆会议上表现出“注重实效”姿态的解释。当里根因与波蒂洛的特殊关系而改变在南北问题上的态度后不久,巴拿马领导人托里乔斯逝世。波蒂洛加入了卡斯特罗的行列,为失去一个反殖民主义斗争的领导人表示忧虑。从拉丁美洲的角度看,殖民主义就是指美国。这种特殊的关系并未阻止波蒂洛把里根看作是一个要与之斗争的殖民主义者,除非里根屈服,同意支持财富的转移。

1982年9月,坎昆会议后不到一年,在波蒂洛所推行的错误经济政策损害了墨西哥经济之后,他对银行实行了国有化。虽然他承认政府对经济管理不善可能是问题的部分原因,但他又声称穷国与富国之间的收入不平等是墨西哥经济问题的主要原因。9 月 2 日《华盛顿邮报》报道说：

波蒂洛利用宣布银行国有化之际，“强烈地重申了他与里根政府在中美洲政策上的分歧。他使用迄今所用过的一些最强硬的措施，要求里根政府不要干预尼加拉瓜内政，中止美国孤立古巴的企图，并通过谈判解决萨尔瓦多问题。”

这些“友好”言辞的出现，显然就使里根与波蒂洛之间的特殊关系变得毫无价值。

报界对坎昆会议的报道与渥太华会议是大不相同的。10 月 23 日《华盛顿邮报》报道说，总统用调和的言辞说，他会认真承担进行全球谈判的义务。这一语调与他上星期在费城就经济发展问题发表演说时的语调大相径庭。官僚集团花了三个月时间去侵蚀渥太华会议所取得的胜利，并且试图引导总统按官僚主义的政策行事。正如 10 月 27 日《华尔街日报》指出的那样，“里根先生同意进行甚至是带有条件的全球谈判，这是因为他对第三世界的管理不善者抱有这样的希望：将来有一天，一口袋美金会把他们救出火坑。”报纸接着把笔锋转向忘乎所以的政府。这个政府现在认为避免冲突就是胜利，并且相信它仅用几句话就廉价地取得了胜利。但所使用的这些言辞将在下一轮会议中把我们束缚得更紧。“只要侵蚀美国的立场的过程得以继续，美国为改变在发展问题上进行辩论的条件所进行的努力就要被推迟。”总统的国内经济政策正经历着同样的被侵蚀的过程，即使税收议案已胜利在望。

第6章

成功和挫折

6月4日，里根总统批准了斯托克曼的妥协方案，说这一方案虽然比不上更合时宜的全面减税30%的方案，但“总的来说效果是一样的”。总统也许对和谁妥协，为什么要妥协还不甚了了。几天前，当参议员多尔把这一妥协方案提交给众议院民主党人时，遭到了否决。接着，众议院民主党人开始草拟他们自己的税收提案。此外，第一预算决议案在两星期前以悬殊的票数在国会通过——在众议院是244票对155票，在参议院是76票对20票。第一预算决议案为里根的全面减税方案提供了保证。无论与谁进行妥协，这都不能阻挡为期两个月的税收议案之争。

政府这次要制定的议案是一项经济政策议案，而不是通常那种无明确政策方向的减税和税收改革的大杂烩。它的目的在于增强对工作、储蓄和投资的刺激，以提高劳动生产率，改善资金流动，并给私营部门提供更多的机会。相对于经济所需要的革新来说，政府的一揽子税收计划并不算庞大。H.C.温赖特公司在6月18日的政治最新动向报告中，把这一方案称为“像猫一样叫唤的狮子”(“The Lion That Mewed”)。该公司的报告依据政府对通货膨胀的假定，作了如下阐述：

> 1980—1984年间，中位数收入纳税人的实际净减税仍然只是7.5%。这与肯尼迪—约翰逊民主党政府时代的那种在两年内按比例地削减1/3税率的做法相差无几。对于中位数收入阶层，里根所期望达到的净减税仅是1%。

财政部担心，为了给各类带有特殊利益的条款留出余地而缩小减税规模，会大大降低这一议案的效力。基于这一考虑，财政部主张先制定一个无任何附加条款的税收议案；然后在新的税收政策得以确立的前提下，再去制定能包括特殊利益条款的第二税收议案。

原先的斗争是防止税收议案变得杂乱无章，避免让收入再分配措施排挤掉对生产刺激的重视。然而，罗斯滕科斯基的议案采纳了里根议案中供应学派的基本策略。因此，真正的斗争焦点在于谁将因减税而获得赞誉。罗斯滕科斯基和奥尼尔不再反对供应学派的减税方案，他们把精力转向对议案的控制以及如何在 1982 年 11 月的选举中赢得选民的信任。

6 月 4 日，里根缩小了削减个人所得税的幅度，同时也压缩了对营业税削减的规模。这一新的一揽子计划使政府得以把 1982 年度赤字计划从 450 亿美元减少到 300 亿美元。有说法称，用意是争取那些准备在 1982 年选举中主张缩小赤字规模的民主党保守派。另外，这一较小规模的一揽子计划还能加上一些新的条款，以吸引那些尚在犹豫中的选民。然而工商界对这一减少折旧的提案表示不满。为避免工商界转向支持罗斯滕科斯基，政府又恢复了对营业税的削减。在众议院，来自纽约州的共和党人巴伯·科纳布尔和来自得克萨斯州的民主党人肯特·汉斯(Kent Hance)提出了里根的税收一揽子计划。“肯普—罗斯”议案变成了“科纳布尔—汉斯”议案，从而朝着胜利的目标——一个“两党都能接受”的方案——迈进。

6 月 25 日，参议院共和党人和财政委员会以 19 比 1 的悬殊票数采纳了总统的一揽子税收计划。投反对票的是一位来自新泽西州的民主党新任参议员——退役篮球明星比尔·布拉德利(Bill Bradley)。他反对的理由是，在这一税收议案中，减税额与纳税额成正比，他主张利用减税对中低收入阶层进行收入再分配。在去财政委员会参加听证会之前，我应布拉德利的邀请与他见了一面。我觉得他是明智和真诚的，但受了左翼思想的影响。当一个体育明星由于认为不公正而反对卓有成效的壮举和功绩时，我真不知道美国究竟是怎么了。以正义的名义贬低功绩对我们的经济和社会有严重的影响。我想比尔·布拉德利的论点是：与人际关系相比，功绩是微不足道的。财运亨通需要的是关系网，而关系网是无公正可言的。

虽然参议员多尔尽力防止这一议案变得过于杂乱，总统的一揽子税收计划是在财政委员会形成的，还是被加上了一些特殊利益条款。7月5日《纽约时报》批评道，在立法过程中，这一议案被添加了一些"涂鸦"。然而，正是这些"涂鸦"包含着最终的税收议案里的一项最重要的条款。参议员阿姆斯特朗成功地使财政委员会接受了他的修正案，这一修正案旨在使个人所得税指数化以避免通货膨胀将纳税人推入更高的税级。后来，总统为确保国会通过他的税收议案，充分利用了这一指数化条款。但最初，政府是反对把这一条款写进议案的。

赋税委员会使得税收议案之争又延长了一个月。7月23日，该委员会推出了一项议案，这是我们的第二个从供给方面考虑的议案，它是由赋税委员会中的民主党人制定的。这一议案与政府的议案在内容以及规模上几乎是一样的。该委员会取消了繁琐的折旧提存费制度，代之以允许工商企业在购买机器和设备的年份将全部相关费用作为支出进行抵扣(尽管这一条款要到1990年才能全部实施)。此外，公司所得税到1987年将从现在的46%减少到34%。这个一揽子计划提出了与政府的一揽子计划不同的对策，但它要解决的却是同样的问题，只是在时间上大大推迟了。两个议案有许多相似的条款。例如，减少已婚者的税收负担；大幅度削减投资收入的最高税率(从70%降到50%)；大规模压缩个人退休金的免税范围；降低遗产税和赠与税。两项议案的主要差别是在削减个人所得税方面。民主党人取消了第三年的减税，代之以在两年内减税的一揽子计划(第一年减税5%，第二年减税10%)。这是偏向于年薪5万美元以下的收入阶层，并且没有实行指数化。此外，工资收入的税收优惠扩大了。在税收议案中，刺激生产的手段已有了一定的改善，但就个人的税收条款而言，收入再分配观点仍在一定程度上支配着民主党人。

然而，赋税委员会的议案证明供应学派经济学经过几年的艰苦奋斗终于得到了重视。财政部有四位在国会有关政策立场的问题上身经百战的老手——罗斯的前助手丹尼斯·托马斯和布鲁斯·汤普森，联合经济委员会的史蒂夫·恩汀，还有我自己。我们一致同意，应该把赋税委员会的议案看作是经历了1976年、1977年、1978年和1979年，甚至1980年的种种磨难的供应学派的一次胜利。

7月22日凌晨2时，早已疲惫不堪而不得不靠咖啡提神的赋税委员会成员以一票之优势通过了一项条款，允许每天有500桶原油可免缴暴利税。这使得财政部在以后的五年里为此付出了损失 70 亿美元的代价。赋税委员会施放的这一诱饵，意在争取产油州的民主党保守派为其议案投赞成票。为了获得这一小部分摇摆不定的选票，一场争夺战开始了。

这是一场势均力敌的争夺，胜负难以预料——7 月 16 日参议院通过的阿姆斯特朗提出的个人所得税指数化的修正案属于例外。财政部经济政策办公室开始致力于使里根政府同意阿姆斯特朗的指数化修正案，并在同一天给里甘送去了一份包括几张图表的备忘录。备忘录表明如不实行指数化，那么个人所得税的削减将很快会被通货膨胀所抵消，因为通货膨胀会使税级继续上升。

政府想方设法使总统的税收议案比赋税委员会的议案更引人注目。罗斯滕科斯基不失其机敏，他的两年减税方案会使多数纳税人的纳税数额有较大幅度的下降。但 1983 年后，税收会重新呈现向上浮动的趋势。总统的议案是在三年内使税率有较大幅度的下降，但同样在 1984 年后，税率也会重现向上浮动的趋势。总统曾经说过，他要把税率降低，并保持低税率。如果采纳指数化修正案，这将成为事实。恩汀绘制的图表显示，指数化促成了政府正寻求的鲜明对照(参阅图 6.1)。7 月 22 日，我们把图表呈送给里甘，那天正是选票争夺拉开战幕之时。

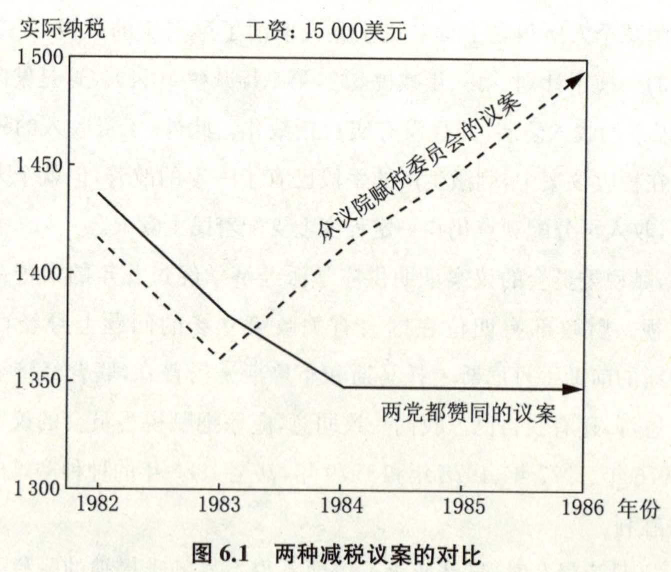

图 6.1　两种减税议案的对比

总统觉得这张图表很有说服力，于是在 7 月 27 日，也就是投票前两天的电视演说中，他使用了该图的彩色版进行说明。总统不无讥讽地说，"如果你只打算再活两年"，那么，你可以认为民主党的减税幅度较之我的提案要大一些。这张图表帮助总统在公众中形成一股倾向于他的一揽子计划的社会压力。投票的那天早晨，众议院议长奥尼尔说："我们已收到了选民们打来的数以万计的电话，这一情形是前所未有的。"48 名民主党议员和共和党议员一起投了里根的票(238 票对 195 票)。供应学派的总统赢得了胜利。

这只是原则上而不是实质上的胜利。投票前 6 天，《华尔街日报》刊登了一篇题为《税收与经济衰退》(*Taxes and Recession*)的社论，社论指出，"值得注意的是，由于拖延的结果，减税议案中已有许多内容因妥协而被取消"。由于各收入阶层的税级普遍上浮，减税成败与否尚在未定之天。"如果目前的经济衰退比我们所预料的要严重，那么就应该毫不犹豫地迅速降低边际税率，在经济中实行一次真正的而不是名义上的减税。"

对胜利的否定

总统意识到财政部，特别是经济政策办公室在取得这一胜利过程中所起的关键作用。8 月底，他从圣巴巴拉寄给我一封信：

亲爱的克雷：

执政最初几个月的经历是令人振奋的，而你为了使我们的"经济复兴计划"的主要内容得以在国会通过所进行的努力构成了供应学派革命的重要组成部分。你和里甘部长一起，在提供支持这一计划的经济分析以及建立并保持公众对我们的信任方面所给予的帮助是不可估量的，而公众的信任对我们的成功是不可或缺的。

当我签署这份税收法案时，我不禁想到你在为美国人民取得这一胜利中所起的重大作用。在我们为国家振兴继续努力的时候，我为有你这样一位助手而感到由衷的高兴。

真诚的

罗纳德·里根(签字)

奥林·哈奇还记得我们当初在参议院所面临的种种困境。他在 8 月 4 日，即税收议案最后通过的那一天，给我写了一封祝贺信，以此来"纪念这一税收议案的通过”。

白宫官员并不那么慷慨。除了总统的助手理查德·威廉森(Richard Williamson)给财政部的供应学派发来了一封热情洋溢的信以外,其他人则持不同意见。在庆祝会上,那些提出问题并自1975年以来就为之奋斗的供应学派成员没有受到祝贺。为避免在白宫举行的税收议案签字仪式上与我们和杰克·肯普相遇,总统突然被差到加利福尼亚去了。

9月底,在税收议案通过的两个月之后,白宫举行了一次私人招待会。席间,总统亲自向那些为他的“经济复兴计划”得以通过而提供过帮助的国会官员表示感谢。记者埃文斯和诺瓦克评论道,从客人的名单上看,“白宫的院外活动家很难区分谁是朋友,谁是敌人”。

> 他们邀请了参议院预算委员会和众议院赋税委员会的某些共和党成员,这些人从未掩饰对里根减税计划的轻蔑。而两院中那些最初支持肯普—罗斯议案,后来当该议案变为里根议案时又全力以赴为之奋斗的保守派成员却没有出现在客人名单上。
>
> 更为引人注目的是那些为使总统税收议案生效立下汗马功劳的财政部官员不在被邀请之列,而许多其他政府官员都受到了邀请。财政部的院外活动家丹尼斯·托马斯和布鲁斯·汤普森是在最后一刻才接到邀请的。但部长助理保罗·克雷·罗伯茨和他的助手史蒂夫·恩汀始终没有到会。

那天,我在亚特兰大向“扶轮国际”①(Rotary club)解释总统的经济计划,本来就不能去参加招待会。但确实,我是在看了埃文斯和诺瓦克的专栏文章后,才得知招待会的一些情况。白宫官员一反常态,发出了一个有力而又清晰的信号:里根政府不是一个里根主义者赖以生存的环境。

总统需要得到帮助以支持他的具有历史意义的税收议案。甚至在8月13日税收议案签署之前,一场要求增税的运动已经展开。8月6日,财政部官员提醒我,行政管理和预算局对经济和财政形势的关注重点发生了骤变。那时通货膨胀仍被认为是经济的主要问题。评论家们宣称,减税和赤字会使通货膨胀恶化,而总统的财政政策所引起的对通货膨胀的恐惧是高利率的根源。

---

① “扶轮国际”,原名扶轮社,西方的一个国际性社团。——译者注

与这种凯恩斯主义的观点相反,政府对通货膨胀和高利率作了货币主义的解释:两者都是由货币的过度增长所致。利率,特别是长期利率甚至在通货紧缩时(如果人们认为这一紧缩只是暂时性的)仍会居高不下。为了使金融市场消除对通货膨胀的顾虑,联邦储备委员会有必要停止在货币供给上像过山车一样大起大落的做法,而实行一种保持适度、可预测的货币供给增长的政策。

行政管理和预算局在其8月4日的“经济与财政最新动向”报告中,突然放弃了他们对通货膨胀和高利率的货币主义解释,转而采纳了另一种观点,即“财政政策是货币政策的先导”。行政管理和预算局的备忘录为联邦储备委员会开脱了其对经济应承担的所有责任,因为“联邦储备委员会处于在夹缝之中”并“被置于一个近期所无法摆脱的困境里”。行政管理和预算局认为,预算赤字是产生通货膨胀和高利率的根源。7月9日,在一次联邦储备委员会会议上,艾伦·格林斯潘表达了同样的看法。他争辩说,货币政策只是一个从属性的政策。他似乎期待紧缩性货币政策将会被导致通货膨胀的减税所压倒。然而,恰恰相反的情况出现了——减税因其幅度太小、拖延太久,而被紧缩性的货币政策所压倒。这就使经济陷入深深的衰退之中。

8月10日,行政管理和预算局的另一份文件在政府内被披露,这是拉里·库德劳致戴维·斯托克曼的一份内部备忘录。它提及了即将到来的“九月攻势”,而财政部对此一无所知。为了使攻势能够展开,需要有“一份篇幅短小的预算文件”,从而能对“中期预测进行重要的修正”。行政管理和预算局想降低国民生产总值预测,以便预测更大的预算赤字。为了推动这些修正,备忘录坚持认为行政管理和预算局不应受事实约束。库德劳对斯托克曼说:“正如你所了解的,我认为我们不应仅仅根据手头的数据进行分析。”备忘录只是提及要获得一个高赤字预测,但没有说明它所预测的暗淡前景的依据。库德劳当然不会对紧缩银根将导致经济衰退这一情况感到忧虑。他断言,“经济衰退(如果真有的话)不是联邦储备委员会的过错。在过去的四年里,从通货膨胀上升的情况来看,货币的增长是稳定的”,由此“不应敦促联邦储备委员会去额外扩大货币供应量”。现行的货币政策是战后最为紧缩的货币政策之一,但库德劳却声称:“把现行货币政策指控为过分紧缩,这对明智的观察家来说,是不可思议的。”这发生在《纽约时报》(1981年8月6日)刊登对财政部长里甘的采访报道后的第四天。里甘对采访的记者说,如果货币供应量的增长继续滞留在目标之下,“我们将会陷入一次严重的经济衰退之中”。显而易见,库德劳并不认为财政部部长或者他的顾问是明智的观察家;但结果是,正确的一方不是行政管理和预算局,而是财政部。

库德劳的这一备忘录,加上他在8月4日为联邦储备委员会所进行的辩解,不免使人猜测他是在为了在联邦储备委员会获得一席之地而活动(弗雷德·舒尔茨的任期行将结束),并且他写备忘录的意图是使自己能够被接纳。但备忘录显露了其真正的目的:“高利率不应归咎于联邦储备委员会。相反,为了与‘九月攻势’相呼应,高利率应归咎于政府的赤字和借债。”

行政管理和预算局的计划是用高利率驳倒政府的经济增长预测,从而预测更高的赤字。这样就可把高利率归咎于赤字。国会议员在8月份休假后将满载着他们各自选区对高利率的关注回到华盛顿。行政管理和预算局意欲把国会的注意力集中到削减政府开支和提高税收上,以此作为降低利率的途径。

把高利率归咎于财政政策而不是货币政策是与里根经济学的货币主义观点相悖的。行政管理和预算局的下一步是嘲弄里根经济学的另一原则,即减税将增加私人储蓄,从而有助于补偿赤字。讽刺挖苦的战略颇有成效,它在新闻界已初露端倪。到年底,白宫高级官员们已普遍流露出对里根经济学的不满。1982年1月4日,史蒂文·贝克纳在巴尔的摩《太阳报》(*Sun*)上报道说:

> 白宫联络主任戴维·格根对他的政府所实行的财政和货币政策表示怀疑……

8月10日的备忘录清楚地表明,行政管理和预算局已经放弃了里根经济学,并组成了自己的一套班子,毫无约束地在四处活动。

在以后的几个月里,行政管理和预算局的活动似乎并未被制止。这是一段令人沮丧的时期。事实依据、经济分析和对总统方案的信赖都变得无足轻重。行政管理和预算局的制造赤字恐慌的策略使得政府的经济政策被闲置一边。这是一个危险的策略,因为它的矛头所向是总统的财政政策,甚至在联邦储备委员会那种会引起经济衰退的货币政策产生大量预算赤字时,也把赤字归咎于总统的财政政策。罗纳德·里根将为保罗·沃尔克背上黑锅。除非行政管理和预算局的行为被制止,否则,其结果将是提高税收和里根经济学的解体。

8月,行政管理和预算局炮制出了一份长达四页的文件,题为《需要制定一项财政或政治策略的方案》(*Need for a Fiscal / Political Game Plan*)。这一方案显然是为了让行政管理和预算局全面掌握政策的主动权。财政赤字被称为"政府首要的政策或政治问题"。行政管理和预算局争辩道,我们不能等着看总统的经济计划能否奏效。相反,政府将不得不利用人们没有料到的"九月攻势",夺取众议院的领导权。"九月攻势"是"一个大规模降低预算(包括国防支出)的修正案",以及"对有所选择的税收漏洞的一次揭露"。

由于种种原因,这一计划是带有风险的。它将给人造成这样的印象:过去政府为了使减税议案能够通过,掩盖了财政赤字;现在它又抛出被掩盖的赤字,以迫使国会接受超出其曾同意的财政支出削减额。国会刚刚通过预算决议案。共和党领导人德尔·拉塔把这一决议案描述成"在整个国会历史上一个最庞大的削减政府开支的一揽子计划"。由于拉塔的这番赞词,国会也许会认为它已足够地削减了一个年度的预算。行政管理和预算局之所以宣称财政赤字是首要问题,其用意是促使国会重新审定总统的税收议案,以此来减少赤字。而实际上,行政管理和预算局正在鼓吹增税,这本身就是在重提税收问题。

这一计划要冒的最大风险是,国会可能会无动于衷,拒绝重新讨论早在一个月以前就已通过的"具有历史意义"的经济计划。如果这样的话,"九月攻势"将会全面崩溃。总统将会在他取得伟大胜利的一个月之后遭受一次挫折。政治形势随之也会发生根本的变化。其结果是:在未能削减赤字的情况下,赤字说甚嚣尘上;这无疑也是表明,政府对其经济政策丧失了信心。财政部认为,行政管理和预算局的"九月攻势"是一个风险性很大的战略。它是在确保金融市场稳定的前提下提出的,但极有可能起到相反的作用——使金融市场惊恐不安。

财政部还认为,行政管理和预算局给白宫带来的诸多忧虑是为掩盖财政赤字的真正根源施放的烟幕。低赤字预测是建立在尚未确定的政府开支削减上的。行政管理和预算局还未找到从哪些开支项目上开刀。此外,斯托克曼所顽固坚持的削减社会保险金计划也未能实现。参议院原先同意通过改变调整生活费用的计算公式以及在1982财政年度把社会保险金增长推迟3个月来削减近60亿美元的社会福利开支。但斯托克曼使政府确信,如果在社会保险制度上进行更为全面的变革,1982年的储蓄额将达到90亿美元。财政部警告说,额外的30亿美元不是没有风险的。斯托克曼的计划宣布之后,激起公众愤怒的声讨。参众两院不得不举行联席会议,决定取消参议院原先已通过的削减社会保险金计划。此后,斯托克曼又重弹老调,这迫使总统在9月的全国电视演说中首次处于被动地位。结果,社会保险计划被从预算过程中划出,移交给一个委员会去处理。另外,斯托克曼在1982年度预算削减上只得到350亿美元,而政府提出的预算削减额是490亿美元。对行政管理和预算局来说,摆脱困境的唯一途径就是把赤字归咎于高利率、国防开支、对经济增长的乐观估计,以及过于庞大的减税。

除了政治风险,还有政策风险。行政管理和预算局暗示把高利率归咎于政府的财政赤字,这是政府立场的一次异乎寻常的突然转变。我们将在政策上被置于进退维谷的境地,尤其是当我们发现自己处在经济衰退时。要弄明白这一政策上的困境,我们先得考虑一下行政管理和预算局的论点的逻辑:赤字导致通货膨胀和高利率。这意味着由于低通货膨胀率降低了国民生产总值(税收基数),税收收入也随之减少,从而扩大了赤字,所以无法通过货币政策抑制通货膨胀。依据行政管理和预算局的观点,高赤字意味着高通货膨胀,因此反通货膨胀的货币政策只能导致经济的不断衰退、更高的通货膨胀率,以及持续上升的利率。要摆脱政策上的困境只有两条出路:必须通过提高税收来弥补所失去的国家收入,从而降低通货膨胀率;或者随着通货膨胀率的下降,大幅度削减预算,这样政府开支就会因收入的下降而下降。换言之,当经济进入衰退时期,政府要么削减预算,要么增加税收。这是一个过度紧缩的政策——是30年代政策的翻版,它与主张通过经济增长来平衡预算的供应学派政策相去甚远。当行政管理和预算局把政府引向经济衰退时期的紧缩政策时,凯恩斯主义者保持着异常的沉默。

反对中途改变政策的,不仅仅是供应学派。副部长斯普林克尔的办公室在8月11日给里甘的一份报告中说:"把高利率归咎于赤字是一个目光短浅的策略,它不可能说服国会进一步削减开支。"财政部官员一致认为,行政管理和预算局所持的任何观点都缺乏论据。其实,他们自己也无法将前后提出的观点协调起来。8月13日,我收到了一位官员的备忘录:

> 自3月份以来,行政管理和预算局的"经济与财政最新动向"备忘录对货币政策态势所作的分析是极其飘忽不定的……

从3月底到4月初，该局的观点是联邦储备委员会的货币政策是扩张性的。接着，在4月中旬，他们突然发现政策是紧缩性的。到4月底，他们确信政策有明显的紧缩迹象，这一观点一直持续到5月。然而在6月，他们的观点又转向认为联邦储备委员会的政策还是扩张性的。奇怪的是，在6月中旬，他们作出判断，自5月中旬以来联邦储备委员会的政策可能一直是紧缩性的。到6月底，他们肯定了这一看法，声称"这是一个紧缩的货币政策"。然而，他们的观点在7月底又出现了一次转变。他们根据联邦储备委员会的资产平衡表得出如下的结论：货币政策不是紧缩性的。他们在最近的备忘录中似乎仍坚持这一观点。

就在7月16日，行政管理和预算局曾宣称，货币"紧缩意味着低利率……这一模式是行之有效的。但愿决策者们能够使用它"。但在8月4日，该局放弃了这一观点，转而提出赤字决定利率——把重点从货币政策转移到财政政策上。在8月19日有关预测的会议上，经济顾问委员会与行政管理和预算局都主张降低对国民生产总值的预测。然而，他们在货币供给的增长是紧缩还是扩张的问题上没有取得一致意见。杰里·乔丹(Jerry Jordan，经济顾问委员会)认为是紧缩的，但拉里·库德劳(行政管理和预算局)却认为是扩张的。财政部则认为，鉴于政府的货币主义立场，如果在货币政策的方向性问题上不能取得一致，那么就很难修正对国民生产总值的预测。库德劳的观点颇为特殊。他在他所撰写的新闻通讯中表述了一个货币主义者的观点，引起了华尔街的注意，这大致就是他在政府中所持的立场。到8月中旬，有迹象表明货币政策已紧缩了3个月。这一状态如果继续下去的话，就将导致经济衰退。行政管理和预算局殚精竭虑地想预测出一个较低的国民生产总值和较高的财政赤字，而库德劳却把支持这一预测的货币主义理论和有关事实撇在一边。显然，行政管理和预算局是主张搞赤字政策的，但又不愿使赤字依附于货币政策。该局决心利用赤字把国会的注意力集中到预算上去。

行政管理和预算局没有等到政府是否同意它的政策，在争议出现之前，就先向报界披露：赤字正在上升；到1984年预算不可能达到平衡；需要削减国防开支和增加税收。报界对此颇为热衷。所有这些表明，具有历史意义的税收议案的墨迹未干，就已存在着失败和政策反转，或者说一次反里根革命的迹象。

财政部惊愕地发现,行政管理和预算局在使人们对总统方案发生恐慌和忧虑中实际上起着主要作用。把胜利变成失败的推动力直接来自该局。斯托克曼成功地给人们造成这样的印象:政府的经济政策难以立足,它不得不俯首称臣。但在当时只有行政管理和预算局是这么认为的。7月,国会预算局宣布了它对1981年至1982年的最新预测。该局对实际经济增长、通货膨胀和失业的估计与政府是相似的。9月9日,艾丽丝·里夫林在预算委员会作证。她的证词的显著特点是比较乐观。她预言经济会有实质性的改善:通货膨胀将继续下降;1981年底实际经济增长率将开始上升,并在1982年保持其上升势头;失业将减少。

这一预测表明,国会预算局对前景的看法有了一个根本的转变。他们接受了供应学派的观点,即一整套恰当的政策能够降低通货膨胀率和失业率。国会预算局预测的赤字比政府在7月所预测的赤字还要高,但不至于高得使人产生恐慌,或对政府的方案产生疑问。根据预测,到1984年高赤字甚至将会下降到相当于国民生产总值的1%(这一预测当然意味着国会预算局并未察觉联邦储备委员会行将实施紧缩政策,也未及时领会行政管理和预算局的暗示:现在是瓦解里根经济学的时候了)。

此外,行政管理和预算局的赤字恐慌策略是建立在所谓赤字和利率的因果关系上的。无论是政府内的其他部门还是政府外的经济学家都不能对这一因果关系加以证实。9月初,财政部专业人员再次提出报告:

> 预算赤字和利率之间的任何关系看上去都是相当遥远和不确定的。简言之,预算赤字实际上是与低利率而不是与高利率相关联的。这是一个周期循环现象,表明如果是高岁入,经济增长时期的投资欲望就强烈;如果是低岁入,经济衰退时期的投资前景就暗淡。

赤字只有在靠印发钞票来弥补的情况下才会引起通货膨胀。而"联邦储备委员会并未被要求使赤字货币化,它在过去也总是不愿作出如此的选择"。

10月13日,在一次商业经济学家的会议上,他们警告说,政府应该强调赤字的相对规模(就经济的规模而言),而不是赤字的绝对规模。他们还告诫道,政府不应在它的计划上打退堂鼓。

曾任经济顾问委员会主席的保罗·麦克拉肯,在1981年10月22日《华尔街日报》的一篇文章中强有力地阐述了这一观点。他写道:"我们又一次看见恐慌的浪潮正胁迫我们改变政策……但总统的方案基本上是正确的。”当行政管理和预算局在1982年赤字从450亿美元上升到600亿美元一事上制造恐慌之际，麦克拉肯进而对赤字作了全面剖析：

> 平均说来，1971—1980年间的预算赤字占国民生产总值的比例为2.1%，1981财政年度的赤字占比大致如此。如果1981财政年度能保持同样的比例，赤字将是650亿美元。如果今年这一比例等于70年代后半期的平均比例，赤字将在800亿美元之上。如果这一比例与1975—1976年度的平均比例相当，今年的赤字将超过1 100亿美元。

麦克拉肯指出，“显然，导致目前高利率异乎寻常的是联邦赤字背后某些更深层次的原因，因为考虑到经济规模发生变化之后的1980年、1981年以及今年的联邦赤字并不比70年代的这几年要高。”赤字太庞大，需要设法去降下来，“但这是我们罔顾历史经验，得到的前景。”

里根经济顾问委员会的一个成员威廉·A.尼斯卡南研究了赤字对通货膨胀的影响。他的研究结果发表在1978年8月的《货币经济学杂志》(*Journal of Monetary Economics*)上。他发现，通货膨胀率是由货币增长率决定的，而货币增长率与赤字没有关系：

> 在整个时期(1948—1976年)，看来大约有15%—20%的联邦赤字是靠增发货币来补偿的。然而，有人在过去的10年中操纵货币政策的重大转变，这一现象就消失了。在任何一年，联邦赤字对货币供应量的变化不会产生任何显著的影响。

由于货币供应量的增长决定通货膨胀，而货币供应量的增长不取决于财政赤字，“无论是通过还是不通过货币增长率，联邦赤字都不会对通货膨胀产生任何显著的影响”。

在斯托克曼的“九月攻势”期间发表的一份研究报告中，国会联合经济委员会也得出了同样的结论：“最后，也是这份报告中最重要的一点，不论是赤字还是其根源——开支和收入发生怎样的变化，都不会在统计上对通货膨胀产生显著的影响。”

有证据表明，美国的赤字占经济的比重较绝大多数工业化民主国家要小。行政管理和预算局对1982—1983年度的赤字预测无法与1976年的赤字相比。那一年的赤字占国民生产总值的4.5%，如此之高的赤字并未阻碍实际经济以

5.4%的速度增长。行政管理和预算局关于赤字决定而不是反映经济状况的观点是与事实相悖的。事实是:巨额赤字通常是经济衰退的伴随物,而所有的经济复苏都是面对经济衰退所带来的预算赤字而展开的。

财政部认为,高利率来自因经济政策方面的不确定性所追加的额外风险保险费。由于货币政策的多变性,那些进行长期金融投资的人们就承担着丧失大量资本的风险。这一观点并非鲜为人知。例如,5 月 4 日的《财富》杂志载文说,联邦储备委员会"是不可信任的,它在货币增长上的多变性总使人们对政策的方向疑窦丛生,从而危害了金融市场"。财政部官员认为,行政管理和预算局在赤字上大做文章,对总统的整个方案提出质疑,只会加剧政策的不稳定性。"九月攻势"的结果从一开始就一目了然了:(1)在供应学派减税方案未付诸实施之前,就使人们对它产生不信任感;(2)向国会发出政府对赤字感到不安从而打算提高税收的暗示,以此来消除开支控制上的压力。

受惠于行政管理和预算局所透露的大量内情的自由的新闻界,针对财政部的批评,立即出来为斯托克曼辩护。财政部的供应学派为捍卫大规模预算赤字所发出的疾呼被描绘成"玄乎的神学"之声。换言之,没有必要与之争辩。这时行政管理和预算局控制了局势,新闻界又在推波助澜。我突然寒心地意识到,我对政府机密的守口如瓶却把我置于危险的境地。而这些机密最终被全盘公之于世也仅是指日可待。新闻界当然是与那些向他们披露机密的官员站在一起。

行政管理和预算局宣称它得到财界的支持。但财界的许多人士却在反对该局的观点。例如,花旗银行的经济政策委员会主席利夫·奥尔森(Leif Olsen)有力地指出,对里根政府经济方案的反击无视了

> 一个所能接受的理论依据,从而对财政政策的前景作了可能是最坏的描绘。这当然起到了触发信用市场全面骚动的作用。于是,批评家们就引用信用市场的骚动这一情况来支持他们的论点。
>
> 然而事实是:政府借贷规模的变化并没有引起利率的大幅度上升,也未导致通货膨胀率的上升。减税决不会成为通货膨胀的起因。而一个过度扩张的货币政策却是通货膨胀形成必不可少的因素。这一政策之所以被拒绝加以考虑,不单单是因为政府的战略难以容纳,而是金融市场对此反应过于强烈。预算赤字是不理想的,因为它要借用本应归之于私营部

门的资金。但赤字应该被人理解,而不应对它产生盲目的恐惧。

金融报界(除少数几家外)都赞同斯托克曼把高利率归因于所预测将来的预算赤字。参议院共和党人和白宫高级官员随之迅速作出反应表示赞同,众议院的民主党人也加入这一行列。斯托克曼花了一年的时间来扭转总统经济方案的势头和提高税收。他的成功是令人困惑不解的,因为金融市场对斯托克曼的增税方案嗤之以鼻,甚至在他制定这一方案时亦是如此。在一年的时间里,对赤字的估算增加了一倍,甚至两倍(参阅表6.1),但利率却大大下降了。

表6.1 政府对赤字的官方估算(单位:10亿美元)

	1981年3月	1981年9月	1982年2月	1982年7月
1981	45.0	59.1	98.6	108.9
1983	22.8	62.9	91.5	115.0
1984	+0.5	58.8	82.9	92.6

例如,1981年3月对1983年赤字的估算为228亿美元。9月份作出的估算额就增加了两倍,到1982年7月又翻了一番,达到1 150亿美元(非官方估算额大约为1 400亿美元)。然而,从1981年8月6日到1982年8月6日(在1982年8月17日金融市场价格大幅度回升之前),国库券利率下降了33%。优惠利率下降了27%,联邦准备金下降了43%,90天为期的商业票据利率下降了35%(参阅表6.2)。三年期的国库券利率从15.8%下降到13.5%,十年期的公债利率则下降了一个点(1‰)。如果赤字,或者对赤字的恐惧促使利率上升,那么在赤字迅速上升的时候,利率怎么会有如此大幅度下降呢?显然,金融市场并不相信斯托克曼的理论。看来"鼓吹玄乎神学者"最终证明是那个领导行政管理和预算局的前神学院学生,而不是财政部的经济学家。但是没有人看到这一现象。利夫·奥尔森曾警告过的那种对赤字的盲目恐惧弥漫各界。有些人的盲目程度是如此之高,以致不顾一切地坚持对利率的错误解释。例如,1982年8月17日(这天证券市场出现了一次历史上少有的、最为猛烈的价格回升),《华盛顿邮报》登载了一篇声援里根—奥尼尔增税议案的社论。社论说:"减税的结果是使政府面临巨额预算赤字,从而把利率上升到难以容忍的高度。"

表 6.2 1981 年 8 月 6 日—1982 年 8 月 8 日利息率变动情况(%)

	1982 年 8 月 6 日	1982 年 7 月 30 日	1982 年 7 月 16 日	1982 年 2 月 5 日	1981 年 8 月 6 日
短期国库券利率[a]					
13 周	10.31	10.17	12.62	13.63	15.36
26 周	11.10	11.15	13.02	13.66	15.36
52 周	11.41	11.35	12.82	13.13	14.61
中长期国库券利率[b]					
1 年	12.67	12.56	14.36	14.75	16.53
3 年	13.51	18.53	14.78	14.86	15.77
7 年	13.93	13.75	14.69	14.65	15.07
10 年	13.81	13.68	14.48	14.65	14.86
20 年	13.60	13.63	14.26	14.71	14.44
联邦基金利率[c]	10.73	11.45	14.63	15.43	18.84
商业银行优惠利率	15.00	15.50	16.50	16.50	20.50
商业票据利率					
90 天	11.27	11.75	14.46	14.92	17.44
6 个月	11.69	12.24	14.26	14.57	16.76
信誉为 Aa 级的公司新发行的股票股息[d]	15.43	15.37	16.20	16.60	16.07
欧洲美元利率	$12\frac{5}{8}$	$13\frac{1}{16}$	$15\frac{9}{16}$	$15\frac{9}{16}$	$19\frac{1}{8}$

注:a. 最近拍卖的证券的联邦储备系统贴现率;
b. 此收益率是从财政部的中长期国库券收益率曲线中获取的;
c. 过去 5 天的平均实际税率;
d. 此收益率是以被美国穆迪公司评为 Aa 级信誉的公司新发行的公司债券的再出售收益率为基础的;

资料来源:美国财政部政府财政与市场分析局。

对行政管理和预算局关于预算赤字会阻碍股票价格上涨和利率下降理论的最后一击发生在 1982 年 9 月 1 日。国会预算局对 1983 年的赤字预测作了修正:从 1 180 亿美元上升到 1 500 亿美元。华尔街的索洛曼兄弟公司预测 1983 年的赤字为 1 780 亿美元。然而,金融市场价格的强有力的回升仍在继续。琼·柯克(Jean Kirk)在她的 1982 年 8 月 30 日《T.罗价格通报表》(*T.Rowe Price Communication Sheet*)上指出,市场分析家把金融市场的价格回升归因于货币政策的变化而不是财政政策的变化。联邦储备委员会对国内经济日渐虚弱和墨西哥近在眼前的金融崩溃感到忧虑,意识到银根过于紧缩,随之放松了货币政策。柯克援引分析家的话说:"证券和股票市场的价格回升与联邦储备委员会放松管制直接相关,而不是增税提案和里根总统的任何讲话所致。"事实上,正如一些人士指出的那样,即使增税议案**未**被通过,证券和股票的行情仍是看涨的。这样,国会就会**被迫**削减开支。

新闻界是战场

财政部为驳斥赤字推高利率这种毫无根据的观点提出了证据,行政管理和预算局没有在内部对此作出回应,反而将战场转移到了新闻界。他们可依赖的事实是,政府内的高层人士缺乏有素的训练来依靠证据作出判断。新闻界也无能力评估证据,但感激行政管理和预算局把政策的论争公之于世。8 月 30 日的《华尔街日报》援引了"一位白宫经济学家"的话语,他声称财政部想当然地认为货币主义的推理是正确的,因而无法看到赤字会引起通货膨胀和高利率。

财政部已对证据作了缜密的审查,而现在行政管理和预算局决定到新闻界寻求庇护的举动更证实了我们的猜疑:斯托克曼无法为自己的观点提出任何一个经得起专家审议的证据。我们感到吃惊的是,行政管理和预算局给报界提供了诸如《总统为信誉而战》(*The President Fights for Credibility*)之类的文章,公然夸大了政府最高层机构内的政策分歧。我们认为,此类文章的主要作用在于动摇公众对总统经济计划的信心。行政管理和预算局加大了赌注:他们让政策分歧见诸报端,以抵御内部的阻力。

现在就看我这个区区助理部长能否在总统的计划解体之前奋然反击了。9 月 3 日,我向里甘提交了一份备忘录,同时把副本送给行政管理和预算局、经济顾问委员会、白宫高级官员,以及财政部的两位副部长。在备忘录中,我对新闻界开始察觉有些政府官员正绕过总统,鼓吹改变政策这一现象表示关注。如果这一现象继续下去的话,政府就可能在新闻界失去对其政策的控制。财政部与其他部门一样是反对赤字的,但认为把赤字描绘得过于可怕,"这本身就将对市场产生消极的影响"。在一个机构依据毫无根据的观点单方面宣布改变政策之前,政府最好能首先考虑一下改变政策的依据。财政部正拭目以待赤字会引起高利率这一观点的证据出现。

证据没有出现，但有关我的传闻倒出现了。那些我从未见过，甚至从未通过电话的记者突然在他们的报道中把我说成是一个“好发议论”“固执”“真正的信徒”，以及“财政部三巫师之一”。在华盛顿，没有人被指责为是“变色龙”，因为这个城市本身就是“变色龙”。由此，“实用”“善变”和“听从使唤”是受到鼓励的。自由派的那些专栏作家们对一个保守派人士能放弃自己的原则尤为欣喜，他于是就被说成是形成并获得了新的特色。另一方面，“坚持原则”却是含有贬义的，谁坚持原则就被认为难以相处。在华盛顿，一个坚持原则的人只有两种选择：要么放弃原则，要么四面树敌。多年来善变的实用主义者的统治侵蚀了美国经济和它在国际上的地位。这使得在竞选中坚持原则的里根入主白宫。但是，正如他们的前任一样，里根派发觉原则与刺激结构难以合拍。换言之，一旦当选总统，里根就不得不陷入过去的陈规陋习之中。

九月攻势

1981 年 8 月间，总统在他的加利福尼亚州牧场度假，白宫的多数官员也在休假。这时，行政管理和预算局在为其改变政策的强大攻势作准备。劳工节周末后的第一天，在内阁经济事务委员会的一次会议上，行政管理和预算局发起了进攻。该局的备忘录一开始这样写道：“最近利率的上升又一次反映了政府连续举债对金融市场行为所产生的压力。”为了使政府有充分的警觉，该局把财政部为偿还或弥补公债所必需的借款额加进了 1982 年度预算赤字规划中。他们进而又塞入了联邦贷款保证金、直接贷款、政府的企业赞助金，以及免税的州市资助金，从而使 1982 年度联邦信贷需求额达到 4 750 亿美元。行政管理和预算局早就感到为 1982 年度规划的 600 亿美元赤字不足以使人们放弃总统的方案，所以它加进了一切它能想得出的东西，以产生出一个巨额赤字。财政部官员像过去一样作出的反应是克制的，他们指出，如果斯托克曼把他的有关利率的论点建立在联邦和联邦援助的借款总额数量上，那么仅仅通过平衡预算来消除 600 亿美元的赤字是不会有什么成效的。

华盛顿最终对联邦借贷产生了恐慌。具有讽刺意味的是，正是华盛顿的恐慌才使金融市场变得不稳定。种种有害的事情都是在为安定华尔街的名义下进行的。例如，延迟削减个人所得税率的“妥协”原本是为了使华尔街消除对赤字的不安以及降低利率。但相反，这一妥协却使华尔街感到不安，并且利率也上升了。同时投资者发现被拖延的减税也是前景堪虞。如果国会不能控制开支，减税将成为预算赤字的牺牲品。行政管理和预算局给人造成这样的印象：金融市场害怕总统的方案。然而，市场真正害怕的却是总统不能稳定他的方案。卡特政府多变的经济政策和联邦储备局的游移政策已使金融市场产生了这样的期待：政策将继续变动。行政管理和预算局为反对总统方案大造舆论，使金融市场更加确信政策将发生进一步变动。安定金融市场所必需的是一个稳定的政策，而政府官员对此应该表示出信心，而不是怀疑。

但是，信心与斯托克曼要改变政策的坚定目标是难以协调的。因此，他竭力动摇人们的信心，从 6 月他所企望的“中期修正”到“九月攻势”，乃至 10 月、11 月、12 月、1 月、2 月以及 3 月的各类攻势都是为此目的，直到他最终取得胜利。他最初的论点是，赤字引起通货膨胀。尔后，当赤字上升，通货膨胀仍然下降时，他的观点转向赤字引起高利率。而当利率还是下降时，他的观点又转向赤字阻碍经济复苏。不管怎样，斯托克曼总是把他的观点与通货膨胀、经济衰退以及金融市场的困扰联系起来。里根政府最初打算通过经济增长来平衡预算。斯托克曼一步步地破坏了这一提高经济增长率的政策，把政策转向共和党的传统模式：通过增税来平衡预算。

1981 年 9 月 24 日，里根总统在全国电视的讲话中提出要对 1982 年度开支再削减 130 亿美元，同时增加 30 亿美元的税收（到 1984 年度增至 220 亿美元）。总统的讲话中有四点尤为重要。第一，他通过延迟增加社会福利金享受者的最低生活费用省下了 50 亿美元，这与斯托克曼的计划相距甚远。斯托克曼对社会福利金的第二轮攻击产生了可以预见的骚乱。为了平稳政治局势，里根甚至送还了一部分已获得的节余款项。他说：“我将要求国会恢复目前低收入者的最低社会福利金。”然后，为了摆脱社会福利金问题，里根把它移交给了一个政治委员会去处理。对社会开支感到关注的财界来说，总统的行动打消了经济能够承担社会福利开支的所有希望。总统在讲话中没有提到要削减预算，而是表示了对预算中的最大款项不作任何削减，这丝毫无助于消除金融市场对赤字的惊恐不安。

第二，在总统签署减税法案仅一个月后，总统就要求通过一项增税 220 亿美元的一揽子方案。看来政府正从胜利中退却，在减税法案上打退堂鼓。前一个月，报纸连篇累牍地报道政府官员认为减税规模过于庞大。9 月 6 日，行政管理和预算局的内部人士告诉《华盛顿邮报》，斯托克曼“从未真正期望国会通过政府所要求的大规模减税”。

9 月 7 日，财政部副部长麦克纳马告诉《华盛顿邮报》的彼得·贝尔(Peter Behr)，政府正在研究一系列有争议的增税提案，包括提高烟酒消费税和限制抵押支付的扣除额，以此来控制 1982 年度赤字。这条消息在第二天的报上以《控制预算赤字的新增税法正在研究之中》(*New Tax Increases Studied to Control Budget Deficit*)为题被大加渲染。财政部对此大为震惊。不难想象，当我们正与增税进行斗争的时候，我们的第二把手却在支持增税。麦克纳马不得不对他的失言在财政部的全体会议上道歉。如果说我们以前就对他有过怀疑的话，现在我们知道了他和助理部长查波顿将是一股来自财政部内部的推动增税力量。9 月 15 日，史蒂文·韦斯曼在《纽约时报》上写道：“赤字是里根减税法案的产物。”他还援引了“一位白宫战略家”的话，“从某些方面看，我们是自己成功的牺牲品。没有人真的认为我们最终会得到如此大规模的减税。”韦斯曼接着写道，“突然，或许是不可避免地，白宫助手们在内部悄悄地开始了对里根方案的最初形成和宣传的方法进行自我批评，似乎在承认政府的一些问题是它自己造成的。”财政部注意到，白宫助手们的自我批评并非那么悄悄然，《纽约时报》和《华盛顿邮报》还是听到了他们的声音。《华盛顿邮报》指出：“政府内部和外部对赤字的担忧迫使政府去寻求增税。”

第三，最为奇怪的是，尽管国会已警告过总统，他的方案将不会被通过，里根还是在电视讲话中提出了他的方案，例如，9 月 22 日，马丁·托尔钦(Martin Tolchin)在《纽约时报》上报道说：“国会共和党领导人今天警告里根总统，他的削减 160 亿美元预算的一揽子方案在国会是通不过的。”托尔钦在报道中援引了“一位与白宫有密切关系的共和党人”的话，里根送给金融界最为糟糕的信号是“提出一个会被国会扼杀的议案”。同一天，默里·魏登鲍姆对众议院预算委员会说，如果政府新的一轮预算削减得不到批准，那将对金融市场产生严重的影响。“我认为，这将是一个令人沮丧的迹象。”问题很明显：为什么总统会受到他的顾问们的推动去采取一个事先已知道要失败的行动？国会的共和党官员告诉《纽约时报》，他们曾希望里根“在与共和党领导人进一步研究和商讨之前，推迟发表电视讲话”。众议院共和党领导人鲍勃·米歇尔(Bob Michel)

告诉巴尔的摩《太阳报》(1981年9月24日)的弗雷德·巴恩斯(Fred Barnes)，白宫醉心于1982年度预算赤字达到425亿美元这一目标。米歇尔说，“他们停留在一个空头目标上。目标的本身应是意在一个强盛的经济”，而不是赤字要达到425亿美元或者600亿美元。“一旦赤字未达到425亿美元，他们就自认为是失败了。”这番话说得真是再确切不过了。然而，尽管有种种告诫，总统还是被推入了陷阱。

第四，总统没有提到货币政策，就像联邦储备委员会不存在似的。在电视讲话中，他把高利率归咎于财政政策，即他自己的预算方案。他说：“我们都知道，当政府不再大量举债弥补赤字时，利率就会下降和趋于平稳。”里根现在处于斯托克曼的控制之下，他十分勉强地同意削减国防开支，并且修正“减税法案以剪除一定的税收弊端和增加税入”。“增加税入”这一含糊不清的字眼悄悄塞进了我们的方案，成了提高税收的一个委婉说法。

斯托克曼把总统禁锢在9月24日诸提案(它构成“九月攻势”)的灾难性窠臼之中。之后，他却设法使自己不承担任何责任。在总统决定命运的电视讲话的前一天，埃文斯和诺瓦克写道，斯托克曼“希望把心情迫切的里根从他的新的削减预算的全面努力中拉出来”。可以设想斯托克曼是担心里根会重蹈卡特的覆辙，像吉米·卡特那样在国会蒙受磨难，使他的国内的一系列削减政策遭到否决以及在国防预算上受挫，从而威胁着刚刚恢复起来的总统权威。由此产生出一个显而易见的问题：如果斯托克曼对“九月攻势”会出现的种种危险是如此担忧，他为何要把总统卷进去呢？

正如财政部预料的那样，斯托克曼的“九月攻势”全面溃败了。9月28日，《华尔街日报》在显著位置刊登了一篇社论，对这一攻势带来的破坏进行了全面的评述。斯托克曼“作为这场蹩脚把戏的主犯”已使“公众和国会更加怀疑政府对自己计划所持的信心”。该报发觉总统的220亿美元的增税提案也是令人忧虑不安的。“要是再来这么几次突变，里根先生就会给自己带来信任危机。”该报认为，“最好还是劝告总统坚持自己的主张，相信国会会通过它在夏季承诺的预算削减，并告诉他的预算局长不要说大话”。然而，社论也认为，“九月恐慌所造成的破坏还未到不可收拾的地步”。总统“总的来说是顶住了冲击”。社论建议：政府要回顾一下全过程，因为在这期间，“政府差一点自己把自己送到敌人的手里”。

在这点上，要想象罗纳德·里根和蒂普·奥尼尔站在一起为2 290亿美元的增税议案的胜利而微笑，还为时尚早。但“九月攻势”的影响已经扩散出去，财政部看到了它的影响所及。几天以后，《华盛顿邮报》(1981年10月8日)刊登了参议员多梅尼西的一番话：“最根本的转变是，我们在必须更多地增加税收收入上取得了一致。”

斯托克曼已经在努力推迟1982年7月至1983年的减税计划。10月的第二个星期，肯特·汉斯(正是他和巴伯·科纳布尔曾率先在众议院提出总统的历史性减税议案)提议延迟减税。但在这时斯托克曼还未能足够地引起人们对赤字的恐慌以至于重新辩论减税法案。“我反对这一提议”，科纳布尔说，“我不赞成在这种时候增加税收。我不愿在里根政策上制造混乱”。参议员多尔的一位助手说：“这会使我们看上去很愚蠢。”但是，斯托克曼还是在继续努力。不久，11月2日的《新闻周刊》报道说：“民主党人的真正意图是想在减税上打退堂鼓。上星期，预算局局长斯托克曼似乎表示同意。”该刊继续说道：“斯托克曼和他的助手向白宫和国会提出了一大堆五花八门的增加税收收入的建议。”

到10月底，斯托克曼的“九月攻势”摇身一变为“里根的秋季攻势”。10月26日的《华盛顿邮报》指出，其结果是“惨败而不是胜利”。斯托克曼眼看着攻势分崩离析，又孤注一掷地从行政管理和预算局推出更为悲观的赤字预测，以便使国会产生恐慌而不得不提高税收。《华盛顿邮报》认为，里根幕僚们自己也已开始意识到，向国会递呈“第二个政治上不合时宜的大规模削减国内预算的一揽子方案，实际上表明了里根在制定预算上已放弃了主动性”。

所有这些危害都是斯托克曼一手造成的。然而，使人困惑不解的是，有消息说“白宫的最高层人士”对里甘部长给予的劝告已丧失了信心。财政部反对“九月攻势”，并且精确地预料到了其结果。财政部深感惊讶的是，《华盛顿邮报》一直对斯托克曼采取温和的态度，并连篇累牍地对他加以赞扬。一张报纸对一个想从预算中削减社会福利金，把孤儿寡母抛向街头的人竟是如此富有同情心，真是令人不可思议。为了节省开支，斯托克曼甚至建议关闭圣·伊丽莎白医院和一所政府资助的精神病院。

时至1981年秋，各类新闻报道表明了围绕总统方案的争论不是在里根政府和国会民主党人之间进行的，而是在共和党人自己当中进行的。论争在两派之间展开：行政管理和预算局、参议院共和党人和白宫高级官员赞成增税；

而总统、财政部和众议院共和党人则反对增税。报界把政府内的这种分歧解释为反映了"里根经济学进退两难的关键所在:货币政策和财政政策的对立"。报界认为,减税与货币政策不相一致,政府是注定要失败的。从某种意义上说,报界的这种看法是对的。但它的错误在于把我们货币政策描绘成一个"紧缩银根"的政策,而我们的货币政策却是一个适度的、可以预料和稳定的货币增长政策。在自由的新闻界,似乎从未有人怀疑过,要摆脱"进退两难的窘境"只有靠放弃供应学派经济学,而不是靠迫使联邦储备委员会在其目标范围之内行事。事物的转变真是令人奇怪:自由派人士竟会赞成那种货真价实的紧缩银根政策,而反对我们的经济增长政策。

所谓货币主义与供应学派的不一致是攻击总统方案的一件新式武器。这种看法增强了斯托克曼改变政策的行动。究竟为何非要坚持一个相悖的政策呢?曾使总统减税议案获得胜利的两党联盟主体——共和党参议员和民主党众议员,通过了行政管理和预算局提供的图表,它显示了如何通过进一步推迟减税和降低其规模来平衡预算。供应学派经济学正受到种种责难,而货币主义却安然无恙,这使杰克·肯普感到震惊。他开始论证金本位制,以此使货币供应量的增长并不危害对美元价值的信心。黄金委员会举行了听证会,但它的成员大多都反对金本位制。目睹着冲突的扩大,为使总统的幕僚们回到总统的政策上,我进行了最后的努力。

在10月的最后几天,《财富》杂志11月16日登载了一篇题为《里根经济学会解体吗?》(*Will Reaganomics Unravel?*)的文章。这是我最初写给白宫办公厅主任贝克的一份备忘录。文章警告说,不能脱离经济活动来平衡预算。例如,一个逐渐衰退的经济所产生的税收收入就少,这样导致赤字扩大。如果政府用提高税收的方法来对付赤字,这只会使经济进一步衰退,从而更加扩大赤字。

这篇文章的主要目的是,通过阐明供应学派、货币主义和传统经济学的观点是可以同时并存的,反击那种认为里根经济学是自相矛盾的指责。供应学派知道,通货膨胀会把人们推入更高的税级,消除了降低税率的作用,从而使他们赖以提高实际增长率的供给方面的效用荡然无存。因此,他们支持一个适度而又可预料的货币供应增长政策。他们也赞成行政管理和预算局在降低开支增长上作出的努力,因为预算赤字使得私人储蓄额下降,从而使为了增加投资而做的供给侧努力变得徒劳无功。

对货币主义者来说,他们在反对通货膨胀的斗争中欢迎提高储蓄率和扩大商品和劳务供给的做法。如果更有效的刺激和更高的赢利率能提高生产率和经济的产量,那么就很容易把价格水平降下去。投资同样一笔钱可生产更多的商品就意味着价格的下降。货币主义也赞成低赤字,以减少联邦储备委员会将赤字货币化的程度。

至于传统经济学派,他们明白较高的经济增长有助于通过减少低收入补助金计划的开支和增加税收收入来平衡预算。由于较低的通货膨胀率减少了诸如社会福利和公债利率这类巨额预算开支,他们在这一观点上与货币主义也是并行不悖的。

问题并非是三派的观点不能同时并存,而是三派中的任何一方都把自己最关心的问题,如提高经济增长,降低通货膨胀,或者平衡预算,作为对政策的一种单一制约。政府要想平抑通货膨胀,就不得不恶化赤字。同样,它要想平衡预算,就不得不提高税收——无论是通过立法手段,还是通过膨胀货币供给把人们推入更高的税级。我在文章中预言,如果决策者们忘记了这一多重的制约因素,他们将使总统的计划付诸东流。

最近的几届政府都为经济政策的变化所左右。他们的计划一旦形成就很快地被放弃了,或者被修改得面目全非。里根政府上台后表明了一个协调一致的观点:对经济政策领域所出现的失误,必须采取行动纠正。于是,它在短时间内就取得了许多成就:控制了联邦开支,恢复了对工作、储蓄和投资的刺激,降低了通货膨胀率;美元在外汇市场变得坚挺,黄金价格从令人恐慌的水平上降了下来。文章最后的结论是,风险不是来自华尔街的反对,而是政府可能忘记了它首先应该去做些什么——这样说未免有些泛泛而谈。真正的风险来自一些决策者们对其所抱负的目标盲目无知。

除了对里根经济学在经济上进行论证外,还有一个在政治上支持里根经济方案的有力论点。一位众议院共和党议员的助手告诉《华尔街日报》(11月2日),"我们要避免这样一种情形:一个可怜的平庸之人因经济衰退而受到工厂的解雇。于是,他穿过大街去酒吧喝啤酒,但他发现自己买不起啤酒,因为共和党人提高了啤酒消费税。他也买不起一支雪茄,因为共和党人提高了烟草消费税。同时,他也无法驾车回家,因为共和党人提高了汽油消费税"。这就是英国所发生的情况。玛格丽特·撒切尔改变了她的计划,其结果是消费品税率的上升和通货紧缩,从而拖长了经济衰退的时间。到 1981 年 10 月底,只有财政部的立场是处于总统的政策和"撒切尔化"政策中间。

财政部坚持己见,而斯托克曼却不想站在总统一边。11 月 3 日的巴尔的摩《太阳报》报道说:"使里甘部长震惊的是,斯托克曼先生为修改税收一揽子计划私下里与参议院负责财政的首脑会晤。他们是参议员罗伯特·多尔和皮特·V.多梅尼西。"这两位参议员想通过提高税收来降低赤字,而斯托克曼则始终不渝地在争取他们的支持。同一天,《华盛顿邮报》刊登了约瑟夫·克拉夫特写的专栏文章。克拉夫特看到增加税收和削减国防开支的新提案正得到"广泛的赞同",其中包括行政管理和预算局、参议院共和党议员、白宫的高级官员,以及经济顾问委员会主席。克拉夫特说,反对的一方仅仅是财政部的供应学派——"一群偏激的巫师"(他习惯于把众议院共和党议员和总统本人排除在外)。我为论证总统方案所作的努力竟被指责为"公然在政治上诉诸忠诚的意念"。克拉夫特宣称:"里根经济学的解体远不是一场灾难,反而可能激发信心。"这一观点正是 6 月初行政管理和预算局在吉姆·贝克的办公室里对爱德温·米斯表述的观点。现在唯一还站在总统一边的政府高级官员是被克拉夫特称为"受到手下中供给主义者约束"的堂·里甘。克拉夫特曾被人看见与拉里·库德劳一起共进午餐。因此,无人不知行政管理和预算局是通过克拉夫特之口来回击《财富》杂志上刊登的那篇文章。

11 月 5 日,行政管理和预算局的另一个自由派同盟者霍巴特·罗文在他的《华盛顿邮报》专栏文章里声称:"里根政府摒弃供应学派经济学的时候已经到了。"主张高开支的斗士罗文认为,除非政策上有一剧烈的转变,否则赤字就会失控。他问道:"这样一个政策转变的目的何在?"回答是:"大幅度增加税收,并且把图尔和罗伯茨逐出政府。"他要求解雇"罗伯茨以及持有同样观点的人",就因为我们支持了任命我们的总统的政策!

白宫的助手们进一步向里根总统施加压力,要他接受增税的政策。11 月 4 日,豪威尔·雷恩斯在《纽约时报》上报道说,一些政府官员承认:"看来里根先生是他自己成功(使国会通过减税法案)的牺牲品。"其中一位官员指出,里根的行为是建立在完全不切实际的经济预测上的。这种说法显然和行政管理和预算局是一个腔调。但令人奇怪的是,事实上行政管理和预算局在预测方面总是比别人要说得多。11月初,行政管理和预算局撕去了其在制定三位一体预测这一机构间的合作上所作出的所有伪装(三位一体,或称预测小组是由行政管理和预算局、经济顾问委员会和财政部组成的)。11月9日,我收到了一份财政部官员的备忘录。备忘录抱怨说,行政管理和预算局把手直接伸到了财政部税务分析办公室,要求对我们并不知道的经济预测作出相应的税收收入估计。行政管理和预算局甚至搞出了这样一份预测,题为"更改了的财政部路线"。这使得财政部官员大吃一惊,因为"没有人就这一路线的具体内容与财政部的任何官员磋商过"。

11月6日,乔纳森·富尔布林格在《纽约时报》上撰文认为,斯托克曼鼓吹增税,"无疑是在承认里根原先的经济方案是行不通的"。他把斯托克曼的转变描述成为"联邦储备委员会主席保罗·沃尔克的一次胜利"。财政部对斯托克曼的顽固不化颇感惊愕。总统在高层会议上几次三番地拒绝了斯托克曼向他提出的增税提案。11月6日,总统又亲自在一批纽约州共和党人面前作了一次公开演讲。他说:"预算平衡的本身从来就不是一个证明任何手段的目的,"他又说,"我们决不同意踩在纳税人的背上来平衡预算。"他在许多场合都重复了这一思想。但斯托克曼却充耳不闻,反而加紧了攻击。他变得近乎疯狂了。没有人能够理解他为何这样。经济衰退正显露其端倪。这将把斯托克曼肩上对平衡预算应负的责任卸掉。他解脱了,但他却表现出要把整个前途都寄托在迫使不情愿的总统在未来二十四小时内接受一个增税方案。

11月11日出版的《大西洋月刊》刊登了威廉·格雷德撰写的一篇重要文章,题为《戴维·斯托克曼的教育》(*The Education of David Stockman*)。文章透露了斯托克曼在里根宣誓就职前的12月份就开始接受了《华盛顿邮报》的一系列录音采访,吐露他的心迹。斯托克曼这样做的目的真是令人费解。格雷德对此作了一些解释。他写道,这些谈话的内容在这一阶段的论争结束之前是不会被公诸于世的。但是,只要看透并熟悉了华盛顿是如何活动的,你就会明白这一安排具有明显的象征价值。斯托克曼与《华盛顿邮报》私下会晤使格雷德预先就知道"事态正朝什么方向发展"。对"知道新闻工具是政治斗争中另一种有用工具"的斯托克曼来说,这些会晤是"他用来打通新闻界的众多途径之一"。斯托克曼和《华盛顿邮报》已肯定破坏了财政部和总统的经济计划;并且格雷德似乎也在暗示,斯托克曼从一开始就在打这个主意了。但是由于这一时期的斗争还未结束，所以令人感到更为迷惑不解的是，斯托克曼为什么偏偏在这个可能对他来说最不利的时候容许发表这篇文章；这样做损害了他自己的信誉，因为他被援引的话，直接攻击了他应该支持的政策。在众多的被《纽约时报》称为"非常有损于政府的引语"中就有斯托克曼所说的，"肯普—罗斯议案一直是不利于降低高利率的内部破坏因素……供应学派的理论是'劫贫济富'的理论。"蒂普·奥尼尔说，斯托克曼曾俨然承认，这使得整个经济计划的信誉蒙受怀疑。

起初人们还不清楚格雷德是否决定要把斯托克曼搞垮；但作为一个记者来说，在该件事尚在发展过程中，并且还未终结以前就毁了他自己的内部新闻来源和他保守秘密的声誉，是毫无意义的。然而这时又发生了一起出人意料之外的事，为揭开谜底提供了一条线索。全国广播公司援引格雷德的话说，斯托克曼在9月份就同意，发表那篇文章是时候了。

回想起来，斯托克曼看上去好像从一开始就打算用以他为中心的新方案来取代总统的方案，因为他很可能认为这实际上是肯普的计划。如果这真是这样想的话，那么他的动机是出于与肯普竞争，还是出于他个人的野心，或者出于他对自己的观点深信不疑，也就没有多大的关系了。他一定相信他会使供应学派名誉扫地；到那时就会有自由派记者在一份全国性的自由派月刊上发表文章，把他描写成一个卓有远见的领袖，是他把国家从"已进入合法渠道"的荒谬理论中解救了出来。——斯托克曼亲口说的这番话被格雷德用作了他文章的结束语。

9月，当斯托克曼为格雷德开绿灯时，他以为已经胜利了。财政部8月份被卷入，9月份被击败，10月份被抛弃了。10月9日，H.C.温赖特公司在其最新政治动向报告中发表了一篇题为《恢复总统本来面目》(*The Unmaking of a President*)的文章。这篇文章是这样开头的："9月份标志着财政部长里甘作为一个政府政策的制定人被排挤出去了。行政管理和预算局局长戴维·斯托克曼轻易地控制了局面。"斯托克曼似乎怀疑过"九月攻势"不会成功地致使预算削减，但会成功地把公众的注意力集中到赤字上去。他已准备好用增税来取代无法达到的预算削减。但在最后一刻，他的计划被财政部给粉碎了。11月2日白宫一份备忘录宣布说，斯托克曼的计划是要求政府有所转变并承认"去年春季我们不知在干些什么"。这样一个愚蠢行动将"明显地表明，保守的共和党人不会治理”。在11月2日的那个星期里，总统一连四次挫败了斯托克曼。但这时，要阻止《大西洋月刊》发表那篇文章为时已晚。文章的样本已经在流传，结果斯托克曼非但没成为英雄，反倒成了替罪羊。

斯托克曼的不忠甚至在华盛顿方面也是意想不到的，然而白宫官员们却立刻向他伸出了援助之手。“我们正努力把周围的人团结在一起，”一位官员对《华盛顿邮报》说，“斯托克曼虽然给总统招来的是非太多，可现在我们不站在他一边是不对的。”另一位官员对《纽约时报》(11月12日)说，“这严重地动摇了我们的根基”，但是斯托克曼的职位不会有丢失的风险，因为对政府的预算工作来说，他已是一个不可缺少的人物。参议员多尔也很坦率，11月12日《洛杉矶时报》(*Los Angeles Times*)刊登了他的看法：“我认为，他可能已得到一些信任。我想这里的人是喜欢坦率的。”至于众议院发言人蒂普·奥尼尔，则对他的新伙伴甚为满意。奥尼尔告诉《纽约时报》(11月12日)说：“政府经济计划的制定人完全承认我和其他批评家们六个月来所讲的话。”里根总统带着斯托克曼在众目睽睽下“渡过难关”后，把他作为预算局长留任了。在随后的几周里，报刊杂志接二连三地报道和分析了斯托克曼的表白带来的不良后果。总统计划的反对者保护了斯托克曼。11月17日，《基督教科学箴言报》(*Christian Science Monitor*)撰文说，“一剂诚实良药已被注射到”政府的计划中去了。

就在这个时候，总统计划最坚定的一些支持者决定离开政府。他们不愿牺牲他们的家庭利益以及拿事业来冒风险，去为政府工作；因为在这个政府里，对总统忠诚会受到处罚，对总统不忠诚和背叛却不会因此而付出代价。

斯托克曼的留任不仅挫伤了总统支持者的士气；而且使人们对总统的判断力产生了疑虑，同时对白宫官员的内部活动也是充满怀疑。据白宫泄露的消息说，是吉姆·贝克保了斯托克曼；对此，人们的怀疑更加深了。人们甚至开始怀疑，曾帮助乔治·布什与里根竞争总统候选人而未获成功的吉姆·贝克之所以要保斯托克曼，是否因为斯托克曼在破坏罗纳德·里根和杰克·肯普的政策方面干得不错，从而为布什成为下届共和党总统候选人铺平道路。由此，报纸上开始出现有关力图诋毁减税的政治动机的文章。例如，12月21日《纽约时报》报道说：

继任总统是一个因素，副总统布什是传统主义的拥护者，而众议员杰

> 克·F.肯普是供应学派的鼓吹者。里根先生现在面临的经济决定,对是布什还是肯普将继他之后成为更强有力的总统候选人大有关系。

《纽约时报》接着说,里根的信徒在抱怨:

> 如果里根经济学被放弃或者失败的话,政府中只有一个人会出来取而代之,那就是布什先生,是他把里根先生的减税建议斥责为"伏都教经济学"。

这在其他人看来也是如此,供应学派努力想复苏经济,但却成了幕后势力掀起的一场反里根政治革命的牺牲品。11月5日,《华尔街日报》的一篇社论也发现了"解开众多人物性格的一条线索"。《华尔街日报》评论说:"提高税收运动在新闻界受到约瑟夫·克拉夫特、大卫·布罗德(David Broder)和乔治·威尔(George Will)的欢呼。他们与众不同之处不在于他们有一些经济学知识,而在于他们在华盛顿幕后势力中有着显赫的地位。"对里根经济学的攻击同赤字没有多大关系;"以前,赤字从未在波托马克河中引起什么恐慌的波澜。"大家都知道,"目前为提高税收所做的一切就是保护华盛顿的权力";而华盛顿"一向很明白,利用平衡预算是增加税收,进而支配整个国家的杠杆"。

《华尔街日报》指出,通过增税来平衡预算,是政府的惯用手法。比如,卡特平衡预算的办法就是把税收从1980年的占国民生产总值的20.3%,提高到1984年的占22.8%。罗纳德·里根能入主白宫,就因为他向选民答应过停止这种做法;并保证要靠减少开支而不是提高税收来平衡预算。负责控制开支的斯托克曼和多梅尼西"应被禁止再提到税收收入;人们对他们作评价,只应根据他们在控制开支方面的成就来决定。"对总统来说,"在最初的这个回合中就认输,不仅是在里根政府经济理论上的投降,而且是对当选总统后所追求的政府的观点的投降"。

1981年11月12日,据报道,参议院预算委员会的共和党人在斯托克曼的同盟者,参议员多梅尼西的率领下,正在考虑一个以提高480亿美元的新税收,来平衡1984年预算的计划。如果在降低税收后才三个月,国会中就有许多人期望提高税收,那么更多的人就不会愿意再坚守1982年的开支目标。那天在众议院的一次投票中,以199票对199票持平,从而一个两党联合小组没能阻止住超过总统所要求的数额达10亿美元的内政部拨款议案。

五天以后,默里·魏登鲍姆发表一份预测,宣布1982年将会出现令人悲观的经济衰退，同时他又提出了一个提高税收的方案；这种做法自本世纪 30 年代以来人们还从未采用过。由于《大西洋月刊》刊登的那篇文章，斯托克曼暂时还保持着沉默；但他正通过其他人之口在表述他的观点。里根总统和财政部长里甘把经济衰退的原因归咎于没有及早采取减税政策以及货币政策的过于紧缩；但是爱德华·考文在《纽约时报》(11 月 22 日)上报道说，魏登鲍姆的观点“与他人不同且更传统化”，他认为经济衰退是由于“数十年持续通货膨胀”的结果。当被问到，用失业对付通货膨胀是不是共和党惯用的对策，魏登鲍姆回答说：“经济衰退从来就不是人为的，也不是什么目标，更不是我们的愿望。”然而，据报道，斯托克曼正指望经济衰退会带来赤字，从而证明他是正确的。

11 月 12 日，里根总统告诉里甘部长：“我相信我的计划，”他还说，“同我政府中其他任何成员相比，你的想法和我的更为接近。”那天上午 11 时 35 分，里甘部长将里根总统同他的谈话的内容告诉了我，并很有信心且情绪高昂地说：“我们要维护和提倡总统的计划。”我当然一直是在这样做；但我开始有些怀疑，总统把不相信他计划的人留在他身边，是否有什么目的。当预算委员会主席、白宫办公厅主任和经济顾问委员会主席都拒绝接受总统对他们的暗示时，我确实看不出我们会有成功的希望。

由于意想不到的经济衰退使主张通货膨胀的减税的喧嚣平静了下来，总统和包括杰克·肯普在内的一个顾问小组开始商讨加速从 1982 年 1 月至 1982 年 7 月的第二期减税事宜。11 月 27 日，埃文斯和诺瓦克就政府重新把重点放到削减税收而不是提高税收上，进行了报道，并且他们还看到了一个相关的问题，他们称之为“斯托克曼的税收陷阱”。他们说，斯托克曼留任预算局长将招致“经济政策的分裂”，并且更有可能导致又一场“有关税收政策的激烈的内部斗争”。斯托克曼的一个朋友告诉专栏作家说：“戴维·斯托克曼决不会跟在那些幕后预算决策人的后面走进历史的垃圾箱。”他决心胜过总统。他会这样做的。

十二月危机

现在把秋季所发生的事件概括一下：正当对里根经济学发生的恐慌在诸如《华尔街日报》上和国会预算局里开始消失的时候，这种恐慌却又在里根政府内出现了。9月份,国会预算局局长爱丽丝·里夫林针对里根政府的路线,突然向国会提出她的旨在减少预算赤字的计划。华尔街的德莱克塞尔·伯恩哈曼和兰伯特公司发表了其看法:“越来越多的事实表明,我们正朝通货膨胀率更低的方向迈进。”当月,里根政府开始从它的方案中逐渐撤退。

首先,斯托克曼更改了政府对通货膨胀所作的解释。原先,通货膨胀的原因是货币供应量过多,消除膨胀的措施就是减少货币供应量。更改后的解释把通货膨胀归咎于预算中的赤字。沃尔克掌管的联邦储备委员会,在推行零货币增长率政策的半年里,使赤字更趋严重;而沃尔克的这一政策远远不能达到联邦储备委员会的中间目标,也是政府所料想不到的。其次,斯托克曼宣称,经济衰退带来的赤字会阻碍经济的复苏,这是一个现在成为传统策略的非传统的观点。然而面对国会(其中包括参议院共和党领导人)对继续削减开支的反对,政府放弃了想通过经济增长和限制开支相结合来控制赤字的计划,而提出了提高税收的建议。9月份,里根在向全国发表的电视讲话中,提出一个“增税”220亿美元的一揽子计划。但不到秋末,斯托克曼就把这一必要的增税提高到800亿美元。据报道,蒂普·奥尼尔对事情变化得如此之快感到万分惊讶。里根原先想通过经济增长来平衡预算的战略被斯托克曼的通过提高税收来平衡预算的战略取代了。斯托克曼成功地赢得了国会和白宫官员对他的喝彩;但总统并没为他喝彩,他宁愿接受高赤字,也不愿提高税收来解决这个问题。不久,一篇根据10个月来对斯托克曼所作的采访而写成的文章发表在《大西洋月刊》上,其中有些语句严重地损害了政府的信誉。白宫官员们没有团结在总统经济计划的周围,相反却和斯托克曼站在一起。刚刚被击败的那场要求提高税收的攻势,没过几天又东山再起,并再次强大起来。

1981年的秋季是一个不团结的时期。由行政管理和预算局引起的毫无意义且富有破坏性的“内部争辩”使经济衰退愈加严重。政府内部的混乱以及政府对其经济政策缺乏信心,与普通公民和金融市场对经济政策的未来方针所怀有的疑虑相互交织在一起。此外,行政管理和预算局利用赤字制造恐慌并迫使政府改变了政策,致使报纸杂志上出现了大量文章,宣称总统在经济上遭受了第一次失败。这次失败是由货币政策造成的,因为它导致了经济衰退,从而引起赤字。但由于斯托克曼的缘故,这些文章才能够宣称,里根在平衡预算上遭到了失败,并且他从其政府的“主要目标”上退缩了。对混乱局面失控的形象削弱了总统对付国会和新闻工具的能力。而来自高级官员的众多议论——如果国会不能削减开支，总统将被迫提高税收——使得形势进一步恶化。实际上，政府官员告诉国会说，如果国会“不能”削减开支，它可以依靠更多的税收收入。金融市场很清楚，总统仍然可以争取贯彻他的计划。金融市场知道，大多数总统都曾在经济政策领域里作过努力，但收效总是不大。九月攻势向金融市场表明，里根试图将经济政策纳入新的轨道，这不仅遭到了其政府内部成员的反对，还遭到参议院中他自己一党的反对。除此之外，经济衰退加强了这种看法，即经济政策仍然徘徊在停停走走的路线上。在经过用失业来对付通货膨胀的一个阶段后，政府又会转向用通货膨胀来对付失业，特别是大选即将来临之际。这些因素(而不是赤字)才是政府信誉问题的根本所在。

1981 年 11 月，这些因素都向财政部长里甘言明了。此外，有人还提醒他，在减税政策见分晓之前，在一年到一年半之内经济还将受到银根紧缩的控制。如果联邦储备委员会采取通常的做法，让货币供应量随经济而下降，那么对有限的财政刺激来说，货币紧缩就显得太强有力了；而当 1982 年的大选来临之际，政府会发现自己正被卷入一场经济衰退之中。

一个政府要从根本上改变经济政策，除非得到全体官员的支持，否则是不可能的。斯托克曼、贝克和魏登鲍姆就没有支持里根的经济政策。11 月 13 日，道格拉斯·哈勒特(Douglas Hallet)在《华尔街日报》上撰文说：据报道，现在白宫中的主要决策人，包括米斯先生，都是尼克松和福特时期的行政管理和公共关系的专家，诸如詹姆斯·贝克，大卫·格根，马克斯·弗里德斯道夫(Max Friedersdorf)和理查德·达曼；他们的职业——或许是本能，使他们把注意力集中在当前的头条新闻、当前的议案和当前的传统策略上。由于斯托克曼控制着当前的头条新闻——越来越高的赤字预测——他能轻而易举地将这些官员引入他的政策方向。

许多迹象表明，里根计划缺乏的严密性。这对人们造成了消极的心理影响，这种影响加强了他们原来的预期，即没有一个总统会真正取得很大的成就。目睹共和党人几乎毁了他们自己的计划，人们在进入圣诞佳节时开始担忧明年情况会怎么样。总统拒绝放弃其政策，但他的政府要强迫他放弃。总统的幕僚们会说，这对他本人有益，但很明显他们决不会让总统的政策奏效。12 月，报纸杂志上发表文章说，要“为改变总统的思想而战”。总统不愿牺牲纳税人的利益来平衡预算的坚强决心完全被他的高级助手们给忽略了，好像他从未有过这种决心似的。这些助手们使新闻界不断报道些他们"为改变总统的思想而战"的情况，同时新闻界也大肆渲染说，其结果将是增税。

里根总统在11月和12月所作的讲话和对采访的回答中，把经济衰退的原因归咎于第一期减税的延迟和减税额的缩小。他的政府又是充耳不闻。11月5日，魏登鲍姆给里根送去一份备忘录，对他关于经济衰退的解释提出质疑。这份备忘录很快被泄露给新闻界。显然，有人很想通过让总统的主要经济顾问与总统的矛盾公开化来削弱总统的力量。那些曾一手推迟了第一期减税并正在要求进一步推迟减税的官员对里根关于衰退的解释是不会感到满意的。

第二天，白宫新闻发言人拉里·斯皮克斯告诉记者，高失业率是"减轻通货膨胀必须付出的代价"。次日，这一不得体的话见诸报端。无论斯皮克斯知道与否，他是在用共和党人传统的解决办法来描述总统的经济计划的，即通过失业来平抑通货膨胀。这是菲利普斯曲线的老调重弹。对供应学派来说，要摆脱过去对现在的影响似乎是不可能的。这就像尼克松当年宣称的那样，"我们现在都是凯恩斯主义者了"。《华盛顿邮报》和《纽约时报》不失讽刺意味地抓住这一点来证明：里根经济学终于与凯恩斯主义的现实纠缠不清了。政府官员对菲利普斯曲线的认可不可能使金融市场消除顾虑。根据菲利普斯曲线，面临不久将大选的一个民主国家既要用失业对付通货膨胀，又要用通货膨胀对付失业。毫无疑问，利率将仍是居高不下。

不知是谁从白宫给我送来了魏登鲍姆给总统的备忘录副本。魏登鲍姆告诉总统，如果过早地实行全面减税，由此产生的影响只会是迫使利率上升。我在送给魏登鲍姆的备忘录中指出，他的观点不仅与总统和财政部长的观点相矛盾，而且与里根经济学所依赖的理论基础相矛盾。我们打算摆脱菲利普斯曲线和避免以失业对付通货膨胀（或者以通货膨胀对付失业），所采取的方法是，通过税收制度增强刺激手段和加速资金流通，同时逐步降低联邦储备委员会增加货币供应量的速率。如果为了平衡预算而推迟减税（仅就理论而言），我们只能停留在菲利普斯曲线上——紧缩银根而无供给方面的补偿。以牺牲我们政策的新颖特色去换取通过扩大税收来平衡预算这样一个徒劳无益的尝试，我们只会以陷入经济衰退而告终。在这一过程中，由卡特政府遗留下来的高利率起了一部分作用，而那些宣称减税会引起通货膨胀的总统计划的批评家也起了一部分作用。政府本身因对通货膨胀过于恐慌而推迟了减税。同样,联邦储备委员会也因此而把货币增长限制在中间目标之下。这一解释是与我们的方案以及事实相吻合的。它对总统意图的说明,远胜于“失业是减轻通货膨胀必须付出的代价”的说法。

我给魏登鲍姆的备忘录,连同那份给斯皮克斯的备忘录(我在里面对他那种为降低通货膨胀而只得使人们失业的说法表示不满)被泄露给了报界(1981年12月17日巴尔的摩《太阳报》)。接着,吉姆·贝克想知道为什么里甘部长不能控制住他手下的人,并阻止他们在报上谈论分歧。财政部没有屈服。于是,白宫官员施加了更多的压力。这使得财政部难以把备忘录送交白宫,从而削弱了我们支持总统的能力。

当政府中有人在解释失业为何是减轻通货膨胀所要付出的代价时,也有人用类似的腔调在鼓吹巨额赤字是减税所要付出的代价。这听上去好像经济衰退与赤字之间没有任何联系。新公布的赤字预测表明:1982年的赤字为1 090亿美元;1983年的赤字为1 520亿美元;1984年的赤字为1 620亿美元。12月7日至8日的新闻报道说,“巨额赤字预测”产生的影响会迫使总统放弃反对提高税收和削减国防预算。赤字显然是被夸张了,因为在那时几乎没有人认为会有一次严重的、旷日持久的经济衰退。说实在的,斯托克曼甚至不会承认银根在紧缩。

为使总统接受增税方案,各种手段都用上了。例如,史蒂文·韦斯曼在12月9日《纽约时报》上援引了“见多识广的白宫助手”的话,并且报道说:

> 斯托克曼和贝克的策略是使总统在作最终决定前审查全部削减预算的建议。这样,里根就能亲自概括地了解作出新的开支削减所遇到的政治困难,从而意识到他必须设法削减新的军费或增加税收。

另一项策略是向参议员们描绘灾难性的赤字预测,然后安排他们和总统进行一系列的会谈,其目的是形成一个对付总统的联合阵线。参议员凭借这些赤字预测晋见总统,抱怨他们再也无法进一步减少预算开支。12月19日,豪厄尔·雷恩斯在《纽约时报》上报道:“白宫发言人贬低这些会见以避免造成这种印象,即里根的顾问试图向他施加压力迫其接受增税。”

12月12日,韦斯曼引用白宫一位助手的话说:“为维护里根政府的精华和罗纳德·里根的思想,一场全面的斗争正在酝酿之中。”这是婉转地承认总统的顾问正在无视他们的首脑的政策宣言，并迫使其政策纳入传统的共和党模式。韦斯曼指出，在贝克和斯托克曼的坚持下，财政部长受到挫折，他的主张被里根拒绝。他在灰心之余，对上述两人对付国家首脑的顽固性感到惊讶。确实，他们肆无忌惮地挖总统的墙脚使政府中里根的亲信感到寒心，并使总统的外部追随者感到惊慌。《华尔街日报》指出，总统面临人事管理问题。

12月13日，约瑟夫·克拉夫特在《华盛顿邮报》就总统的顾问如何结帮凌驾于总统之上以引导总统走出他的"梦幻世界"进行报道。12月14日，埃文斯和诺瓦克报道说，总统必须比他的经济顾问团中2/3的成员更努力地奋斗，才能挽救他的纲领。不久，罗纳德·里根本人将对此发出抱怨。

在12月17日的全国性电视记者招待会上，美国总统宣布"我没有任何增税的计划"——当然这是一项明确的政策宣言。里根说："你们可以把惩罚性的税制强加在人民身上，以抢劫人民来平衡预算，但是你们将发现你们已损害了经济。"里根在给他的顾问团的信件中强调："平衡预算的唯一正确方法是控制政府开支、增进繁荣和提高劳动生产率。这才是我们纲领的目标所在，我完全相信这个目标是能够达到的。"

> 你可以回忆起在记者招待会上，里根就税收政策作了相当明确的断言——"我没有任何增税计划。"几分钟后，白宫新闻发言人斯皮克斯就否定了总统的说法……其速度大大加快了……通常，从总统压制鼓吹增税的活动到其助手之一再次提出增税建议之间的间隔约为一周时间，如今，这种时间间隔已缩短至15分钟左右。

埃文斯和诺瓦克写道，他们现在才明白为何里根总统就职后第一年内他只能举行六次记者招待会。记者招待会是让"宾夕法尼亚大街的囚犯"短暂地逃离其"囚笼"的一次机会，这是总统最后一次出来打破他的高级助手精心制造的假象，即总统正在坚定地朝着赞成以较高的税收来平衡预算的方向迈进。该专栏作者写道："总统的囚笼部分是他自己造就的。"正如他担任加利福尼亚州州长时一样，在华盛顿他也深深地依赖助手而且允许他们行使过多的控制权，以至于他们忘记了谁是总统。"总统的这些助手是一些'固执己见的谋士'，如在前三届缺乏想象力的共和党政府中，他们早已卷铺盖回家了。"与此相反，里根是一位具有信念的总统，他要进行变革但他缺乏超越其优秀顾问控制以外的接收与传递信息的渠道。专栏作者继续报道，总统有二套经济政策班子，即总统的小班子和包围他的一批幕僚。专栏作者引用白宫一位高级人士的话说:“贝克向财政部长里甘抱怨财政部发表的反对增税的言论损害了政府的利益。”果然,那些把增税看作有悖于里根经济学的官员被排除在决策班子之外。总统不同意使用“扩大收入措施”作为增税的委婉说法,但是他甚至无法制止这样做。

白宫记者豪厄尔·雷恩斯12月21日在《纽约时报》评述形势时说:

据总统助手说,总统私下抱怨,他的顾问不抵制预算局长戴维·斯托克曼设法诱使他赞成增税的努力。他在星期五公开地发表与那些支持斯托克曼的高级顾问的观点相抵触的言论,即“他反对任何增税”,从而导致一种十分奇特的现象。在里根举行记者招待会后几分钟,首席顾问詹姆士·贝克指使白宫发言人大卫·格根和拉里·斯皮克斯告诉记者总统所说的并不真正代表他的看法。

生怕读者不了解,雷恩斯作了进一步澄清:

里根有时几乎在得不到其高级顾问支持的情况下对削弱他的基本信念的做法孤军奋斗,从而促使主张增税者采取新的策略。例如:当总统对斯托克曼在12月4日提交给他的具体赤字数额置之不理时,在下一个周末,这些数字就被透露给报界,于是公众和国会对赤字数额的震惊有可能促使里根认识到增税难以避免。

然而,紧接着在12月8日的会议上,里根表示他和里甘仍然相信只有减税而不是增税才是开创长期繁荣、控制赤字的方法。

就是在这次由斯托克曼及其新税收论点主导的会议之后,里根暗示,他的其他顾问并无反对这位预算局长的意思。

不仅“白宫官员中的里根主义者”开始指责贝克及其两位副手理查德·达曼和大卫·格根不受里根政府的约束,而且在这位小城镇劳动阶层出身的总统和他的首席顾问,一位来自富贵世家的名律师之间存在着不可逾越的文化差异。前者献身于变革,而后者要维持现状。这两位专栏作者指出,针对增税的辩论既是政治性的又是经济性的。总统不可能提出增税建议而不让民主党人抓住它作为承认里根经济学失败的把柄。无论如何,总统正在走下坡路。

圣诞节的一周里,《纽约时报》和《华盛顿邮报》一连几天在头版文章中声称,总统的全部助手赞成斯托克曼的增税观点,言外之意是只有那位可怜的、年老的总统陷入了空想的泥淖，反对这种合理的做法。

这件事破坏了我的圣诞佳节。财政部正在进行一场艰苦的斗争。而白宫官员试图散布一个个有关里甘加入他们阵营的故事，以挫伤我们的士气。例如，豪厄尔·雷恩斯对总统的孤军奋战作了报道，声称“到星期三总统可能会感到更加孤立无援”(纽约时报，12月21日)。一位政府官员告诉雷恩斯说：“里甘(Regan)先生将加入贝克、斯托克曼和白宫经济学家的行列，赞成增税。”财政部的非正式顾问团知道里甘部长正在被追究责任，一旦他不愿抛弃总统，斯托克曼和贝克开始对他本人采取行动，不让他参加决策会议。

当财政部因支持总统而遭到严厉指责时，吹捧贝克的文章不断出笼，他每周与全国性的新闻杂志——《时代》《新闻周刊》及《商业周刊》会晤。12月7日，《商业周刊》把他说成是总统的第一流说客，正在弥合因斯托克曼公开怀疑里根经济学，里甘对联邦政府计划的无知和缺乏政治手腕以及马丁·安德森未能表明自己是经济中的主要决策人而遗留下的政策空虚。这个故事有许多奇特的方面。第一，谈论某种政策真空，即意味着总统本人不是经济决策层的主要决策人。不顾里根曾多次明确宣布其政府政策这一事实，《商业周刊》报道，可以弥补政策真空的人只能是贝克。第二，贝克对联邦政府计划并无专门的了解。第三，支持总统政策的长期助手安德森被说成是影响微不足道的人，这只能说明总统本人影响微小。所得到的总统形象是一个无主见的、听从助手们制定政策的平庸之辈。既然一位无自己政策的总统不能制约玩弄政策的人，这种状况对于操纵者来说是十分合适的。第四，一旦里根对遇到的对抗和迫其增税的压力日益感到恼怒时，贝克并不在乎在某种全国性的杂志上表明其赞成增税的立场。

12月份的头几天中，总统的助手们对顽固坚持反对他们的政策的立场感到不耐烦，他们决定出击。斯托克曼试图公布某种官方预测以展示巨额的预算赤字，这是他在改变里根政府经济政策斗争中的主要武器。他不打算公布对经济衰退的预测，因为这种预测将清楚地表明造成赤字的原因是收入下降，并且还会支持减税的论点。斯托克曼希望在预测经济衰退之前先预测赤字。他的论点是：赤字引起通货膨胀和高利率，高利率引起衰退，为避免衰退，我们必须提高税收以降低赤字。他面临的问题是如何测定赤字，于是斯托克曼退回到货币主义的观点，这种观点把通货膨胀解释成货币供应增长，成为沃尔克紧缩货币论点的坚定支持者。根据货币主义关于紧缩货币的推理，他大幅度地降低了通货膨胀的预测。较低的通货膨胀率表面上降低了国民生产总值的预测数，或税基。于是巨额赤字出现了。

就这样，斯托克曼得到了他的赤字数据，但他是用一种与其论点相矛盾的方法得到这些数据的。他的预测展示了低而下降的通货膨胀和高而上升的赤字（参阅表 6.3）。行政管理和预算局的论点即赤字引起通货膨胀和高利率并不适用该局的预测。既然整个预测是按照会出现巨额预算赤字这种事先决定的观点精心策划的，行政管理和预算局试图两者并用。

表 6.3　行政管理和预算局预测(1981 年 12 月)

	1982 年	1983 年	1984 年	1985 年	1986 年
通货膨胀率(%)	7.7	5.5	4.4	3.7	3.5
预算赤字(十亿美元)	109	152	162	165	182

下一步是让总统接受这种预测，斯托克曼想出了一套计谋。总统将被告知新的预测数据与热门股票的预测（42 种私人预测数据的平均数）相比较。政府的预测将展示比热门股票的预测较高的实际经济增长和低得多的通货膨胀（参阅表 6.4）。总统获悉的这种乐观的预测给经济披上了一层乐观的色彩并表明政府相信他的计划。

表 6.4　政府预测和热门股票预测

	1982 年	1983 年	1984 年	1985 年	1986 年
实际经济增长率					
政　府	0.2	5.4	5.2	4.7	4.2
热门股票	1.2	3.7	3.9	2.9	2.8
通货膨胀					
政　府	7.7	5.5	4.4	3.7	3.5
热门股票	7.8	7.7	7.5	7.8	8.1

这项计划是要在不告知总统赤字的实际含义的情况下，让总统接受这一乐观的前景，然后在紧接的一周内，总统将被告知已赞同的预测的赤字的含义。这样斯托克曼就十拿九稳，除非增加税收，否则即便是较好的前景也会导致巨额预算赤字。

斯托克曼兜售的这项计划主张经济预测应和预算含义区别开来，以避免使总统感到迷惑不解。里甘对这种明目张胆地操纵总统的做法感到不安。他于12月3日通过财政部院外集团对这项计划进行了非正式的测试。他被奉劝反对在不告知总统上述预测意图的情况下向他展示这种经济前景。我们多数同情里甘的处境，他忠于总统。然而由于总统无法使斯托克曼和贝克与他的政策保持一致，他们反而迫使里甘只能充当非决策人的持异议者的角色。对于这位来自商界并在那里培养成善于寻求一致性而避免对抗的里甘来说，这是一个令其痛苦的环境。对于站在总统一边的人，要得到某种回报是很难的。

总统常常被告知，他的规划前景过分乐观。由于某种原因，这被指责为是财政部的过错。然而财政部在最初是反对作出那种平衡预算的预测。但是财政部在阻止斯托克曼"实用主义"和他利用"基础性通货膨胀"的论点掩盖赤字的斗争中遭到失败。从某种意义上说，这场战争我们打输了，其次才是由于斯托克曼挑起争论使财政部作出了平衡预算的预测。按照财政部的观点，研究的重点并非是赤字的大小，而是赤字占国民生产总值和私人储蓄的比率是否下降。我们未能制止斯托克曼把赤字预测得过小，我们发现自己力图制止他把赤字预测得过大。

财政部为白宫准备了一份过去八年的预测比较表。里根的预测在乐观程度上列在第七位。然后，财政部把可预测的里根经济复苏与战后其他经济复苏比较，这一次复苏是最虚弱的，尽管里根的经济复苏为正常的周期性的经济增长带来了减税的冲击。预测的实际增长率大大低于战后各次经济复苏的平均增长率。当然，面临衰退型的货币政策，这些论调无多少意义，但是(十分奇怪)斗争并非围绕着货币政策展开，减税是争论的焦点而不是其他东西。

在试图排除财政部政策影响的同时，供应学派因倾向减税所以他们的观点被说成带有偏见。而供应学派已明确表明不是任何减税都是他们所主张的减税，降低对额外收入的税率具有重要的刺激效果。供应学派所强调的是边际税率而不是平均税率。在不丧失刺激效果的情况下，降低边际税率并采取某些补救措施避免收入损失是可能的。

供应学派反对增税的理由有两个，一个是经济上的，一个是政治上的。增税是与降低政府开支占国民生产总值百分比的预算目标相抵触的。财政部意识到增税将会导致国会在削减预算方面拖拖拉拉。因对赤字的担忧引起了公众、金融市场及政府本身的恐慌，于是政府将被迫通过进一步提高税收对赤字作出反应。财政部告诫，用增税挤压私营企业以平衡预算是十分容易的。

从政治上看，财政部关心的是，增税似乎是某种政策转变，可被说成是总统政治上的一次主要失败，它将被当作承认总统已走得太远或里根经济学已失败这个事实。民主党人已清楚表明这正是他们对任何增税的解读。例如，里根曾向俄克拉荷马州的民主党众议员格伦·英格利希(Glenn English)保证他不会对天然气行业的利润征收附加税，12月份，一度曾出现过要求英格利希主动解除总统对他的承诺的说法。12月19日，豪厄尔·雷恩斯在《纽约时报》上报道，英格利希说过，如果政府想要设置新税，就必须做好准备，指出供应学派的经济学已告失败。看到斯托克曼在这种声明面前仍如此卖力地推动增税活动，使人产生这种印象，即斯托克曼希望人们认为供应学派的经济学说失败了。

最后，有这样一个问题，政府把预测建立在今后五年内实行一项渐进的紧缩货币政策这种不现实的设想之上，通过这种做法，它是否正在制造它自己的赤字问题，联邦储备委员会第一年中在这方面已做得过头，使经济陷入衰退，反应可能是货币过多，而不是进一步紧缩。

12月11日，《纽约时报》报道了前一天举行的总统和他的经济顾问们参加的秘密会议。据豪厄尔·雷恩斯报道，这次会议“由于供应学派的鼓吹者和有12名成员的经济政策顾问委员会中传统保守派之间发生的争执而变得充满争议，且毫无结果”。“要求不披露他们姓名的”白宫官员们告诉雷恩斯，只有肯普和拉弗曾要总统坚持他的计划。“而另一方面，更传统化的经济学家们在这次40分钟的会议上，敦促里根先生接受一个能够包括”高税收的“更灵活”的方法。白宫中一位地位很高的人编造说，除了供应学派的极端分子外，总统的顾问中，没有一个人支持要坚持这个计划。由于出席会议的白宫高级官员只有贝克、达曼和格根，看来很显然，这种编造是吉姆·贝克所为了。此外，这种说法是不真实的。《纽约时报》上的这篇文章激怒了当时在场的一些人，他们出来作了截然相反的叙述：大部分人劝说总统坚持他的政策。这场纷争即便曾经在事实和分析的基础上展开，现在再也不是如此了。总统在他的高级助手操纵下，变成了一个被孤立的激进分子。12月4日，《华尔街日报》社论《反作用的力量》(*Forces of Reaction*)指出：“总统现在所需要的是坚定。这很大程度上取决于他个人的品质，因为他的幕僚已成为华盛顿权势集团对他施加压力的工具，而不再是他可用来对华盛顿施加压力以贯彻他所推行的政策的工具。”

12月15日，当杰克·肯普在敦促国会通过总统的对外援助议案时，斯托克曼会见了众议院共和党其他几位领导人，并利用总统拒绝接受的赤字预测，使他们对预算感到忧惧。他这是在对总统的计划提供最强有力支持的地方发起攻击。四个星期后，斯托克曼将使众议院共和党领袖们请求总统提高税收。《华尔街日报》把这一举动称为“伏都教政治”。

12月17日，当总统在记者招待会上宣布，他无意取消或推迟削减任何税收或增加任何税收时，财政部的人正在副部长图尔的办公室举行圣诞聚会。消息传来，负责税收政策的助理部长和他的帮办一下子失去了圣诞节的欢欣，拉长着脸离开了房间。财政部的势力正在被瓦解。12月23日，里奇·雅罗斯洛夫斯基(Rich Jaroslovsky)在《华尔街日报》上报道了里根的助手们以“不懈的努力”来“诱使里根提出提高税收的建议”。总统在一封发表于1月号的《华盛顿人》(*Washingtonian*)杂志上的《致亲爱的美国公民们》(*Dear Fellow Americans*)的信中作了回答，他许诺反对在1982年提高税收。里根指出，美国民众已经“担负着我们历史上最沉重的税收负担”，“如果赤字继续上升，这决不是因为对你们减税太多，而是因为缩减开支太少”。显然，总统的助手们没有告诉他赤字的增加是因为联邦储备委员会把经济引入了衰退。

12月21日，雷恩斯在《纽约时报》上报道说，一个新的经济预测将于本周中期呈报给总统。财政部对此预测一无所知。12月23日，里甘部长宣布，总统已肯定不在1982年增加任何税收，他愿意忍受赤字之后，财政部在看到这一预测突出了总统的一月份预算咨文时，才发现行政管理和预算局是利用各种机会来夸大赤字规模的。例如，国民生产总值的平减指数(GNP deflator)，一种通货膨胀的测量指标，在中期审议中被降低了。这样做减少了国家的收入。然而，消费价格指数(consumer price index, CPI)，另一种通货膨胀测量指标，则被提高了。这样使津贴计划下的支付增加了。压低一种通货膨胀的测度(通货膨胀扣除率)，而提高另一种通货膨胀的测度(消费价格指数)，所产生的结果是压低了政府财政收入预测，而同时又抬高了根据通货膨胀调节开支计划的支出预测——这对赤字是加倍地不利。此外，财政部还发现，斯托克曼在其原始预算方案中“来路不明的开支削减”以及拙劣的社会福利改革，在1984年赤字预测所增加的900亿美元中，占去了2/3。在支出方面，预算仍然是失控的。这是自由派所希望的,也是他们为何跟着斯托克曼的浪头,要求增税的原因。

贝克和斯托克曼在这一问题上,大大僭越了总统。如果输了的话,他们就将受到人们的唾弃。12 月中旬,里甘部长告诉我,经济政策办公室由于激烈地反对这个问题已使自己成为众矢之的。尽管有这一警告,但我并未料到在旧岁逝去以前,情况会变得如此糟糕。在一个新年除夕晚会上,白宫官员们戏谑地问我是否得到了吉姆·贝克的许可才出来的;总统是如何受到责难,并被送回加州的老家,因为他和贝克也不合拍。这些戏谑之辞最初使我困惑不解,直到《费城问询报》(*Philadelphia Inquirer*)在头版登了关于吉姆·贝克和埃德温·米斯之间对立加深的长篇文章后才得以释然。米斯派对报纸杂志上编造的、对他们不利的所有文章日益厌烦。文章引用了米斯的一位助手的责问:"为什么人们对白宫我们这一派如此津津乐道?我们从不谈论他们的所作所为?"在文章末尾,记者索尔·弗里德曼(Saul Friedman)报道说,保罗·罗伯茨"受到责备,并被打发去休假了",因为他和吉姆·贝克不合。这件事是不真实的。但由于这是从白宫上层官员中传出来的,这个记者也就没有找我或财政部核实。事情变得如此糟糕,以至记者们如果不对编造的事情加以渲染,他们甚至写不出文章来。1 月 4 日,我就《费城问询报》编造的文章,向里甘部长抱怨:"我遭受了一系列新闻界对我的人身攻击,而一直保持沉默。这也许是一个错误,因为这使事情变得不可收拾。"我的便笺被批转回来,在下面里甘写了几行字:"我不会让事情不可收拾的。如果我们再有诸如此类的事,我将以个人名义替你反击,你记住我的话。"我不知道部长能干些什么。在这个时候,甚至总统都不能使他的幕僚服从他的领导。

国情咨文

1 月 6 日,部长屈服了。在电视台《今日》节目中,他说道:"我认为在 1983 年和 1984 年,将会有一些新的增税措施。"第二天,合众国际社(UPI)的海伦·托马斯(Helen Thomas)报道说:"有迹象表明,里根对暂时性的预算决定每天被透露出去,以及里甘和其他人公开谈论增税也许是需要的(尽管总统表明他决心避免增税)感到不悦。"我对里甘说他犯了一个错误,但他不承认,并说有人向他说明了总统已看到增税的必要性,并且正在采取一项行动,全力以赴地削减开支。毋庸置疑,白宫官员曾一再向里甘表明,他们不想让他孤立无援。但我认为,总统如果不是认真的话,他不会想要一个不妥协的形象。此外,我也知道,我一直在躲避正面攻击:如果总统只是在演戏,那么那些权力的操纵者就会袖手旁观,满意地让我陷于孤立。

斯托克曼和贝克屡屡被总统挫败,他们采取了一个新的策略,他们紧紧抓住总统还处于初级阶段的“新联邦主义”计划,把联邦计划搞成各州施政,税收收入也向州政府缴纳。总统的幕僚们向他解释,如果通过提高联邦消费税给予资助,他长期寻求的联邦主义计划就能够轻而易举地成为现实。当然,这就会使联邦预算达到岁入不变,而岁出减少。他们以为已使总统上了钩,便到处散布,总统准备提高消费税。这还不是提倡增税者想出来的最馊的主意,但它仍然带有风险。一旦增税提案被提出来的话,白宫要控制它,就十分困难。赋税委员会主席罗斯滕科斯基宣称,“最简单的方法”则是推迟第三年的减税。

1月21日,《纽约时报》上的头条文章宣称,总统已作出决定,要国会增收联邦消费税。文章强调,总统的决定“是对财政部供应学派经济学家的漠视”。财政部得出结论,不管斯托克曼和贝克是如何真诚地相信增税,他们现在该看清了,这个问题主要是和财政部的权力之争。财政部当然绝不这样认为。只要总统执行他的计划,谁掌握权力,我们都无所谓。财政部戏谑地说,我们可以先提出增税方案来,从而以先发制人之势挫败斯托克曼和贝克。

如果渴望击败财政部的人不是那么急急忙忙地让《纽约时报》宣称财政部受挫的话,总统可能会同意增收消费税。但他讨厌在第二天的晨报上读到有关就他的政策选择举行的闭门讨论,并且他恼恨助手们在他作出决定前,把他约束起来,不让他有自己的选择。《纽约时报》宣布里根准备增收消费税的那一天,他会见了美国商务部长,发现自己并不像他的助手使他相信的那样孤独无援。

这得到了证实。1982年1月26日,在向全国电视转播的国会联席会议上,总统在其提出的国情咨文中,给戴维·斯托克曼和詹姆斯·贝克当头一棒。他坚定地重申了他对自己的经济计划所承担的义务,他宣布:

> 持怀疑态度的人要我们倒行逆施地去增税,这将会抵消国会已经通过的降低个人税率的法案的效应。

他们要我们提高目前的税收以减少未来的赤字。我不认为我们应该接受他们的观点……

高税收并不意味着低赤字。如果是这样的话,那么我们怎么来解释自从1976年以来,税收收入增加了一倍多,而在这同一个六年内,我们的赤字却是历史上最高的。1980年税收收入增加了540亿美元——同一年,我们的赤字是空前巨大的。

提高税收不会平衡预算,只会促使政府开支增加和私人投资减少,提高税收会降低经济增长,缩小生产规模,减少未来的就业机会,使失业者更难找到工作,在业者更容易失业。

因此,我要求你们不要试图牺牲美国纳税人的利益来平衡预算。今年我不会增税,我也不打算放弃减轻税收负担的基本政策。我曾向美国民众保证,降低他们的税率,并使之保持在较低的水平——来刺激他们重建我们的经济,为美国的未来储蓄并进行投资。我将恪守我的诺言。

罗纳德·里根,作为一个致力于根本变革的领袖,度过了任职后的第一年。他不得不作艰苦的抗争,但他成功地阻止了斯托克曼和贝克使他陷入传统势力的窠臼中。

总统在他的讲话中断然否定了斯托克曼的经济观点。他承认,“今年的预算赤字将超过早些时候的估计”,但“这是经济衰退造成的”,而不是减税的缘故。总统提出了“降低赤字的三要素:经济增长,降低利率和控制支出”。他显然没提到高税收。总统还否定了斯托克曼就利率所作的说明,而举出了财政部对此的说明:

例如在1980年的下半年中,货币供应量的增长是战后历史上最快的——达到13%。通货膨胀仍然是两位数,政府开支增加了17%。

尽管有那么多货币,“利率还是激增到令人惊愕的数字,达到21.5%”。尽管是高通货膨胀,但失业人口达到800万。行政管理和预算局和经济顾问委员会几个月来一直在散发报告,宣称总统的计划不会增加私人的储蓄。这是他们努力的一部分,目的是要使赤字惹人注目;而且,形势越糟,有助于赤字减少的私人储蓄就越少。面对这场反对他计划的攻势,总统对此也作了回答:“我相信,我们已在实施的经济计划将……带来储蓄的增加。”

总统还利用这次机会表明,国务院的常设政府机构和他自己的那些动摇不定的政策官员们都没逃脱他的眼睛。"在渥太华和坎昆,"他说,"我会见的一些人对我没有就美国积聚的财富表示道歉感到有些诧异。相反,我谈到了市场自由竞争制度的力量以及它是如何帮助他们实现发展经济和获得政治自由的愿望。"

通常,人们发现自己的观点和政策在和上司抗争中被彻底否定的话,出于自尊他们往往会提出辞职。被利用和操纵了整整一年,并且深知内幕的白宫记者团正在期待着上层人物提出辞职。新闻界很清楚,总统和他的高级助手们互相之间并不信任。国情咨文演讲后的第二天上午,新闻副秘书拉里·斯皮克斯会见了白宫的新闻记者。关于税收计划所提出的第一个问题是:

问:詹姆斯·贝克还在位吗?

斯皮克斯:是的。

问:我想他处境困难,你认为是吗?

斯皮克斯:我不知道,我没听说……

问:他是领导失败的一方,通常被打败一方的统帅总是被扔到一边……

问:……在他的讲话中,他(总统)特别指责了那些想走回头路的持怀疑态度的人。他们告诉他,提高税收可减少赤字,帮助平衡预算。据我回忆,似乎没有一个民主党人要他这么做。事实上,在经济政策上,他们(顾问们)和他的看法根本不同,这不对吗?

斯皮克斯:我不想把这个问题挑得太明(笑声)……

问:总统曾说——他谈到过持怀疑态度的人。你能告诉我这些人是谁吗?他们是白宫的人,还是政府里的人,或是……

斯皮克斯:这不是秘密。主要顾问们之间基本上一致同意愿意看到征收某些消费税,他们在大约几星期内,对总统施压,总统就此也作了决定。

问:你知道有哪个高级顾问没提出过这种建议吗?

斯皮克斯:杰克·肯普。

问:你是否是说——你同意这种看法,他是在指责他的自己人吧?……

斯皮克斯:他是在指责持怀疑态度的人,不管他们是谁。

问:那么,他们是白宫的人。是斯托克曼,还是贝克?……

斯皮克斯:我不想为他们保密,但我不愿被卷进去,因为……

问:是的,但当你的建议不被接受时,你就失去了权力。你明白这一点。你已在华盛顿呆了很长时间。今天上午我揣摩那些真正把这强加在他头上的人……现在该倒霉了。

妄自尊大的权势操纵者们以为,他们通过对问题、个性和进入白宫人选的操纵以及编造假消息给那些为了文章而出卖灵魂的记者就可以统治世界。这种对总统的权力公开不买账的态度是令人震惊的。1月27日,埃文斯和诺瓦克描述了这场"席卷白宫的冲击波"。如果里甘不是在最后一分钟屈服于"白宫官员的慢性折磨",他"现在就成山林之王了"。

新闻记者和专栏作家开始报道高级助手们是如何在暗中破坏国会和企业界对总统计划的支持。在1982年2月2日的《华尔街日报》头版的一篇文章中,记者里奇·雅罗斯洛夫斯基、肯·培根(Ken Bacon)和罗伯特·梅里(Robert Merry)谈到了贝克和斯托克曼是如何"通过泄露和压力来形成一股反对总统的力量",在描述这次"要使总统改变其众所周知的立场而采取的一致行动"时,记者们说道:"参加的人和与他们斗争的供给主义者都用了同一个词'和谐的结合'来形容这一运动。"2月1日,埃文斯和诺瓦克报道说,白宫助手们在内部被击败后便到"外边去寻找同盟者加入他们的运动以摧毁上司的抵抗","高级助手们在办公厅主任詹姆斯·贝克的率领下,向人们泄露那些不成熟的、以后证明是不确切的'决定'"。《华尔街日报》的一篇考查"总统权力状况"的社论(1982年1月28日)说道:"被称为朋友的人和公开承认是敌对的人结成了邪恶的同盟",并试图击败总统的政策。《华尔街日报》很想知道,需要多长时间总统的助手们会"再次和国会中的力量联合起来,对总统进行新的攻击"。《华尔街日报》这一点讲得很清楚,即总统没有足够的帮助,他希望他能"找到管理技巧来弥补他路线的不足之处"。

2月1日,在白宫蓝厅举行的一次会议上,记者约翰·洛夫顿(John Lofton)对贝克、米斯和迪弗三位执政者说,"如果对总统的忠诚是对你们工作的考验,你们中没有一个人现在可以呆在这里",《纽约邮报》的社论一针见血地点明了"白宫中的政治背叛",并揭露了他们的"故意泄露""两面三刀"和"彻头彻尾的谎言"。

对总统不忠诚的一些助手们忏悔了。例如,迈克尔·迪弗(Michael Deaver)向曾在《华盛顿邮报》(1982年2月1日)上发表过报道的罗·坎农吐露了心声：

“我从这一过程中学到了一些东西，”里根的长期助手，白宫中众多的增税提倡者之一迈克尔·迪弗说道，“千万不要出于政治上的私利去劝服任何一个具有很深信念的人放弃信念，因为这会毁了他。我们几乎要毁了罗纳德·里根。在与其争辩的人中，我也是其中之一”。

1月27日，总统发表国情咨文后的第二天，里甘回到总统一边，他对自己相信假消息、背离总统一事表示懊悔。那天在联合经济委员会前作证时，部长开始艰难地澄清过去五个月来行政管理和预算局在国会散布的一大堆错误看法。斯托克曼给人们造成了一种税收的大幅度削减据说会引起赤字激增的印象。但里甘对事实作了说明：“我们已防止了税收大幅度增长，我们也没有大量削减税收。”里甘证实道：“纳税等级的提高和社会福利税的增加，使1981年的税收，尽管削减了5%，还是增加了大约150亿美元。”同样靠这些因素，1982年10%的减税以美元计算将大致上得到抵消。只有到1983年和1984年，税收才会有真正的削减。不顾供应学派的警告，减税还是被推迟到总统任职的后半期去进行。然而并未实施的减税，在总统任期刚开始才七个月，就被斯托克曼和《华盛顿邮报》宣布是一个失败。里甘重申了供应学派的观点，“经济增长是缩小赤字唯一最有效的手段”，“没有支出限制和迅速的实际经济增长，要达到预算平衡是令人怀疑的”。部长还直接就货币政策提供了证词。他说，政府曾希望联邦储备委员会在四年到六年期间逐渐把货币增长率降低一半。这是“我们制定经济规划的设想”。然而，第一年里，实际下降要快得多，是计划中要下降的四分之三。此外，货币供应量太不稳定，太无规律了。联邦储备委员会的货币供应量不是高于其目标，就是低于其目标。不稳定的货币政策损害了经济发展，因为它带来高利率。要是货币供应量一下子减少的话，它还会带来衰退和较多的预算赤字。

里甘对他在要求收紧银根还是放松银根问题上举棋不定所带来的抱怨作了如下回答：

在这一年的不同时期里，我们财政部的人，有时是私下、有时是公开地已作过暗示：货币增长无论快或慢，我们都赞成。但有些人却指责我们不能作出决定。

事实就是如此。当货币供应趋向平稳或下降时，我们一直是要求加快货币增长速度。当货币供应量以两位数的比率增长时，我们一直是要求放慢货币增长速度。我们支持联邦储备委员会的中间目标，并一直要他们在目标范围内，保持货币增长的稳定性和均衡性。

这是对斯托克曼经济学观点的彻底否定。财政部现在又可以直抒己见了。在秋冬之季，当斯托克曼对总统的计划进行攻击时，财政部受到了压制。斯托克曼不让里甘部长和图尔副部长在听证会上作证；白宫不让财政部审议总统 9 月 24 日的电视演讲——这是白宫向人们表明总统正在从他的计划中退却所作的第一次努力。

金融市场的情况也驳斥了斯托克曼经济学。斯托克曼曾以"高赤字会对证券和股票价格产生灾难性的影响"为题，向政府、国会和金融市场作过为期六个月的演讲。他宣称，如果不增加税收，政府就拿不出一个平衡的预算，由此华尔街将会陷入混乱。然而，1 月 28 日，报刊上的一系列标题表明：不要增税高预算赤字的年代来临；财政部季度性借贷创纪录；国库券利息率下降；长期证券价格上涨；道·琼斯的工业指数跳了 22 个点，这个数字是 10 个月来最高的；其上升与下降幅度之比为 5 对 1。市场看到里根顶住了如此巨大的压力，开始认为它们拥有一个能保持政策稳定的总统。

反里根革命的继续

里根刚作完国情咨文报告，《华尔街日报》就在探究需要多少时间总统的助手们将会再次"对总统发动新的攻击"。不出所料，不久烽烟又起。总统的幕僚们对他的国情咨文亦是充耳不闻。这场反对总统的运动不必重张旗鼓，因为它从没停止过。在 1 月份的纷争中，总统的助手们还担心当他们最终战胜里根时，他会没有一个体面退却的机会。因此他们把里根说成是一个有原则的人，在反对提高税收方面坚持得最久，从而为他创造一个撤退的台阶。1 月 10 日，《纽约时报》这样写道：

对泄露事件发出沮丧的喊叫，似乎还伴随着几滴鳄鱼的眼泪。毕竟，还有什么方法能比把总统描绘成一个激烈反对增税的有原则之士来得更好呢？如果里根接受一些增税的措施，他至少可以说，他是认真思考了很久才决定的。

国情咨文报告之后,“里根是一个有原则之士”的提法不再有用了,因为总统已证明自己太坚持原则了。新的提法出笼了,“里根是一个顽固不化分子”。霍巴特·罗恩在 1 月 31 日的《华盛顿邮报》上评论道:

> 人们最终会问,里根怎么敢冒给全国带来动荡之险,而拒绝听取实际上是他的全体经济和政治顾问提出的建议呢? 那些最了解他的人(如《华盛顿邮报》记者罗·坎农)认为答案在于,他在去年被行刺,差点丢掉性命的经历使他确信,要服从他自己的坚定信念和直觉,即使是别人提出的建议更为实际。如果罗纳德·里根不去降低政府的地位(据说他扪心自问),那么谁去呢? 当一个总统具有如此强烈的使命感,他的顾问和逻辑就变得无关紧要了。

罗·坎农揭露,在反对增税的斗争中,里根在白宫并不孤立。政策发展局局长马丁·安德森曾和总统站在一起。这真是事物的一次奇怪的转变。早在 1981 年,报纸杂志上编造的文章把安德森描写为一个出来挫败供应学派的人。现在安德森处于一个危险的境地。他是唯一仍然对总统忠诚的高级官员。他们意识到了一种威胁,决定要设法破坏他的名誉。立刻,报刊上开始出现了标有来自“政府渠道的消息”的文章,这些消息贬低安德森工作中的表现,说他是一个“无能”而又“令人失望的人”。由于安德森不是那种一年到头向新闻界泄露消息的人,他无法进行反击。

争权夺利的人一旦输了,就“一无所有”,这也说明了当他们被击败时,为什么会暴跳如雷。在总统作了国情咨文报告之后,我和罗杰·穆德(Roger Mudd)随之出现在全国性的电视节目里。我同意穆德的看法,即总统的顾问们是要被人朝脸上扔鸡蛋的。我说,我希望他们把蛋液擦去,重新加入总统的行列。很快,我的妻子就收到一通恐吓电话。从那些因生气而变得语无伦次的句子里,她听出这是一个政府官员的声音。

为了设法迫使总统改变政策,他的助手们超越了被任命官员的职责范围。总统曾经重申过他对其经济计划所承担的义务。但是,他仍然不得不在他的政策和顾问之间作出选择。一个总统,如果下属的议事日程和他自己的不一样,这就是管理上的问题。而这个问题是财政部的助理部长所无法解决的。

1981 年的秋天,虽然我们尽了最大的努力,财政部还是不能把政府的注意力从对付赤字上引导到对付来势凶猛的经济衰退上去。9 月 3 日,我提醒里甘部长注意这个事实，H.C.温赖特公司——一家信奉供应学派经济学的机构，将对1981年的经济衰退发表一份预测。无论是财政部的常任官员还是被任命负责政策的官员，对即将陷入的经济衰退，从而引起预算的大幅度削减和税收提高都不会感到舒服的。但是，正是斯托克曼让我们走上这条路的。

回顾起来，一些决策者可能希望通过一场经济衰退来打破通货膨胀的僵局。尽管有大量相反的证据，但行政管理和预算局还是继续托词说，真正的问题是通货膨胀对赤字的影响。里甘在8月份的第一周曾警告说，联邦储备委员会正在把经济引向衰退，但这番警告毫无作用。到10月份形势变得危急了。里甘再次要求放松对货币的紧缩控制，并要求联邦储备委员会实践他们自己的目标。《时代》周刊（10月19日）很快把财政部部长描述成是"一个没有真实信念的摇摆分子"，并得意地告诉人们魏登鲍姆是怎样会晤里甘并向他发问，"这里发生了什么事？我们应该用一个声音说话"。所发生的事情是，经济正在陷入衰退的黑洞。"一个声音"是，问题是由减税引起的赤字大幅度上升。《时代》周刊报道说，魏登鲍姆"反对联邦储备委员会在经济中投入越来越多的货币"——一种奇怪的观点认为，在过去的6个月里，联邦储备委员会从经济中抽走了货币，使之大大低于目标（图6.2）。《时代》周刊报道：斯托克曼第二天急急忙忙赶到一个早餐会上与记者见面。在会上他"反驳了里甘，说联邦储备委员会应该控制货币供应量"。

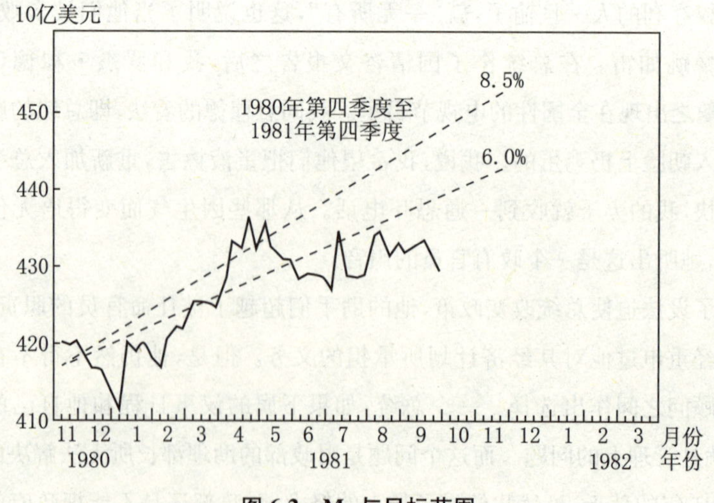

图6.2 M_1 与目标范围

* 周平均数：按季节调整。

到10月份,华尔街意识到,行政管理和预算局关于通货膨胀引起赤字的观点完全是骗人的空谈。一位主要经济学家,第一波士顿公司的总裁,在华尔街有影响的艾伯特·沃伊尼洛尔(Albert Wojnilower)警告过,联邦储备委员会正在把经济投入严重的衰退之中。在一次接受《洛杉矶时报》采访时,他提问道,白宫是不是容许放宽联邦储备委员会的政策。他说,里根总统身边的主要经济顾问们相信,"如果我们为了减轻通货膨胀,而必须经受一次不景气的话,那么,就让它来吧。"据称华尔街对赤字感到担心。对此,他建议里根政府放弃为平衡预算,或者甚至想在1982年减少赤字所作的努力。"他们不必去理会预算。"他说,真正的问题在于一场严重经济衰退的前景——到处是失业,"企业倒闭,对地方和国家政府造成巨大威胁"。行政管理和预算局曾经装出非常关心华尔街的样子,这次却对沃基尼洛厄的警告充耳不闻。12月4日,在一场严重经济衰退的中期,戴维·斯托克曼就联邦储备委员会的货币政策——这是一个把国家抛入一场衰退,并给总统的经济计划带来磨难的政策,向总统递交了一份表示赞同的报告。

经济顾问委员会和行政管理和预算局由于无能而没能看到联邦储备委员会的货币供应量大大低于目标是可能的。另一方面,政府受到传统观念的影响,认为要平抑通货膨胀,经济发展必须放慢速度。而且,斯托克曼仍然希望高赤字,从而证明改变政策是对的。联邦储备委员会乐于把经济推向崩溃。里甘因为对带来经济崩溃的货币供应量提出过警告而被看成是一个通货膨胀政策的支持者。然而,沃尔克对随后发生的经济衰退应承担的责任却被开脱了,从而把这场衰退归咎于罗纳·里根的预算赤字所引起的"高利率"。

1982年的情人节那天,总统在一个众所瞩目的"联谊宴会"上会见了沃尔克。在几天以后举行的一个总统记者招待会上,里根认可了联邦储备委员会的政策。埃文斯和诺瓦克写道,"罗纳德·里根对保罗·沃尔克的拥抱可能是一个重大决定。它意味深长地暗示了这个国家的政治和经济的未来(1982年2月24日)"。事实确实这样。不久里根向蒂普·奥尼尔提出1 220亿美元的新税收方案。1981年8月,财政部能够意识到所有这一切的发生。这也是为什么我们要对行政管理和预算局的"九月攻势"进行奋力反击的原因所在。赤字只不过是反对总统计划的一个口实。

如果在政府重要文件中没有删除供应学派的主要观点,经济可能在最初就会出现衰退。要更深地探究对里根经济学的错误宣传,就须从政府文件中去发现一些根本的分歧点。例如,白宫官员虽然被认为对非通货膨胀引起的增长作过预测,但他们空洞的解释只会使人们产生怀疑。他们那严肃的神情反而表明,这场衰退是共和党使经济摆脱通货膨胀的传统做法。如果总统周围的人相信,供应学派经济学言之有理,行之有果——以低通货膨胀率带来经济的持久增长——那么,他们为什么还要预测不好的结果呢?早在 1981 年 5 月 8 日,进入新政府才三个月,埃德·考恩就在《纽约时报》上写道,一个政府"故意轻描淡写地谈论经济,那它一定是有问题"。回想我在政府中任职的经历,我不能打消这种可能性,即在总统不知道制造一次经济衰退以达到减轻通货膨胀的情况下,作出一个高层次的决定。这可以解释,政府中为何会有如此巨大的压力来推迟削减个人所得税率。当经济处于衰退时,削减税收不会有成功的合适环境,只会增加伴随衰退而来的巨额预算赤字。这还可解释一个令人费解的问题:为何行政管理和预算局,经济顾问委员会和白宫对联邦储备委员会从 1981 年 4 月到 11 月的货币紧缩政策以及白宫官员甚至在有损于总统经济计划的情况下对沃尔克不同寻常的庇护都视而不见。当然,这不能说是共谋。共和党政体相信靠失业来对付通货膨胀,但他们受到杰克·肯普为反对这一政策而在社会上形成的强有力声势的约束。因此,原则上说,政府是信奉供应学派的,但在实践中,它仍然相信靠传统的那种痛苦而又遭罪的方法来管理经济。

由于供应学派离开了里根政府,还由于白宫官员和宣传媒介给人们造成了这种印象,里根经济学已经失败了;肯普给痛苦而又遭罪的传统学派带来的约束消失了。他们变得胆大无忌。1982 年 3 月 4 日,戴维·斯托克曼站在一群参加商务部早餐会的人前,冷冷地评论道,失业"是对策的一部分,而不是问题"。

第 7 章
里根经济学剖析

里根的一大胜利是 1982 年 1 月 26 日的总统国情咨文，但它却是短暂的。总统的助手们在遭受总统的回绝之后，把他们关于增税的观点兜售给参议院的共和党人——鼓动他们重新制订总统的预算计划，以形成必要的增税，削减赤字。行政管理和预算局在上一年曾经使政府把预算赤字和利率联系起来加以考虑。按照行政管理和预算局的观点，降低利率从而使经济从衰退走向复苏的唯一途径，就是减少预算赤字。由于两党都不希望在 1982 年中期选举即将来临时投票支持削减预算，当共和党人迫使里根总统接受以缩小赤字的名义进行的大幅度增税时，民主党人则在耐心等待时机。

1982 年 2 月 6 日，里根总统向国会提交了他的 1983 年预算提案。政府开支计划为 7 576 亿美元(上升了 4.4%)，政府收入为 6 661 亿美元(上升了 6.3%)，赤字为 915 亿美元。由于“严格执行企业所得税的起征点，取消了对企业能源税的信贷”，以及“改进了征税方法和税收管理”，该预算提出了增加税收 220 亿美元的计划，尽管不到 10 天以前，总统在国情咨文中对此作了坚决的否认。

总统的预算一交到议员们手里，他自己的顾问们和政治同盟就开始批评它。2 月 8 日，《华尔街日报》引用了一个“有影响的里根顾问”的话说：“赤字在政治上是如此重要，以至于国会和总统都要采取措施来削减它。对共和党来说，要使赤字保持在那些预测范围之内将十分困难。”在同一天的《纽约时报》上，参议院财政委员会主席多尔也赞同这位政府官员的观点，他警告说：“我所遇见的共和党人都害怕赤字。”

在1981年曾被共和党人和保守的南方民主党人的联合以不可抗拒之势所压倒的众议院民主党领导人，很担心共和党人又要回到减税上去，但民主党人不想对增税承担任何责任。一位众议院民主党领导人的助手2月9日对《华盛顿邮报》说，共和党人“决定了去年的减税规模；现在，他们可以决定今年增税的规模有多大了”。取消或拖延里根减税的任何一部分都将使民主党达到两个目的：一方面，它将减轻削减政府开支的压力；另一方面，它将把共和党人自己推到违背其计划的境地。然而，当增税的责任被推到参议院共和党领导人身上时，贝克、多尔和多梅尼西似乎很乐意承担这种责任。2月9日，《华盛顿邮报》报道说，多尔和多梅尼西已经在考虑“至少比总统在预算中提出的多50亿美元”的增税计划。

里根向其助手们的妥协

据白宫的官员们说，总统的预算战略是等待国会提出他可以与之妥协的可行的方案。然而，这种战略是软弱的，因为众议院的民主党人在没有事先声明支持总统的情况下，是不会愿意承担任何主要的预算责任的。《商业周刊》2月22日概括地说明了国会的处境：“国会在选举之年面临着两种令人不快的选择：要么让总统与增税计划血战一场，保卫减税；要么找到某种途径使国内开支削减得比里根所要求的430亿美元还要多——国会似乎在走向立法瘫痪。”

2月21日，豪厄尔·雷恩斯在《纽约时报》上撰文说：“白宫官员们说，一种新的拖延战略已被发明出来，因为经济下降已使里根先生丧失了像去年那样让他的计划在国会通过的能力。”次日，赫德里克·史密斯(Hedrick Smith)扩充了他的同行的报道：“总统的助手们承认，里根正在拖延一项重大的经济决策，他们指望到了夏天经济会有所改善，从而让里根摆脱困境。然而，政府的高级官员私下里认为这次经济衰退比他们一个月以前所想象的还要严重，而且，在上半年不会有经济复苏。”这些解释很怪异，因为一般来说，经济衰退使赤字和减税成为必要。

总统助手们的战略可能还基于另一种策略——拖延将使赤字由于持续的经济衰退而膨胀，而巨额赤字能被用来作为迫使里根接受增税计划的力量。

这样，支持增税的人们就能对总统施加巨大压力要求增税，而同时又可以不为他们的行为承担责任。《时代》周刊报道了政府高级官员的这种迂回战略："他们希望能够结束共和党对参议院的控制，并迫使民主党控制的众议院提出像取消减税、冻结社会保险福利或削减军费开支那样受他们欢迎的方案。"

拖延战略并没有阻止行政管理和预算局长鼓动国会修改总统的预算计划。斯托克曼2月17日在众议院预算委员会作证的第二天，《妥协的暗示》《新的灵活性》之类的标题充斥了各大报纸的头版。当被问及总统是否认为税收和军费预算都是不可更改时，这位行政管理和预算局局长回答说："我相信政府，也相信总统将充满信心，怀着真诚的努力十分仔细地考虑国会一部分负责的领导人——尤其是你们党(民主党)的领导人——提出的一些不同方案。"在这位局长的鼓励下，国会响应修改总统计划的要求，也就不足为奇了。2月下旬，参议院预算委员会主席多梅尼西提出了一个包括三年内增加税收1 220亿美元(五倍于总统曾勉强接受的增税规模)的计划。多梅尼西曾考虑过取消总统第三年的减税计划和允许转让投资税信贷的新的减税条款。多梅尼西的提议忽视了总统不增税的许诺。然而，2月24日白宫发言人拉里·斯皮克斯把这一提议看作是一种"提出一个能让人理解的方案的充满信心的努力"，并说"在它提出具体建议之前我们想对它进行更仔细的研究"。

3月1日(星期一)，里根写信给一个小型企业集团，发誓决不在减税或彻底审查国防开支问题上妥协。"我认为，现在是你们和我与美国人民站在一起告诉国会：'不，你们不能触动我们的减税计划'的时候了。"总统的顾问们很快缓和了他的这一声明，他们解释说总统正在和国会"玩一种等待游戏"，并希望经济开始复苏从而共和党人能在一个可供选择的预算计划下联合起来。一个匿名的白宫助手再一次把总统描述成一个不诚实的人，他告诉《洛杉矶时报》说，总统在国会试图单独进行妥协的时候保持"相对的坚定性"，这是政府的一种策略。如果总统真有这种策略，他的助手们不可能认为向新闻界大肆宣传会有助于这种策略的成功。

星期二，在阿尔伯克基，总统再次捍卫了他的预算提案。他说，现有的对其预算的替代方案是"旨在为挽救某些议员提供政治掩护而不是旨在挽救经济的政治文件"。星期三，里根的言辞更加强硬了，在洛杉矶音乐中心演讲时，里根有准备地批评了那些"带有个人偏见的经济复苏计划的替代方案"。霍华德·贝克对总统批评参议院的共和党领导人在里根计划上的倒退十分敏感。尽管这次演讲的调子比较缓和,但还是能够表明里根的观点的,他说,取消或拖延减税"将把经济复苏的到来拖得更迟,并抑制税收收入的增长,造成永久性的高赤字"。

在华盛顿,里根的助手们明确表示,在经济问题上他们和总统的立场是不一致的。1982年3月3日(星期三),斯托克曼会晤了一批众议院共和党人,预算委员会的部分成员以及部分领导人物。斯托克曼告诉他们说,将有一场严重的金融危机,而总统的政策是无法解决这一问题的。他邀请他们重新制订总统的预算计划,并说现在要靠他们来改变总统的想法了。他把总统描述成一个不听顾问的劝告并正在把国家引向灾难的顽固的老头,并且在参议院也如法炮制,攻击总统。

3月5日(星期五),参议院预算委员会的高级官员史蒂夫·贝尔在委员会的会议上说,赤字可能只有800亿美元;如果人们知道了这一点,就不会在选举之年因两位数的税收增长率发生巨大恐慌了。贝尔说,对可供选择的预算方案迅速采取行动是十分必要的。他概括地提出了让主张增加国防开支者与主张减税者相斗的战略。他说,军火贸易委员会主席、参议员托尔将被告知,削减赤字不是通过增税,就是通过减少国防开支来实行的。

同日,经济顾问委员会的一位经济学家报告说,在前十天里他曾两次看到乔治·威尔从斯托克曼的办公室走出来。主张增加国防开支的威尔也开始攻击供应学派的减税了。3月7日(星期天),报纸引用了一位不愿透露姓名的总统助手的话说,无论总统的愿望如何,提高税收是不可避免的。《纽约时报》的史蒂文·韦斯曼报道说,由于里根总统批评了参议院的共和党人,而贝克抱怨总统"所批评的正是去年帮助总统的经济计划在国会通过的人",这使白宫办公厅主任贝克心烦意乱。一位白宫官员宣称,"这样的事将不再发生"。以前,助手们要等到总统讲完后才修改或取消他所说的话,现在,他们要让这个伟大的宣传家自己哑口无言。

3月8日,《纽约邮报》指责《纽约时报》的记者与吉姆·贝克狼狈为奸,完全放弃了里根经济学,并描述了贝克曾如何成功地在《纽约时报》上虚构了企业界反对里根经济学并要求推迟第三年减税的故事。几天以后(3月11日),《时代》周刊的豪厄尔·雷恩斯引用了几个国会情况汇报会与会者的话说,他还没有听说过有哪个总统的官员真的要到国会来出卖总统的预算计划。

在匿名者向报界透露消息使总统大为恼火的同时，对总统的计划还有着大量公开的抨击。商会曾经是总统经济计划的坚定捍卫者。为了向商会表示他们的立场使其站在了华盛顿当局的错误一边，参议院财政委员会主席多尔选择在商会出场之前讲了一个“好消息、坏消息”的笑话：“我带来的好消息就是满载供给主义者的汽车掉下了悬崖，坏消息就是车上还有三个空位子，它们是留给总统的。”

日益明显的迹象表明，总统的助手们要迫使他接受增税的计划。3月11日，雷恩斯在《纽约时报》上发表了题为“里根思想上的第二次斗争”的文章，指出，白宫官员们采取了一个“更为谨慎的战略——即玩弄花招使总统对1983年预算计划妥协”。这位记者透露说，这是一个较为困难的任务。据说因总统反对他们的增税建议而吃过苦头的白宫官员们，“恳求国会出于经济上的考虑——这是里根的助手们无法让他考虑的——来制订他们的预算”。3月10日，多尔提出了一个到1984年使政府财政收入增加1 050亿美元的增税计划。这个计划包括对汽油征双倍的联邦消费税、征收石油进口费以及取消分摊在1983年进行的减税——这些都是他从行政管理和预算局及财政部税收政策办公室听来的建议。

里根处于守势

3月24日，白宫官员们报道说，“处于战略转换之中”的里根委托他的助手们与国会的民主党领导人就如何打破预算僵局开始进行讨论。《纽约时报》的史蒂文·韦斯曼报道说，这一转变是由于民意测验表明，选民们认为里根总统在预算问题上毫不妥协。实际上，是受命领导这次讨论的吉姆·贝克吸引了韦斯曼的注意力，因为他和戴维·斯托克曼及迈克·迪弗被认为是“政府内部的对减税和军费开支作出让步的主要支持者”。总统由于被看作是毫不妥协的、固执的空想家而遭到猛烈的抨击，然而，给予他这种形象的，不是民主党人，而是他自己的政府和参议院的共和党人。

《华尔街日报》的社论再次指出，总统手下的那批人，正在暗中拆他的台。1982年9月25日，《华尔街日报》在题为“里根的智囊”的评论中建议总统趁早处理这些问题。

第二天，《华尔街日报》的社论再次批评了国会在预算问题上的拖延。文章一开头就说，“依国会所见，通过一个平衡的联邦政府预算的唯一障碍就是里根总统不肯让步。”国会的论调听起来就像“竞选时的许诺一样虚伪”。

《纽约时报》4 月 3 日报道说，行政管理和预算局正在悄悄地把 1983 年的赤字计划为 1 240 亿美元，即使总统的预算被完全接受。这些预测是“迄今为止最令人沮丧的官方预测，甚至比参议院预算委员会在本星期正式接受的国会预算局的预测还要悲观”。不断上升的赤字出自因通货膨胀的大幅度下跌和持续的经济衰退而导致的预期收入的下降。然而，由斯托克曼和贝克透露出去的赤字数目似乎是专门用以保持这种压力的，即要求国会通过提高税收来削减赤字，因而它引起了不少人的怀疑。4 月 12 日，巴尔的摩《太阳报》报道说，斯托克曼为了在国会保持对里根总统所抵制的增税和削减政府开支的压力，可能已经把 1982 年的赤字夸大了 300 亿美元之多。4 月 19 日，俄亥俄州的众议员巴德·布朗在《华尔街日报》上发表的致总统的公开信中，就斯托克曼的预算预测进行了讨论，他写道，“总统先生，我不禁感到奇怪，你的经济计划是又一次地遭到了你自己政府中对你的计划持怀疑态度的人的破坏，还是另外某个人暗中拆了你的台。”

关于预算的讨论在 4 月份持续了整整一个月，最后以谈判者们在几个不同的秘密地点的聚会而告结束。白宫官员们公开告诉新闻界，保密的目的是为了避免极为可能的报界争相透露内幕的情况以及对总统施加压力——这曾经使以前的增税努力付诸东流。在总统的手下人的鼓励下，参议院的共和党人在其权力所允许的范围内竭尽全力迫使总统在税收问题上妥协。例如，参议员多梅尼西 4 月 9 日说，“我们认为，没有总统的热情支持，今年众、参两院不会通过任何决议。”

这种秘密的预算谈判以一种临时性的方式缓慢地进行着，谈判者们会在某一天宣称他们“就要达成协议了”，而第二天谈判却又陷于停顿。4 月 19 日（星期二），参议院多数派领袖霍华德·贝克对里根总统进一步施加压力，他威胁说，如果总统不同意以某种其他方式增加税收的话，参议院财政委员会将完全放弃第三年的减税。第二天，里根总统打电话给众议院议长奥尼尔，表示希望两党达成一个预算决议案。在他与众议院议长进行电话会谈之后立即举行的记者招待会上，总统表示，他“一定要克服一切困难”，在民主党占主导地位的众议院的领导下，制订出一个预算计划。奥尼尔把总统放到了他所希望的位置上——参议院的共和党人也曾这样做过。作为对总统在电话上所提出的要求的反应，奥尼尔作了更大的让步，他说，总统“已经迈出了第一步……他承认需要一种转变”。

4月26日，民主党的谈判者们断然拒绝了政府要他们保证不对取消第三年的减税进行投票的要求。由于共和党人赞同了三年总计1 130亿美元的增税，民主党人在赋税委员会主席罗斯滕科斯基的领导下，要求增税1 650亿美元——这必将取消1983年的减税。

4月28日，总统参加了在国会进行的与民主党的谈判者长达三小时的会谈。会后，共和党人向新闻界描述了这次辩论。里根曾经接受过在三年内新增税收1 220亿美元的计划。尽管总统作出了很大让步，民主党人还是不满意。4月份的会谈破裂了，尽管总统提出可以考虑把第三年的减税推迟90天，如果民主党人能接受更多的政府开支削减的话。埃文期和诺瓦克认为，“里根最后的提议表明总统同意了奥尼尔的看法——他的减税计划的某些方面是经济问题的症结所在。里根走得这么远意味着他已经接受了贝克的意见——在预算问题上未能达成两党协议将对经济带来更大危害”。

贝克、斯托克曼和他们在参议院的同盟者们都告诫总统，国会不会通过预算决议案，除非他接受增税。里根被告知，在预算问题上的持续的僵局，将扰乱金融市场，并使利息率居高不下。大幅度增税是总统为了让国会通过预算决议案，让华尔街的利息率降下来所必须付出的代价。一旦总统被迫对他的税收政策实行“实用主义”，下一步就是政治上由谁来承担高税收这一重负。几个月以前，曾有计划要提高消费税。现在，参议员多尔认为，这笔税应该让富人来承担。1982年4月19日，当《财富》杂志询问多尔他为什么要把税收利益从在经济衰退中奄奄一息的企业那里拿走时，他如实回答说：“即使是富人也必须对经济复苏做些贡献。”多尔告诉科恩，他不支持征收过高的所得税的提议，其主要原因在于，它没能从高收入者的口袋里挖出足够多的钱来(《纽约时报》，1982年4月26日)。

一旦民主党人和新闻界发现共和党正在采取行动，他们就追上来大喊：“富人的党对穷人的哭泣听而不闻！”4月21日(星期三)晚上，哥伦比亚广播公司播放了一部纪录片《像我们这样的人》(*People Like Us*),是由林登·约翰逊(Lyndon Johnson)的前任助手比尔·莫耶斯(Bill Moyers)讲述的。这部所谓的纪录片的目的在于通过三名里根经济政策的受害者的叙述,揭示削减预算是怎样主要落在穷人和残疾人身上的。它的确起了作用,共和党人再一次制定法律以作为对其对立面的宣传的反应。共和党人为了同所谓政府对穷人漠不关心的指责作斗争,开始探索"税收公平"和"公正"问题。多尔把矛头指向了大企业,他到处鼓吹反对对企业减税的论点。

5月4日,参议院预算委员会主席抛弃了总统的预算计划,提出了他自己的新的预算计划——包括把社会保险金冻结一年,以及三年内增税1 250亿美元。他指出,里根也许不得不放弃第三年的减税,"我并非拒不考虑冻结第三年的减税计划,如果这是让大人物作出妥协的最终决定因素的话"。当多梅尼西宣布他的预算计划时,奥尼尔明确指出,里根将不得不同他自己的党进行妥协:"霍华德·贝克一直认为民主党人是所有这些问题的关键,但是他们(指共和党人)控制了三分之二的政府。"

第二天,总统被迫就范。达成妥协后的预算计划包括增税950亿美元以及削减国防开支220亿美元。

5月6日(星期四),在众议院少数派领袖鲍勃·米歇尔和皮特·多梅尼西的掩护下,总统在白宫玫瑰园宣布他赞同新的预算提案,还说,"它将继续降低联邦政府开支的增长率"并"通过在明年和以后几年里大幅度削减计划赤字以保证金融市场的稳定"。尽管里根曾被迫作出有条件的让步,但他的声明并不被看作是总统被新闻界击败的象征。总统甚至在被击败时也被拥为胜利者——这也不是最后一次了。8月,里根由于运用技巧使"他的"增税1 000亿美元的计划在国会通过而得到新闻界的称赞。总统"展示了他是如何控制新闻界的,好像他已控制了国家的宣传机构,而实际上这种支配权恰恰掌握在别人手里"。据报道,白宫官员们自我庆幸"总统似乎恰在他在经济问题上的挫折仍在继续时控制了新闻界"。然而,国会对新闻界的评论并不关心。6月10日,众议院以219票赞成对206票反对通过了共和党要求增税950亿美元的预算提案。在长时间的预算辩论中,很少有人评论在经济衰退时增加税收这一非常措施。正如6月11日的《纽约时报》所说,众议院的共和党人把投票变成了一种对党是否忠诚的测试。众议院少数派领袖米歇尔说:"我们开始以一种更富于战斗性的方式对我们的部分成员发起进攻。”引人注目的是，仅有15名共和党人投票反对共和党的预算计划，而杰克·肯普是其中之一。

如果华尔街的证券交易商受到一场表现为预算危机的决议案的鼓励的话，他们是以一种奇特的方式表现出来的。在国会达成协议的那个星期，利率大幅度上升。道·琼斯工业生产平均指数跌到了两年中的最低点，抵消了被一些经济学家们当作经济复苏先兆的春季的经济高涨。新闻界指责股票和债券市场的下跌超出了1983年预算中预期的赤字计划，但却忽视了大幅度增税以及经济政策的倒退。

引人注目的多尔议案

民主党人非常希望里根经济学失败，同样地，他们非常谨慎，把主动权留在共和党人手中。1982年6月30日，多尔和财政委员会的共和党人提出一个具有自由派民主党人的“税收改革”方案特征的增税1 000亿美元的议案，交议会辩论并进行表决，多尔的议案提出对利息和股息征收预扣赋税，以及确定企业和个人的新的征税起点，这把1981年削减企业税而形成的对机器、设备进行投资的刺激抵消了85%—95%。这与拉塞尔·朗1980年秋提交议会辩论并表决的议案不同，是对1981年税收议案原则的直接否定。

7月23日凌晨4点47分，共和党控制的参议院以50票赞成对47票反对通过了多尔议案。没有一个民主党人投票赞成增税。多尔听起来对在经济衰退日益加重时对投资增税1 000亿美元的前景还很乐观，他似乎对民主党人没有见风使舵感到迷惑不解。也许，由于担心多尔议案不能成为扭转“肯普革命”的历史性法律，多尔告诉众议院的民主党人，在经济衰退时提高税收在政治上和经济上都不失为一种好的政策：“如果民主党人未能在众议院起作用，我们就要进行一场不懈的斗争。这一重任突然落在奥尼尔身上。现在，我国经济的未来全指望众议院议长奥尼尔了。”

众议院议长奥尼尔对此有不同看法。共和党人正在破坏不到一年以前在浩大声势中被通过的受人欢迎的总统经济计划。只有在里根经济学被共和党人自己抛弃时，民主党人才会从中受益。因此，在参议院通过多尔议案五天后，众议院投票表决以208票赞成对197票反对决定直接将多尔议案提交众参两院联席会议,从而逃避了起草一项增税议案的责任。这是一次前所未有的行动。一般说来,税收议案产生于众议院,然后由参议院接着处理。但这一次,众议院放弃了它的特权,并把责任留给了参议院。众议院赋税委员会主席罗斯滕科斯基没有因参议院财政委员会主席正在侵犯他的权力而恼火,却在7月29日告诉《纽约时报》说:"我不明白为什么税收议案一定要经过民主党人的准许……这是政府的要求。"

为了强调他们对赤字的关注,一些共和党人提出一个与增税议案相结合的平衡预算修正案。这个修正案要求国会在每个财政年度开始时接受一个平衡的预算计划,而且只有在战时或国会两院以60%的票数才能否决它。为了避免国会通过增税来平衡预算,税收水平只能与经济同步增长。里根总统7月12日在白宫玫瑰园,7月19日在国会大厦的台阶上都表示支持这一修正案。

这个平衡预算修正案有助于根据政府的收支状况来考虑赤字问题,从而避免把赤字用作一种破坏减税计划的政治手段。许多自由派仍然把减税问题看作是私人部门增长与公共部门增长之争。在他们眼中,减税是错误的,原因在于它妨碍了他们不断扩大公共部门的愿景。赤字问题是他们能用以取消减税并允许政府规模继续扩大的唯一有效的武器。

尽管平衡预算修正案在众议院未被通过,但它有助于转移对削减个人所得税的压力。自由派民主党人在他们反对减税的斗争中对预算赤字表示了如此的关注,以至于他们不能轻易反对平衡预算修正案。值得注意的是,就在参议院通过平衡预算修正案时,要求取消总统第三年减税的呼声消失了。

肯普东山再起

由于增税迫在眉睫,以杰克·肯普为首的一批众议院共和党人致信里根总统,对其由经济增长转向紧缩的政策转变表示惊讶。信中写道:

> 未经辩论,共和党悄悄地调头,为民主党开支计划重拾收税人的老角色,这是很危险的。在政治上,这种境况可能会变得一发不可收拾,因为共和党显然将为国会通过的任何增税计划承担责任。……因此,我们认为对参议院通过的增税计划表示支持是不可能的。

8月4日晚,肯普召集了一批"里根派"去国会,并发表了一次演讲:

我们所有的人都对如何使里根总统的经济计划得到成功十分关注。我们计划就当前和未来的经济形势进行讨论，包括讨论我们对最近在参议院通过的增税计划的反对。

许多里根总统的最初的支持者和最亲近的顾问们对这个演讲作出了反应。20多个“里根派”成员，包括总统的老顾问马丁·安德森，林恩·诺夫齐格(Lyn Nofziger)，以及前财政部官员诺曼·图尔和我本人，出席并表示同意抵制强加于总统的政策倒退。我们在联合声明中写道：

在目前经济疲软的情况下，当国会拒不支持预算决议案所要求的削减政府开支时，我们支持罗纳德·里根在众参两院联席会议上反对增税。我们相信，要使经济恢复健康，使美国民众重返工作岗位，美国就必须遵循一条反对高税收和高政府开支的路线。

这些努力很快遭到了抵制。在《华盛顿邮报》上，“来源不明”的消息通过编造肯普与总统和白宫顾问米斯不和的故事，还在继续破坏国会议员肯普和里根总统的关系。8月6日，白宫官员又一次利用报纸攻击肯普，当拉里·斯皮克斯被问及“肯普被同行及总统顾问们嘲笑”的新闻报道是否属实时，斯皮克斯回答说：“一般说来，我对新闻报道不太挑剔”(《华尔街日报》)。

8月13日，《纽约时报》的豪厄尔·雷恩斯报道说：“主要的白宫官员都确信，肯普先生想在里根经济计划的废墟上搞一次总统竞选。”当然，正是肯普阻止了白宫官员们把总统的经济计划变成一片废墟。

当总统被推出来捍卫增税计划时，他否认了该计划是一种增税。8月6日，总统写信回答了《华盛顿邮报》的专栏撰稿人约翰·洛夫顿的问题——“为什么到1987年要增加税收2 280亿美元？”

我们认识到，除非我们同意国家财政收入有一定的增长，我们就不可能形成去年的联合。这是我们为达到政府开支的削减——每增税1美元，总计削减政府开支3美元——而不得不付出的代价。

谈到增加税收本身时，总统在信中写道：

在今后3年内，参议院议案提出的增税大约为990亿美元。其中，310亿美元不是附加税，而是在现有法律下应该交纳而未被征收的税。其余的680亿美元是来自取消一部分免税优惠。……就我个人而言，我不得不十分艰难地忍受这一切。我相信“供应学派”，而增税延缓了经济复苏。

总统被他的顾问们引入歧途，他认为使其 1981 年对企业的减税失效的增税计划是一种能用来迫使国会接受更大幅度的政府开支削减的无害的手段。《华盛顿邮报》助长了总统的错误想法，8 月 9 日，它在一篇社论中描述了供给主义者如何为反对“救命的”税收议案而疲于奔命。

“历史上最大规模的增税”

国会众参两院联席会议的与会者们于 1982 年 8 月 15 日通过了与参议院财政委员会的议案十分接近的 983 亿美元的税收议案。众议院的投票情况还不清楚。尽管政府已加紧了为支持增税而进行的紧张的院外活动，但众议院仍对这一议案表示强烈反对。税收议案在众议院的成功看来就取决于里根的支持了。8 月 16 日，一位政府官员告诉《华尔街日报》说：“如果让他们自己选择的话，许多共和党人，都将反对这一议案。除了里根以外，其他任何人叫他们不要反对，他们也会投反对票。”

8 月 16 日，按计划在众议院对增税议案进行投票表决的前三天，里根总统在电视讲话中表示支持增税。里根强调，他决不会在前一年取得成就的情况下却步，也决不会重操旧业，“这可能被称为历史上最伟大的税收改革，但这绝不意味着这个政府的政策或这个总统的哲学有任何的倒退”。民主党人花了不少时间研究总统的演讲，并赞同里根的新立场。众议员汤姆·弗利(Thomas Foley)告诉美国民众：“权衡一下通过这项议案的好处与不通过这项议案的损失，我就能得出结论，尽管我们过去有分歧，但这一次总统的立场是正确的。”

总统发表演讲两天以后，《纽约时报》发表了一篇社论，祝贺他又重新回到《纽约时报》的观点上来了：“尽管他不情愿，他还是能够为他在认识到这样做是正确时所表现出来的扭转乾坤的能力而感到骄傲。”《华盛顿邮报》也对里根在这一问题上站在他们一边表示欢迎，8 月 17 日，《华盛顿邮报》指出，里根已经对增税作出了“正确的判断”。

如果总统没有从民主党人对他的演讲的赞扬以及《纽约时报》和《华盛顿邮报》对他的赞扬中意识到他的失败，那么他也应该对那些政策上的反对派对他的赞扬感到奇怪。8 月 18 日(星期三)，据报告，还是没有足够的票数能使增税议案在众议院通过，奥尼尔与里根总统通力合作，对一批民主党国会议员说：

这一税收议案不会放弃里根经济学,而且这一步是方向正确的。我要求民主党支持这一议案,因为这是让国会在今年在国家经济政策上恢复理智和公正的唯一机会。

尽管众议院的共和党和民主党领袖都支持这一议案,但众议院对增税议案的投票情况仍不清楚。国会议员米歇尔的助手8月18日对《华盛顿邮报》说,这是里根上任以来"损失最惨重的一场战斗"。奥尼尔尽管支持增税,但却警告说,这一议案将得不到多少民主党人的支持,除非白宫能造出"100张左右"的共和党选票来。

8月19日(星期四),众议院就"公平税收和财政责任法"(Tax Equity and Fiscal Responsibility Act)进行了辩论。约翰·鲁斯洛为阻止共和党人放弃五年半以前曾支持过他们的政治斗争的政策,在发言中勇于一搏。鲁斯洛宣称:

没有哪一种可靠的经济理论会认为在经济衰退时的增税是医治经济弊病的良药。增税不能带来低利率。增税与高赤字一样会把生产性资金挤出经济活动。

鲁斯洛以一种富有经验的语气告诉他的议员同僚们:

由于我们提高税收,就不可能削减预算赤字。过去10年的历史证明了这一点。赤字问题只有在经济增长的条件下才能成功地得到解决。增税会阻止经济增长,只有削减政府开支才是与政府推动经济增长以及削减赤字的行动相一致的。

高级官员们立场很坚定。国会议员迈尔斯(Robert Myers)对里根为什么要提高税收并让国会进一步扩大开支感到困惑不解。来自新罕布什尔州的新当选的国会议员格雷格(Judd Gregg)重申,共和党的新成员们"抱着一个目的来到这里",但是"削减巨额联邦政府赤字"的机会由于这一议案而被错过了,于是"我们选择了妥协"。众议员沙姆韦(Norman Shumway)指出:

在所有关于税收改革的讨论以及这一议案的鼓吹者们的妥协背后,有着一种资助不受限制的政府开支的企图。根据行政管理和预算局局长斯托克曼的观点,政府开支在国民生产总值中的比例,今年将达到1946年以来的最高点。总统最初的经济复苏计划要求把这一比例在1984年降到19.3%。现在的估计是政府开支将耗费1984财政年度国民生产总值的

24%。在这一财政年度，政府预算将增加 11.7%，这个数目比通货膨胀率要高得多。

众议员阿彻(Bill Archer)反对国会对一个没有召开过任何听证会的税收议案进行投票表决，这至少是不合程序的。即使增税减少赤字这一不太可能的情形真的发生，阿彻认为还有其他重要的顾虑。其中之一就是税收法需要稳定，但是"我们在 1981 年通过了一个鼓励资本投资的议案，一年以后又改变了所有的规则，这就是不稳定"。

姑且撇开增税议案在政治上和经济上犯的错误不谈，议案还由于进入投票表决的程序不合常规而备遭诟病。没有召开过一次听证会，而本该产生税收立法的赋税委员会也从未提出过这一议案。有几个国会成员抱怨说，这一议案是违反宪法的。从各方面来看，它都是一个很容易被否决的税收议案。但是，白宫却成功地为提高税收找到了依据。增加税收在某种程度上将挽救经济和罗纳德·里根的政治领导。

一些共和党人认为，尽管白宫控制了新闻界，但问题的核心是要对选民信守承诺，而不是不管白宫发生什么政策倒退都给予盲目的政治支持。选民们要的是什么呢？鲁斯洛借助了最近的《华盛顿邮报》和美国广播公司的民意调查——结果表明 54%的人不赞同增税。对共和党人来说，更糟糕的是，几乎有一半接受调查的人认为，增税议案意味着总统对其经济计划已丧失信心。

白宫太软弱无力了，以至于无法把坚持原则的人吸引到它的旗帜之下。供给主义者爱德华·贝休恩(Edward Bethune)表示他"不是反对总统，而是坚持自己的信念，这种信念引导着我在斗争的第一线为国会效力"。詹姆斯·杰弗里斯(James Jeffries)甚至更加直截了当："美国民众被出卖了。"他像预言家似地给他的共和党同僚们发出一个警告："如果你认为选民们将忽视这次增税，那就完全错了。他们对里根支持这一税收议案态度消极，这将在 11 月份表现出来。"(1982 年 11 月，共和党在众议院失掉了 26 个席位。)

肯普在投票之前，把这次增税提高到历史的角度来考察：

> 50 年前，国会也面临过类似的选择。当时，存在着高失业和巨额赤字，总统要求增加税收，而国会盲目地采取了这一行动。十分有趣的是，利率没有下降，却反而上升了；失业没有减少，却反而增加了；而且赤字增长了，经济衰退，深陷于大萧条之中。

肯普警告他的党不要抱着高税收会降低利率的空想使过去五年的成就付诸东流。他说，利率属于货币政策，它们已经在下降了，而且联邦储备委员会已降低了贴现率。国会不应该通过提高投资税来抵消利率降低的积极作用。

到了投票表决的时候了，结果仍在未定之天。大约有40个未作出决定的国会议员(共和党和民主党都有)在众议院大厅里转来转去。他们十分紧张，将以随大流支持或反对增税议案来打破这一平衡。在众议院的休息室里，蒂普·奥尼尔评论这些未作决定的人说："我们可能以12票的多数获胜，也可能以100票反对多数而败北。"议员中各个小集团都聚在一起，所有的人都注视着议长座位后面显示票数的记分牌。渐渐地，支持增税的力量加强了，在最后几秒钟里，增税议案以226票赞成对207票反对被通过了。共和党最后有103票赞成，89票反对；而民主党有123票赞成，118票反对。

增税议案被众议员牛顿·金里奇(Newton Gingrich)称为是在华盛顿形成一个权势集团的强大政敌们的奇怪而无法解释的联盟对变革力量的抵抗。曾抵制过增税的总统，最后也屈服于来自他的助手们和参议院的政治对手的压力。

总统并不是供应学派中唯一的受害者。曾经以她的1978年修正案给民主党人指明了方向的玛乔丽·霍尔特，在保罗·沃尔克的劝导下也投票支持增税。联合经济委员会的供给主义先驱巴德·布朗也投了赞成票。然而，89位共和党人坚定地与肯普和鲁斯洛站在一起反对增税。

第 8 章
里根其人

在 1981 年的秋季,《华尔街日报》已经注意到里根总统面临着一个管理上的问题。到 1982 年 1 月 20 日,对于始终关注这些事件的任何人来说,这个问题显然是件“大事”。《华尔街日报》在其题为《里根的管理问题》(*Reagan's Management Problem*)的重要社论中指出:

> 作为一个最高行政长官,他未能建立起一个管理机构并使该机构执行他的政策。相反,根深蒂固的官僚主义传统观念和政策一直在影响着他;接受、反对或改变这些来自其他地方的观念和政策的责任,都落在他一个人身上了。

这篇社论可能过于强调了总统的孤立,财政部(至少是部分地)是想支持总统的,但在主要问题上,《华尔街日报》还是正确的。而且,总统的成就——削减税收和预算以及加强军备力量,在去年夏天已经实现——“由于他未能掌控以他为首的政府而受到威胁”。

显然,总统的高级顾问们并不支持他的政策,但他对此无动于衷。同样明显的是,总统一次又一次地公开声明他决不提高税收,然而他还是提高了。公众对总统转变态度而提高税收没有发出声援。的确,1982 年 4 月,就在这个月他作了让步,接受了高税收,投资集团——税收就是以它们的名义提高的——大力呼吁赤字仅是一个枝节问题,真正的问题是“作为国民生产总值一部分的政府开支”。各个主要机构性投资公司的大约 87%的决策者——他们控制了 5 400 亿美元的投资资金,都反对增税。除了斯托克曼、贝克、多梅尼西、多尔、奥尼尔和罗斯滕科斯基以外，没有人想提高税收。实际上，当参议院的共和党人通过增税议案时，参议院没有一个民主党人是投赞成票的。那么，为什么总统在作最终抉择时，接受了他的顾问们的意见而放弃了自己的政策呢?

对于这一问题，仁者见仁，智者见智。鼓吹自由主义的卡托研究所(Cato Institute)所长爱德华·克兰(Edward Crane)在《华盛顿邮报》上写道，本来里根对他的计划从不承担义务，“里根经济学只是一种虚构”，是里根用以使自己登上政治巅峰的一种手段。克兰强调，一些关键人物甚至在任期中就“大批退出”政府，表明里根没有真正的政治原则。接着，他说，人们都被总统的花言巧语欺骗了。克兰提到了里根任加利福尼亚州州长的历史——在那里“他作了激动人心的要求削减加州纳税者负担的竞选演说，但那八年实际上是该州历史上政府开支和税收增长最快的时期”。保守派也颇有同感，指责当里根离开州政府大厦时，没有给这个州的保守主义运动打下任何基础，也没有给曾经响应了他的花言巧语的保守主义者们留下任何东西。

洛杉矶的律师道格拉斯·哈利特也提出了类似的观点。哈利特认为，问题不在于吉姆·贝克，尽管“他可能不应该担任现在这一职务”，而在于里根本人。他写道:“毁了里根主义的那个人正是里根自己。”在哈利特看来，里根对此根本不在乎。

> 问题在于总统拒绝花时间去理解政策，从而也不能控制自己……在本世纪没有一个最高行政长官对其政府的政策如此无知，并对信息的匮乏如此漠不关心。

哈利特认为，不管在白宫，还是在州政府，里根派的人都发现他们所选举的人被实用主义所腐蚀，其原因就是里根“并不准备把他的政策付诸实践，也不准备依此行动而遭受挑战”。哈利特把里根描述成一个“指点方向的人”，而不是一个“实干家”，并由此得出结论，他的顾问们对他也是无关紧要的。但是他的观点似乎又在支持一个相反的结论:如果里根自己不想卷入具体事务的话，他的顾问们就得是听从他指挥的人，这一点很重要。不管总统是否相信他的演讲，选举他的人们毕竟是相信的;政府也是这样做的。

1982年8月13日，《华尔街日报》的社论认为，里根被他的顾问们引向了倒退，他们使他相信实际上没有什么倒退。1982年8月16日，总统在他的电视讲话中宣称增加税收“绝不意味着任何政策上的倒退，或者政府的哲学观念的倒退，甚或总统的倒退”。里根也许对此信以为真，而当他发现蒂普·奥尼尔支持这一议案而肯普和里根派都反对时，他应该会感到奇怪的。

《华尔街日报》没有注意总统关于这一议案不是增税而是一个改革措施的观点。它暗示总统对他的所作所为并不理解，并且实际上是有一个匿名的白宫官员告诉《纽约时报》，里根“不理解这项议案”。8 月 13 日，总统在记者招待会上宣称税收议案是权宜之计，“增加税收收入的 80%来自欠缴给政府以及未行申报的税款”，很明显，里根好像不理解这一议案把对企业的减税取消了大半。

然而总统认识到了这一点，美国广播公司在他发表电视讲话(《华盛顿邮报》1982 年 8 月 19 日对此作了报道)的那天晚上进行的民意调查表明，公众把总统的演讲看作是多数派反对的增税计划。《华盛顿邮报》报道说，“在政治上更为重要的是，民意调查表明许多美国人把里根的增税要求看作是一次重大的突变”，尽管他的声明恰恰相反。民意调查的结果是，48%的人认为里根实行新税制的要求意味着他对其经济计划丧失了信心。41%的人认为他没有丧失信心，11%的人没有表态。

哈利特认为，当“经济面临崩溃，美国的战略地位正在下降”时，一个无知的总统的形象很难令人安心。元首们不得不依靠他们手下的管理人员，而里根手下的人却不务正业。不久就出现了另外一个情况。这次是众参两院无视里根对 141 亿美元的拨款议案的否决。里根把它称为“预算重磅炸弹”，但实际在记录上它是 20 亿美元。国会指责斯托克曼给总统提供了错误的建议。蒂普·奥尼尔要求斯托克曼辞职，因为他未能向总统报告议案的内容。参议院拨款委员会的共和党主席马克·哈特菲尔德(Mark Hatfield)说：

> 坦率地说，我对戴维·斯托克曼和他的行为既反感又厌恶……他没有很好地服务于国家、总统和他的党。

其他洞察华盛顿内幕的人们，如埃文斯和诺瓦克，则把增税看作是詹姆斯·贝克试图把供应学派经济学描述成一种失败，从而使杰克·肯普不能成为下任总统的竞选者。像贝克这样妄自尊大地宣扬他的毫无理性的统治方法的实用主义者，竟能以平衡预算理论的名义，为增加税收而艰苦斗争，保守派对此感到疑惑不解。

民主党人和自由派的记者们对里根—奥尼尔增税计划有一个重要行动。

玛丽·麦格罗里(Mary McGrory)发表了两篇长文章而春风得意，它们的题目是《里根向右走两步走进了左翼阵营》(*Reagan Takes Two Right Steps into the Camp of Left-Wingers*)和《总统在与奥尼尔打球——就像左右手都能击球的棒球队员一样》(*The President and Tip O'Neill Play Ball—as Switch Hitters*)。麦格罗里报道说，民主党人取得了“这个令人兴奋的发现——当里根经济学实际上不起作用时，两党关系就比较融洽”。她报道说，民主党人正幸灾乐祸，斗争的问题“不在于民主党的领导，而在于罗纳德·里根的经济学失败”。她宣称：“里根的理论已经把我们推到了经济衰退的边缘”，而且，“里根试图通过把保守主义者杰克·肯普领导的叛乱归咎于肯普对总统职位的欲望，而掩盖他和右翼之间的重大分歧”。

肯普认为斯托克曼、贝克和格林斯潘已重新展开对里根上台以后确立的经济政策的斗争，肯普反对贝克把他对增税的反对说成是出自阴暗而自私的政治动机，宣称这并不是“反对总统坚持你一贯所持的同样观点”。

8月18日，《纽约时报》的重要社论声称，增加税收是“1982年税收大辩论的合乎时宜的转折点”。一般来说，自由派经济学在经济衰退时主张以高赤字刺激经济，减少失业恐慌，自由派经济学结果如何呢？为什么《纽约时报》主张在经济衰退时削减赤字(这是《纽约时报》多年来一直嘲讽的胡佛政策)呢？也许是《纽约时报》发现了一个机会，能使这个保守的总统毁掉自己及其用于恢复市场活力的经济政策。一旦里根和供应学派经济学被扔进垃圾箱，《纽约时报》就可能恢复自由主义政策，并发展建立福利国家的道德事业。很多里根的支持者感到，自由主义的新闻界赞扬贝克是一个好的实用主义政治家，是因为他使总统接二连三地落入陷阱。联邦储备系统造成了一次经济衰退，总统放弃了他的一部分具有历史意义的减税。没有学过经济学的公众除了认为里根经济学失败了以外，还能得出什么结论呢?

1982年1月，里根在国情咨文中指出，“提高税收不会平衡预算”，但会使失业问题恶化。7个月以后，当他为增税进行宣传时，又提出了一种不同的观点：“我们是要通过增加政府财政收入来降低赤字和利率呢……还是要接受庞大的预算赤字、高利率和高失业呢?”不管总统是否相信他已经改变了政策，他的确已经换了一种解释。克兰和哈利特认为，总统过于漫不经心了，因而他的计划从来也不付诸实施，这种看法对吗？他是一个被那些怀疑肯普或希望维持现状的顾问们引入歧途的有管理问题的总统吗？还是一个善于应变的英雄——正像其他人所说的那样？

克兰和哈利特还可以用其他情况来证明他们的结论——里根更多的是花言巧语而不是信念。在税收政策发生倒退的同一个月里也发生了台湾公报、石油禁运的削弱以及类似于贝京政府孤立和以色列背叛等问题。罗纳德·里根曾许诺要使在卡特手里降级的我们与台湾的关系升级，共和党的纲领许诺“对台湾的防务要求要优先考虑”，然而，里根发表增税演讲的第二天早上，他的政府就降低了台湾防务要求的等级，并宣布向台湾出售武器的限额。国务院8月中旬的台湾公报似乎表明里根将允许共产党中国来决定我们的对台政策。对将美国技术输往苏联的外国公司的制裁发生令人为难的转变，以及对以色列把巴解组织逐出黎巴嫩所持的反对态度，都进一步表明总统的原则不会变成政策。问题是为什么会这样。

经济学家和政治学家们(除非他们已在现政府工作)倾向于对总统的权力有一种夸大的想法。他们认为总统职位的占有者能够得到他所想要的一切。在他们看来，总统的权力并不能使其占有者免于犯判断错误，但可以使他成为支配别人而不是受人支配的人。

当这种观点作用于罗纳德·里根身上时，情形就成了此人决意作茧自缚。他小心翼翼地组织了一个政策咨询机构以挑出他自己观点中的不足之处，但是这批实用主义者却帮了倒忙。某些政治家们相信这就是总统们保护其政策免受他们自己的过失的支配，并使之得到广泛赞同的办法。一个面临着形势转变的总统——正如里根认为他自己那样——接受了这样一种治国之道，就会妨碍必要的变革，他不仅将不得不背离他的奋斗目标，而且会成为一个糟糕的政治家，以至于自己把自己打败了。

在一个知情者看来，没有一种解释能充分说明所发生的一切。从1981年秋至1982年春，罗纳德·里根与来自他的高级顾问们的要求增税的压力进行了长期而艰苦的斗争，以至于他未及认真考虑其政策的初衷。然而，不管他所表示的决心有多大——这在他的国情咨文中几乎控制了整个政府，总统还是下不了决心(或者是缺乏《华尔街日报》所说的“管理技巧”)以支持他原来政策的人来取代他的那些自己另有一套的顾问们。当《大西洋月刊》上的文章出现时，里根总统没有发现一个不忠实的戴维·斯托克曼，相反，却看到一个报界的受害者,从这一事实中可以找到问题的真正线索。总统的管理风格似乎有过分信任和慷慨的毛病。

总统本人并不同意他已经放弃了供应学派经济学的说法。无疑,总统被斯托克曼弄得进退两难,斯托克曼没有为总统的1983年预算而努力,却鼓励国会投票否决之,并制定了一个包括增加税收的替代预算方案。总统被告知,没有预算决议案,利率将不会下降,经济将陷于衰退,而形成预算决议案的唯一途径就是妥协,并接受提高税收。那时,总统可能是真的丧失了对预算政策的控制,但这种情形是本来可以为总统的预算方案斗争而不是反对它的总统的助手们所造成的。总统还有另外一种选择:以为之战斗的人取代破坏他自己的预算方案的助手们。里根有可能意识到了他已经受制于他的助手而未能对他的政策承担足够的义务,从而支持他免去像斯托克曼、贝克这样的高级官员的职务。但他也可能还未意识到他的助手们的问题,因为国会和新闻界显然也都是给他带来麻烦的根源。

把政策的转变解释成对肯普和供应学派经济学的不信任是有其正确性的,尽管这并不意味着它是一个有组织的策划,贝克、布什、斯托克曼和多尔利用了他们自己创造的机会,使肯普这样的一颗明星黯然失色,这并没有什么不同寻常之处,同样,像斯坦和格林斯潘这样的主流经济学家对供应学派经济学也有很多不满,认为它有许多可以批评之处。人们费尽心机谋求高位,在此过程中,看上去像是密谋的活动无疑一直在进行着,但是,它们甚少是真正意义上的合谋所致。

领导的障碍

对里根的政策发生逆转的解释集中于他的个性,而没有注意到他的领导上的障碍。如果人们对这些障碍进行考察的话,就会得出不同的结论。因为罗纳德·里根的管理风格是广泛授权,倚重助手,所以谁当助手,情况就大不一样了。在里根赢得总统提名以后,有人劝他通过团结大批曾经反对过他的共和党人,使全党齐心协力以在大选中击败民主党人。许多非里根派分子始终在与他们的思想方式不同的政府中占据重要职位,里根对手的竞选活动经理成了他的白宫办公厅主任。

在这样的环境里，总统是很难避免被同化的。一旦他为了使权势集团消除顾虑而任命了妥协主义者，他就适应了这种环境而不思变革了。里根政府的头一年就是政府中希望变革的少数几个人和不愿变革的大多数人进行斗争的一年。最后形成了一种对付改革力量的办法——不邀请他们去参加讨论会。正如1982年8月23日《时代》周刊所报道的，当时里根的顾问们告诉他，他必须接受增税1 000亿美元，否则他的经济计划就要面临毁灭，他的声誉将要受到损害。“贝克—达曼集团把反对增税的那些人排斥在讨论会之外”，“那些人包括总统助理理查德·威廉森和主要的国会保守派”。

在同一篇报道中，《时代》周刊接着告诉读者，里根现在完全是处于权势集团的控制之下，白宫的驱动力量是“立法战略小组”(Legislative Strategy Group, L.S.G.)——这个智囊团团结在白宫办公厅主任詹姆斯·贝克周围，贝克“相信政治是一种可能性的艺术”。《时代》周刊称赞贝克有很大的能量，“因为他成功地缓和了里根的政策”。埃德温·米斯认为制定政策(米斯的工作)和贯彻政策(贝克的工作)有很大区别。但是《时代》周刊引用了“贝克小组里的一个关键人物”的话说，“这是一种十分荒谬的看法”，政策就是贯彻，因而米斯错了。

顾问和官员们一旦进入政府，就卷入了一场竞争——这场竞争是围绕着接近政策杠杆、向上爬、在新闻界抛头露面以及控制权力而进行的。对选手们来说，权力之争比政策的实质重要得多，由于选手们彼此都想超越对手，对政策的考虑反而是次要的了。的确，被广为使用的“选手”一词本身就表明，决策过程被看作是一场竞赛。无疑，这听起来有些愤世嫉俗，而这只不过是许多观察和经历了华盛顿的政治生涯的人的感受。《华盛顿邮报》的编辑梅格·格林菲尔德(Meg Greenfield)，亲自写了反映美国政府腐败本质的文章(1982年9月5日)。美国人把他们政府的腐败看作是过时的贪污和性丑闻，格林菲尔德希望，这个问题只是出于人们超出其能力范围的欲望和对高生活水平渴望的一种情况。然而，“野心是疯狂而贪得无厌的野兽，而这种野兽在华盛顿到处都是”，为了实现他们的野心，人们“可以出卖一切，包括自己的人格——如果他们有的话，以及千百万人的幸福”。在这样的环境里，总统几乎是没有什么机会的。他不得不依靠他所不了解的人，而这些人只忠实于他们自己的事业。

美国的文化不再使人民富于合作感，我们一贯推崇的个性流于浅薄和以自我为中心。我们对那种一度被认为是无纪律的行为变得极为宽容。结果形成了一种追求个人私利而不是为他人服务和完善个性的环境。很多人把力求获得控制他人的权力看作是正当的行为。他们没有认识到试图以权力控制他人的强制性欲望是个性极不完善的表现。那些为了权力不顾一切的人是根据他们控制他人的权力地位来要求自己的,而不是根据自身的情况来完善自己。他们每天以能否成功地支配别人来衡量自己。不幸的是,华盛顿吸引了这些人,他们到这里来寻求他们的政治舞台,即使在他们自己拿不出什么东西时,他们也在为把别人排挤在外而斗争,这就是问题的核心所在。

海军中将詹姆斯·邦德·斯托克代尔(James Bond Stockdale)所写的《领导的原则》(*The Principles of Leadership*)一文中,第一条原则就是:"你是你的同胞的看护人。"在华盛顿很少有人遵守这条原则。没有这一条,就不可能有伙伴关系,没有伙伴关系,就不可能有领导。任何一个试图行使领导权的人都会受到来自各个方面的攻击。

自我谴责的道德观

对总统的领导权的障碍是难以克服的,然而,还有一个更为根本性的问题。多年来,美国已经从自我肯定转向自我谴责。对此,越南战争和"水门事件"是起了一定作用的,但是,从根本上来看,问题在于美国人的对外国人很慷慨而对自己过于苛求的态度。尤金·罗斯托(Eugene Rostow)对此作了如下表述:

> 我们倾向于把世界上所有的问题都归咎于我们自己,并假定其他国家和我们一样有着这种良好的愿望,而且将效仿我们的表率行为。我们以自我鞭挞为荣,而不放过每一个原谅或忽视别人的错误和缺点的机会。

其结果是,美国把自我批评作为取得进步或进行变革的有用工具。从这个方面来看,领导者应强调缺点并纠正之,而不是强调过去的成就和功绩。美国的改革运动,从国民权利到对外政策,都强调纠正过去的失败和错误。一个把自我批评态度作为其赖以取得成就的手段的国家就被迫对它的成就轻描淡写。这样的国家就难免和自己较劲。把经济学家、政治学家、社会学家、历史学家、神学家、生态学家和限制武器论者的谴责集聚在一起，就是对美国的总的谴责。美国，这一历史上最为成功的国家之一，在世界上建立了一个对自己完全不满意的国家的形象。

罗斯托是我们知识分子精华中的一个代表。他对社会所承担的义务是有条件的，这种条件是基于促成他认为会产生他所希望的社会改良的机构和政策方面的变革。因此，在任何时候，他的忠诚都是靠不住的。为了满足他的前进的欲望，他感到他必须继续反对现在的社会。他并不把国家的对外援助看作是其道德观念的证明，而援助数量上的不足于他而言是不道德的外交政策的证据。他认为，外国把美国国民的财产国有化，作为纠正新殖民主义剥削的必要手段是正当的。他没有把限制武器谈判毫无进展看作是敌对者意图的反映，而把它看作是国家缺乏信心的表现。强大的国防并不是对外来威胁的一种无可非议的反应，而是挑衅性的，是军备竞赛的起因。他怀着对大国沙文主义强烈的、刺耳的抗议对有关苏联威胁的警告作出反应，并总是在《纽约时报》上撰文解释苏联的观点。他以美国自己的过失来提醒那些危言耸听的人，并责备他们过于冷淡。在国内问题上，他主张把失败看作是社会的牺牲，而把成功解释成非法所得。

想把注意力放在美国的成就上的时事评论员和政治领导人与这种自我谴责的道德观发生了冲突，后者更多地要求纠正过去的错误。对国家持肯定态度的领导者触怒了怀疑主义者，激起了他们的义愤。政客们和舆论界的领袖们懂得，要避免被人批评为太爱国或无动于衷，其办法就是不断地对美国的缺点展开斗争——这就是自我谴责的道德观。

美国的对手们并未受到枯燥的批评，这种批评只适用于我们自己的国家。谴责对手被认为是文化上的“帝国主义”。更糟糕的是，它会用一个外来的怪物把我们的注意力从自己的缺点上转移掉。这就是为什么卡特总统在伊朗扣押人质的严重危机中认为有必要宣称，“我们不会放弃为一个公平社会而进行的斗争”。

爱国主义含有不够客观的倾向，而“反对美国”却有着某种积极的内涵。有时，这种定性简直是荣誉的象征。“反对美国”就是反对帝国主义、新殖民主义、种族主义、性歧视、商业扩张（尤其是对第三世界国家）、污染、贫困、不平等和战争。简言之，“反对美国”是一种不囿于狭隘的民族利益的宽宏大量的表现。反对美国的人与爱国者不同，他们似乎有一种客观的态度，因为他们能不加限制地接受对自己国家的怀疑主义。

从 1980 年的大选来看，很多人已经认识到，过于强调消极的方面导致了国家的衰退，因此，他们选择了一个对这个国家持肯定态度的人来当总统。罗纳德·里根是反对这种美国式的自我谴责的。“美国是错误的”这一主题也许已经过时了。

第 9 章 经济政策中的原则与权变

把预算赤字作为经济政策的核心问题的做法，不仅转移了对货币政策的失败的注意，危及总统的税收计划，而且给其他重要的政策领域也带来了消极的后果。在社会保险方面，平衡近期预算的目光短浅之举，使人们错过了对社会保险制度的长期问题进行深入考察的机会。因通货膨胀迅速下降而日益加剧的世界债务危机，导致美国承认国际货币基金组织是一个提供援助的机构。

未被正视的问题，却被迫用代价高昂的办法加以解决。决策者们没有用一种原则性的办法来解决这些问题，而是使这些问题充斥着他们自身权力的色彩，这就导致了经济的衰退。对社会保险和国际债务问题的"实用主义"的反应，就是两个重要而恰当的例子。

社会保险危机

在总统宣誓就职后不久，里根政府就面临着一个社会保险危机，尽管卡特总统签署的 1977 年修正案将通过世纪性的转变使社会保障制度得到健康发展。除非出现强有力的经济高涨，否则，社会保障制度的三个计划中最大的一个，即"老年及遗族保险"(Old Age and Survivors Insurance, OASI)，可能在里根任期内就把钱用光了。即使 1981 年和 1982 年的工资税率按预定计划增长，老年、遗族、残废和医疗保险(Old Age, Survivors, Disability, and Hospital Insurance, OASDHI)信托基金的总资产恐怕也难免遇上现金流动上的问题，除非计划中的1985年、1986年和1990年的增税得以实现。而且，增税只能在社会保障制度的根本性失衡重新自我平衡以前的10年或20年里，把每年的盈余归还给这一制度。社会保障制度的未来包含着持续的赤字，这的确是令人担忧的。

显然，社会保障制度的任何变革在政治上都将是敏感的，甚至那些用以弥补暂时的财政问题的变革也是如此。然而，短期的危机却是从总体上重新检查这一制度的一个机会。政府可以从学术界获悉为数众多的关于如何改革社会保障制度的学术研究，一大批对这种研究和这一制度的运行都很熟悉的学者也可为政府所用。最重要的是，我们有这样一个总统，他常常对私人储蓄、经济增长以及不断扩大的社会保障制度所创造的就业的结果表示关注。我们原本可以做一点改革社会保障制度、推动未来经济增长的专业性工作。

然而，在向1982—1984财政年度的预算储蓄目标的疯狂登攀中，由于未考虑长期的需要，失掉了从总体上重新检验社会保障制度的机会。在以社会保险的短期剩余来弥补所有的政府预算赤字的极度努力中，总统的高级顾问们向他展现了他的第一个政治上和立法上的难题，这个难题使总统丧失了对这一问题的控制权，从而产生了"全国社会保障改革委员会"(National Commission on Social Security Reform)。接着，这个委员会产生了一项糟糕的立法，它背离了总统的大多数主要目标，并将在经济上和政治上造成巨大危害。

1972年修正案

社会保障有两个主要方面需要运用指数。人们最熟悉的指数就是生活费用的年增长指数——1983年以前，这一指数都是在7月1日公布的，1983年社会保障修正案把公布日期移到1月1日。这种调整根据用消费者物价指数测量的每年的通货膨胀量，增加了给新近退休的人的收益。这样，人们在退休伊始获得的全部收益都得到了实实在在的保护，而免受通货膨胀之害。生活费用的调整常常由于在社会保障账户上的赤字和整个政府的赤字而受到指责，然而，它并不是问题的根源。

长期困扰着社会保障制度的问题的真正根源，在于指数化方法的另一方面。当人们退休时，他们所得的第一笔社会保障金(或称初始收益)是用包括工资指数的一个公式计算出来的。这些指数造成了每一代退休工人的初始收益的实际价值的超前增长。生活费用的调整仅仅保全了这些收益在一个人的退休期间的实际价值。正是初始收益的实际水平逐步增长,年复一年,导致了社会保障制度的毁灭。

在1972年修正案之前,多年来国会已经视情形提高了社会保障金。然而,1970年涨幅为15%,1971年为10%,1972年为20%,这些数字反映了社会保障金水平的总量的跳跃式上升。这在1972年社会保障修正案里又得到了加强,这一修正案将从1975年开始通过每年自动的通货膨胀调整来维持社会保障金的增长。

不幸的是,1972年修正案有一个重要的公式错误,后被称为"双重指数化"问题。它导致刚进入社会保障制度的新退休者的收益大幅度增加,而且这种增长快于工资的增长。一个1969年退休的普通工人可望得到的免税的社会保障金相当于其最后一年工作收入的31%,而到1972年,国会把这一比率提高到38%。作为1972年修正案的自动调整的结果,1974年,这一比率上升到41%,1976年为44%,而1981年为55%。

这一问题的根源很清楚。工人退休时所得的社会保障初始收益是分两步计算的。首先,把这个工人从1951年到其退休之日的工资相加得到总数,除以其工作月数,得出其平均月工资。这个工资被分割,分别适用于几个等级,然后乘以法律规定的称为"边际收益率"的一系列百分比,得出的数字就是这个工人的社会保障初始收益。例如,如果收益率平均为40%,那么这个工人的第一笔退休金就相当于他(或她)的平均工资的40%。1972年修正案提出,对每年的退休者的边际收益率要以这一年的通货膨胀率进行年度调整。如果通货膨胀率是10%,而以前的收益率平均为40%,则调整后的新的收益率为44%。不幸的是,因通货膨胀而对收益率进行的全面调整对社会保障金进行了过分的调整。随着时间推移,工资趋于与通货膨胀一起上升。很久以前所挣的工资当然不能因近期的通货膨胀进行调整,而退休前几年所挣的工资大部分都因通货膨胀而得到调整。结果是,社会保障金算法中的一步,即平均月工资,已经因通货膨胀而被市场部分调整过了。

使两个数字的乘积上浮——比方说,10%——的正确方法,是使其中一个或另一个增加10%,而不是两个都增加10%。由于在平均月工资已因通货膨胀得到部分调整之后，再全面调整收益率，这一公式就使其得出的社会保障金的增长速度快于通货膨胀。

我们或许永远也不会知道这个错误的根源。也许这是由于社会保障总署(Social Security Administration，SSA)的工作人员的疏忽或者是没有搞清楚把这个数字指数化的正确方法。另一方面，统计局官员的经济专业知识也很有限。也许他们不知道在私人部门中工资一般都因为通货膨胀而得到了调整，而且把替换率全面指数化会夸大社会保障金。另外一种可能是，保险统计员也许曾认为通货膨胀率会很低，不会产生什么影响。进行家长式统治的社会保障总署的官僚主义者们也许是发现了一个机会，可以把社会保险金变得更加慷慨，使社会保险相对于私人养老金和个人储蓄在退休收入中占据更大的比重。无论是出于哪一种原因，总之，推动这一立法的国会官员们不是没有发现统计局提案中的这一错误，就是出于他们自己的理由，赞同这一提案。

1977 年修正案

到了 1975 年，很明显，必须采取措施纠正这一错误了。社会保障金计划正在拼命消耗税收收入，并将使社会保障信托基金趋于枯竭。调查这一问题的有两个主要的小组。一个是四年一届的社会保障咨询委员会，成立于 1974 年，于 1975 年 3 月提交了报告。另一个是哈佛大学教授威廉 · C. 肖(William C. Hsiao)领导的著名的工作小组，提交了《咨询小组就社会保险向国会研究机构提供的供参议院财政委员会和众议院赋税委员会使用的报告》。

关于社会保障的作用，有两种主要的观点。一种观点认为，社会保障的作用就是提供一个退休收入的基础以克服贫穷，提高老年人在经济上的独立性。因而，社会保障金必须达到足够的实际水平，以保证起码的购买力。而超出某一基本水平线的退休收入就要靠他们自己在退休前进行储蓄了。这就是社会保障制度的本来意图。另一种观点把社会保障看作是一种养老金制度——的确，它是这个国家主要的养老金制度，有着实际上不断增长的社会保障金。在这两种观点中选择哪一种，已远不止是一个哲学问题，就其代价和对经济的影响而言，两者也迥然不同。

在社会保障制度应该是什么样的这一问题上，两个小组存在着分歧。四年一届的咨询委员会的观点占了上风，1977 年修正案遵循了把社会保障看作是一种不断扩大的养老金制度的理念。这是一大错误，它使得社会保障制度不堪重负，从而导致危机不断。

将来，尤其是在 2000 年以后退休的人，按计划将得到实际上比前些年退休的人高得多的社会保障金。然而，这并不是说这种社会保障制度对今天的青年工人就是一件好事。社会保障金会增加，而税收会上升得更快。而且，高税率将给个人储蓄和私人养老金的增长带来困难，这不是不可能的。很多美国人将失去经济上的独立性，而这对经济增长来说，是个不祥之兆。

私人储蓄是产生用于投资的私人资本所必需的，而投资将带来经济的增长。拥有足够养老金的退休者所得到的是他们的储蓄所创造的国民生产总值增长的一部分。因为他们的储蓄带来了国民生产总值的增长，退休者拿回去的只是他们以前创造的东西，而并没有使现在的工作者的生活水平降低。

另一方面，社会保障并不是一种养老金或一种国家储蓄方式。把它称为储蓄或养老金计划是一个严重的概念错误。社会保障是一种没有基金准备的税收制度和转移支付。现在的工作者所交的税，被用于支付目前的受益者的社会保障金。这并没有形成资本，也不会增加国民生产总值。目前的受益者们在国民生产总值中分得一杯羹，并使得现在的工作者的收入降低了。

由于社会保险的增长是以私人储蓄为代价的，因此国家就遭受了投资和经济增长速度下降的损失。经济增长速度放慢使工资和就业减少，进而减少了现在工作着的工人的收入，从而降低了社会保障制度的收益。这样就需要提高税率来支付社会保障金，而增加税收负担又进一步抑制了经济增长。这样就形成了一个恶性循环。从实践上来看，现在所计划的社会保障制度，是经济无法承担的。

1977 年修正案提出了新的社会保障金计算公式，部分地纠正了 1972 年提出的公式的错误。新公式立即根据一个工人一生的收入把补偿率降低了将近 5%—10%。到 1985 年将进行进一步的调整，这以后，一个普通工人的补偿率约为 42%。这就部分地降低了 1972 年修正案所计划的 55%的替换率。

此外，1977 年修正案还对自动调整机制进行了彻底检查，以免社会保险初始收益的增长快于工资的增长。这种使初始收益与工资同步增长的指数化方法，取代了一代代退休者所采用的以同比例的退休前收入计算初始收益的方法。换言之,工人将来的社会保险金(如在2025年)在收入中的比例与1982年的比例相同。这一公式取代了1972年的公式,而根据1972年的公式,每一批新近退休的人所得的社会保险金比工资增长得更快,而且是按照退休前收入的一部分增长的。然而,要克服长期的巨额赤字,这种修正还很不够。

1977年修正案还提出在今后十三年内为所有三种信托基金而提高工资税税率,分别在1981年、1982年、1985年、1986年和1990年进行。退休者初始收益的削减以及五次增税将把社会保险制度一直维持到战后生育高峰出生的人到下一个世纪退休。

这一决议有两个问题,一个是短期的,另一个是长期的。在短期内,就通货膨胀和工资而言,1977—1980年间,经济状况是很糟糕的。通货膨胀率很高,由于退休者所得的社会保险金中的生活费用的上升,使得社会保险费用也被抬上去了。工资未能盯住通货膨胀,就意味着工资税没有和福利支付保持一致。1980年和1981—1982年的两次经济衰退,就是由于失业的增加和社会保险税基数的降低而导致了政府财政收入的下降(尽管1982年工资的增长快于通货膨胀)。到了1980年,短期赤字可能将使社会保险信托基金在1983年被消耗殆尽。1985年增税以后,将会有一段时期的盈余年度,使这个信托基金重新建立起来。因此,必须找到某种方法来填补1982年到1985年间的这个空当。

从长期来看,从90年代开始,社会保险制度的良性循环将出现更大的问题。这是由使每一代新近退休的人的初始收益与实际工资保持同步运动的决定所造成的。即使1977年修正案提出的社会保险金增长率比1972年修正案提出的要慢,初始收益也增长得太快了,以至于经济已无力承担。社会保险制度面临着持续不断的巨额赤字。

1977年所作的修改使社会保险制度走上了扩张的道路,这将使政府开支大大超出最近计划的税率所能得到的收入。在1982年的“受托人报告”所提出的经济前提下,社会保险金在工资中的比例计划将从近期的10%—12%提高到远期的17%—18%。这是与1990年以后社会保险长期税率计划为工资的12.4%相对应的。在从90年代开始的几年的盈余之后,2010年后不久就将出现赤字。到2025年以后,赤字将扩大为相当于工资的5%的永久性的社会保险收支差额。

增加健康保险使赤字更加恶化。社会保险总支出在工资中的比例计划将从近期的15%上升到远期的27%—30%。这是与1990年后长期的社会保险税率计划为15.3%相对应的。1995年后不久,就将出现赤字,到2025年后,赤字将扩大为相当于工资的12%—15%的永久性的社会保险收支差额。以1983年的美元不变价计算,到2025年赤字将超过3 000亿美元,到2060年则将超过6 000亿美元。

长期赤字来源于两个方面。第一,从长期来看,人口增长较慢,人口老化,每个工人负担的退休者增加。第二,指数化公式使初始收益的增长不确定,实际上是与工资同步增长。由于每个退休者的社会保险金与实际工资同步增长,而且退休者人数比工资收入者人数增长得快,社会保险制度作为工资的一部分,其费用也要上升。其结果,要么让工资税迅速上升,则工资中用于支付社会保险的比例也随之提高,要么重新确定实际社会保险金水平的增长速度。

社会保险制度处于危机之中,因为它计划要对一代又一代的人支付不断增长的实际社会保险金。解决这一问题的一条途径就是削减社会保险金的增长计划。从工资指数化(在此条件下,每个退休者的实际收益每隔三代人就要增加三倍)转向物价指数化(在这种条件下,每个退休者的实际收益大约增加一倍)将从根本上消除长期的社会保险问题。

物价指数化是威廉·肖在1976年报告中提出的。参议员拉塞尔·朗领导下的财政委员会接受了这一提议。部长威廉·西蒙领导下的财政部也急于采取比较积极的行动。然而,大选近在眼前了。福特总统在他的政治顾问们和经济顾问委员会主席艾伦·格林斯潘的鼓动下,想表现得更加慷慨一些。福特选择了代价高昂得多的工资指数化方法。这一错误行动使社会保险制度的长期赤字大大增加了。

财政部的战略

在1981年初期,为财政部长制定社会保险政策的财政部经济政策办公室主要关心这样两个问题:第一,要寻求一个解决问题的方案,给社会保险制度的长期不平衡提供一个名副其实的纠偏办法。这一方案对所有党派都平等,意在告诫现在工作着的工人——将来的社会保险金将不得不比现有法律所许诺的增长得慢;第二,解决短期资金问题而不损害将来的就业以及对政府的供应学派减税政策的支持。

这一长期考虑包括根据威廉·肖工作小组的建议逐步削减未来的社会保险金的增长以及在20或30年内把退休年龄慢慢提高到68岁。这将使现在工作的工人有时间留出额外的个人储蓄以弥补社会保险金的削减。那些即将退休的人将基本上不受什么影响。离退休尚早的人的社会保险金削减最大,但也有更长的时间积累额外储蓄以弥补这一差距。

这一短期经济考虑涉及的是削减社会保险金,而不是破坏就业的增税。正确的行动要恰好达到足以满足社会保险制度的需要,而不给人造成一种通过削减社会保险金来补偿减税的表象,这一点在政治上很重要。

1981年2月,一个旨在为里根政府提出一个社会保险方案的内部工作小组成立了,由卫生及人民服务部领导。这项工作是在该部副部长戴维·斯沃普的领导下进行的,并得到了社会保障总署署长杰克·斯万奇、副署长罗伯特·迈尔斯以及退休后又到政府任职的前社会保险首席统计专家的帮助。经济政策办公室的经济学家们是财政部的代表,其他机构,包括经济顾问委员会、行政管理和预算局以及劳工部,也都是这一小组的成员。

在2月的最后一星期和3月的第一个星期期间,召开了三次会议。按理说,这些会议应该是一个对社会保险制度进行根本性考察的讨论会,而不仅仅是就这一制度的现状以及如何进行弥补的一次讨论。对社会保险的长期状况,包括对这一制度的基本目的以及它在政府发展私人经济的计划中的地位,都需要给予考虑。

然而,这几次会议却致力于研究社会保障总署和卫生及人民服务部已经制订的一个草案。这一草案说明了由于从社会保险制度中削减了数十个所谓的福利因素所造成的短期亏空。社会保险金的某些部分具有"额外保证金"的性质,这在私人部门的保险计划中就要花费一笔额外的保险费,并包括类似于支付给退休工人的靠其生活的配偶或孩子的社会保险金项目。绝大多数的社会保障总署—卫生与人民服务部提案(SSA-HHS提案)在触及社会保险制度的核心问题之前就被打了不少折扣。大多数社会保险金投入了对许多人来说很难描述也不熟悉的小额储蓄和不引人注目的款项。寡妇、孤儿和残废人看来都要受到影响。

这一方案偏离了社会保险制度的核心问题，即基本上没有触及这一制度所积聚的数以亿计的无法偿还的债务。财政部提出三点意见：第一，必须避免短期方案中不必要的过多行动和反应迟钝的现象。第二，由于短期方案还不够充分，需要提出一个解决长期问题的办法。第三，需要把社会保险制度从一个不断扩大的计划变成一种退休收入基数，以恢复这一制度的初衷。这是阻止极高的工资税及其对就业、储蓄和经济增长的不利影响所必需的。这些观点被劳工部、经济顾问委员会以及行政管理和预算局的代表们所完全接受。不幸的是，它们却遭到了副署长罗伯特·迈尔斯的强烈反对。

迈尔斯声称，关于社会保险的作用问题，他曾经工作过的顾问委员会在1975年就作了决定。社会保险是国家的基本养老金计划，它能提供比私人储蓄更多的退休收入，这就是社会保险的作用。财政部回答说，1981年的里根政府不能被1975年顾问委员会的有缺陷的决定所束缚。但是，迈尔斯仍然毫不动摇，他反对任何以物价指数化取代工资指数化的尝试，并一味地固执己见。他声称，计划的社会保险税率（27%—30%）不是不可能实现的，因为它们将通过逐渐提高社会保险税率而达到。每隔几年会重新出现赤字，因此就没人注意它了。如果他认为，高就业率对经济没有影响，只要它们是逐渐形成的，那他就错了。然而，这位副署长很可能是没有考虑到经济作用而仅仅是指公众将听从劝告去接受庞大的税收增长，如果多年来每当这一制度出现危机时，增税都是被缓慢通过的话。

迈尔斯还反复宣称，任何旨在解决短期资金问题的措施也能在将来平衡社会保险制度。这种说法是令人讨厌的。按社会保障总署的说法，有一个"制度平衡"的特殊概念，与迈尔斯所说的一样。不幸的是，社会保障总署对平衡的定义掩盖了长期的不平衡。

最易使人误入歧途的社会保障总署的统计资料就是这样起作用的。它被称之为社会保险制度的"由保险统计员计算出来的平衡"（健康保险通常不包括在内）。社会保障总署作了关于在75年计划期间的社会保险信托基金状况的报告。该报告认为，如果在75年内，作为工资一部分的社会保险制度的平均收入，等于作为工资一部分的社会保险制度的平均支出，那么这一制度在统计上就是平衡的。据说，1982年社会保险制度有相当于工资的1.8%的赤字。换言之，社会保险制度在75年内需要有比法定比率平均高1.8%的工资税以支付所许诺的社会保险金。这一"平均数"给人的印象是，提高税率或把社会保险金削减掉相当于工资的1.8%将使社会保险制度在财政上保持健康的发展。这就是目前指导着全国社会保险改革委员会的理论。然而，事实胜于雄辩。就每一年来说，社会保险制度的盈余和赤字在75年计划期间并不是均匀分布的，就每十年来说，计划的收入与计划的支出也不是均匀分布的。然而，盈余年份大约分布在1990—2010年间，此后，赤字将不断扩大。社会保障总署将依靠1990—2010年间形成的大量信托基金，在2010年后，把这笔钱用以弥补长期的赤字，直至2030—2040年间重新形成新的信托基金。当社会保险制度忽然面临着年支出比年收入高5%或6%而又没有信托基金能弥补这一差额时，将怎么办呢？

实际上，社会保险盈余不是被国会所用，就是不得不被借用于资助90年代的健康保险赤字，整个社会保险制度大约到2015年就要崩溃。那时，它每年都将面临着相当于工资的12%—15%的赤字(根据1982年"受托人报告"所作的假定)。(1983年社会保险法并没有使这一前景发生很大改观，尤其如果是采用人口普查局新的较低的出生率和人口预测来进行计算的话。)

对于一个每况愈下的社会保险制度来说，不管有没有健康保险，75年的平均数都是一种幌子。只有让社会保险制度每一年都达到基本平衡，它才能永久性地保持稳定。这就意味着要么降低实际社会保险金的增长率，提高健康保险费和对未来退休者的免税水平，从而使社会保险金只上升到工资的15%(相当于最近计划的1990年的税率)，要么使工资税增加约一倍以满足社会保险金的增长。

社会保险制度中的根本性不平衡绝大部分被75年的统计摘要掩盖了。75年平均数的年度变动是很慢的。然而，每年的统计摘要都有一部分是失真的。当计划期向前移动时，近期的盈余将用以弥补远期的赤字。在"受托人报告"中，社会保障总署每年都有一连串改变统计摘要的理由。这些理由包括经济前提、生育率假定等方面的变化，而一个每年都出现的理由就是"估价期的变化"。这就是承认75年的平均数是不稳定的，它是一个移动的平均数。这种统计是骗人的东西，未能如实反映社会保险制度的状况。

实现已经计划好了的工资税的增长(正如1983年社会保险议案所做的那样)，就能削减以上述统计测算的社会保险制度的长期赤字。但是这些措施对促进社会保险制度长期的真正平衡是无济于事的。卫生与人民服务部 1981 年 5 月 12 日的提案对短期和长期的社会保险金都有影响，然而，这些提案没有影响长期赤字使之足以使这一制度健康运行。

当上述统计摘要被用作政策的指导时，社会保险制度就将周期性地发生危机。每当信托基金用完的时候，由于采取了短期盈余、长期赤字的措施，因而在统计上总是“平衡”的。近期赤字将很少削减，因为没有足够的预告，削减社会保险金是不公平的——新近退休的人也是一批有力的投票者。工资税将会上升，社会保险制度重新平衡了，何必再对长期的社会保险金加以控制呢？因此，直到下一次危机以前，是不会采取任何措施的，而到危机来临时，再采取措施则为时已晚。由此，它造成了社会保险制度的周期性的危机。在危机期间，国会被打上了为了其他在政治上有利的选择而提高工资税的标记。

社会保障总署和卫生与人民服务部的代表们不愿意把他们的注意力从社会保险福利因素转向这一制度的长期问题。当这一倾向日趋明朗时，财政部、经济顾问委员会和卫生与人民服务部的官员们安排了一次私人会晤经济顾问委员会的威廉·尼斯卡南和财政部的史蒂夫·恩汀向副部长斯沃普和署长斯万奇解释了工资指数化和物价指数化之间的区别，以及七十五年统计摘要的欺骗性。他们解释说，除非改变社会保险制度的指数形式，否则社会保险税最终将达到工资的 27%—30%，从而对经济产生不利的影响。这次会议失败了。卫生与人民服务部一个多月没有召集工作小组会议。最后，4 月中旬，召开了另一个会议，其目的是批准把 SSA-HHS 提案提交到更高级机构，直至总统。这一最终提案相对于以前的卫生与人民服务部的提案略有改动。

“SSA-HHS 提案”仍在寻求比使社会保险制度渡过眼前的危机所需的更多的钱。为了掩盖这一事实，它提出了一个很不景气的经济预测以便使短期亏空显得更大一些。这个预测假设了三年以上的通货膨胀加剧和实际工资的下降，在 80 年代余下的几年里基本上没有什么复苏——这实际上就是一次衰退。这比后来 1981—1982 年的衰退（战后最严重的经济衰退之一）的实际情况还要糟得多。这个预测的确是很奇怪的。当时，经济刚刚经历了一次年实际增长率为 7.9%的高涨，联邦储备委员会的货币紧缩还在其后。

我很关注这一局势。政府将提出一项社会保险提案，它将超出社会保险制度的短期需要，而不触动其长期问题。此外，卫生与人民服务部的预测给人的印象是，不管政府的经济计划如何，经济可能要经历一场 1929—1932 年大萧条以来最严重的衰退。这看起来好像我们对我们的经济计划缺乏信心，而且要用削减社会保险来抵偿减税。

局势正每况愈下。4 月底，修改后的“SSA-HHS 提案”交给了一个由高级官员组成的小组，包括人力资源内阁委员会、白宫国内政策小组和行政管理和预算局局长斯托克曼。会议所考虑的提案之一就是削减提前退休的退休金。过去的法律规定 62 岁退休的人将得到全部退休金的 80%。卫生与人民服务部要求把这一比率降到 70%—75%，从 1982 年 1 月退休的人开始实行。

财政部反对这一做法。这一变动在九个月里就要发生。它将使 60 或 61 岁的打算在 62 岁退休的人几乎没有什么时间进行储蓄以弥补每年 500—800 美元的收入损失。他们将不得不额外地增加 7 000—12 000 美元的储蓄以挣取更高的利息来弥补这一收益削减。财政部还考虑到，有些人（尤其是一部分残废人）可能已经依靠自己的储蓄在 1980 年或 1981 年当其 60 或 61 岁时就退休了，他们希望从 1982 年或 1983 年开始，能得到一定水平的社会保险金。那些已经向雇主宣布退休或已经把自己的产业卖掉的人，不可能突然改变计划或重新加入劳动大军。这种规定对那些即将退休的人没有给予充分的预告。财政部要对这一提案提出的，正是它对公平原则之一的“充分预告”的明显违背。

然而，斯托克曼决心要增加来自这个一揽子计划的预算补偿。他声称，几乎不存在像财政部所描述的那种拮据情形，并提议把提前退休金更大幅度地削减到相当于全部退休金的 55%。财政部询问，是否有数据表明受到这一规定以及其他几个可能引起政治动乱的规定影响的具体人数。令人难以置信的是，社会保障总署竟没有做任何反应研究。于是，财政部建议应该推迟这个一揽子计划的出台，直到得出这些数据，并表示一个政治上不敏感的社会保险方案将危及总统经济计划的前景。

斯托克曼回答说，除非他能找到额外的预算削减，否则就没有机会实行减税了。他和卫生与人民服务部的官员声称，如果我们迅速行动的话，就会有一个难得的“机会窗口”。国会赋税委员会的社会保险小组负责人、众议员 J.J.皮克尔正焦急地等待着白宫领导人表示，一个代表两党的社会保险改革的一揽子计划可能是什么样的。如果我们不急的话，皮克尔将提出他自己的方案，无疑，他的方案所能节省的钱要少一些（财政部法律事务办公室无法证实这种

"窗口"理论)。

财政部关于通过把物价指数化用于社会保险金计算公式从而在多年内逐渐降低初始收益的增长以解决长期问题的建议遭到了反对。相反,斯托克曼要求通过对每年初始收益公式的调整削减一半,进行七年的部分冻结。斯托克曼的建议在短期内将节省较多的钱,如果它能避免政治动乱的话。

财政部在这次会议中的唯一收获就是社会保障总署保证尽快对各种规定进行反应研究,但这从未兑现过。1 100 亿美元的一揽子计划满足了三方面的要求:一是想要在近期内大量削减政府开支的斯托克曼;二是想要紧缩社会保险制度以外的"福利因素"的卫生与人民服务部的政治集团;三是想要维持社会保险制度的基本核心——一个最终将把私人养老金计划排挤出去的不断扩大的国家养老金计划——的社会保障总署的官僚们。

这个一揽子计划是一场形成中的政治灾难。财政部长里甘和副部长图尔在听取汇报时,指出了两个问题:第一,为了改善短期预算状况而削减社会保险的明显努力;第二,政治上不敏感的规定的提出——尤其是提前退休金的大幅度突然下降。里甘决定尽量使自己不卷入此事,当这个一揽子计划提交给总统时,他让图尔作为财政部的代表。

图尔记得总统的简况汇报会是令人愉快的。两个小时的汇报会从列着某些原则(如要削减的福利因素、避免一般收入的使用)的一系列图表开始。然后,提出三四十种削减社会保险金的选择方案,合起来形成大、中、小一揽子计划。斯沃普列出了建议的社会保险金的削减方案,并对它们如何进行削减作了扼要的描述。他列的这张单子让工作小组花了两个星期的时间去理解。相关的项目在技术上作了说明,然后为了节省时间就把它们删去了。至此,简况汇报会已经被引向削减提前退休金这一问题,这是一个与其他规定混在一起的敏感的规定。财政部在控制了工作小组会议之后,几乎没有对此规定表示反对。

论战的下一个项目以把政府工作人员包括在享受社会保险范围之内而告终。在短期内,这将给社会保险带来更多的收益,但在长期内,由于长期赤字的净增长,这将扩大社会保险制度的开支。总统有力地打断了这场争论。他简洁而无可辩驳地说,更为庞大的社会保险制度是不合适的。社会保险是把钱从一部分人那里拿走给了另一部分人,并没有形成什么储蓄。如果让人们把钱留在自己手里,他们就会把钱储蓄起来,帮助国家的经济增长。总统表示希望私人储蓄作为对日益扩大的社会保险制度的一种可供选择的方案,能受到一定的鼓励。

总统还希望对收入的限制能告一段落。现行法律限制了一个受益者能够挣的、并仍能得到全部社会保险金的工薪收入的数额。收入每超过上限 2 美元,社会保险金就要减少 1 美元,实际上,这是在原有的收入和工资税以外,对老年人的工资收入征以 50%的税。

在这个旋风式的汇报会结束时,总统被要求立刻作出决定把这个一揽子计划提交国会。卫生与人民服务部和行政管理和预算局强调"机会窗口"——如果很快作出决定的话,这将使他们有可能与众议员皮尔特联合起来。实际上,他们想在第二天(5 月 12 日)就把这个一揽子计划提交给国会。总统没有马上表示同意,他坦率地回答说,他还有一个下午的时间来仔细考虑这一问题。但是,到这一天结束时,总统同意了,因为没有出现其他可供选择的方案。

第二天,这个一揽子计划并没有正式提交给国会。但是,急于要让它迅速转移的总统助手们和主要的国会官员、几家全国性报纸乃至全世界都知道了这一计划的内容。其结果是一场动乱,使得这个一揽子计划不可能被提交给任何地方。财政部曾警告过的这个一揽子计划的两大特征,激起了民主党人的愤怒(实际上是他们抓住了阻止共和党潮流的头等大事的极大快乐)。

首先,政府被指控为试图以牺牲社会保险为代价来抵偿减税。克劳德·佩珀领导下的众议院老年问题特别委员会发布了一个比较乐观的报告说,5 月 12 日的 1 100 亿美元的一揽子计划将储蓄起两倍于使社会保险制度在 75 年内保持其偿付能力所需的钱。佩珀说,"新政府看来是出于自己在社会和财政问题上的长期目的在利用社会保险制度的短期问题以紧缩政府开支,平衡预算。"其次,突然削减提前退休金遭到了尖锐的批评。奥尼尔说:"削减那些 62 岁退休的人的社会保险金,是对社会保险制度的一次突然袭击。"参议院少数派领袖伯德说这些提案是"鲁莽、苛刻和极不公平的"。

到 5 月 20 日,参议院的共和党多数派已经和民主党人联合起来以求通过一个"国会性"的决议案,它由财政委员会主席、参议员多尔提出。它声称,"国会不能鲁莽而不公平地惩罚提前退休的人",并表示"不支持削减超过使社会保险制度在财政上健康地运行所必需的社会保险金"。投票表决的结果是,96

票赞成,无人反对。

96票对0票的表决结果这一耻辱耗费了政府的经济计划在国会的全部力量。重新开始还要作出大量努力。5月12日的一揽子计划远未能支持降低税率、保持经济增长的斗争,而几乎宣告失败了。当然,它也使总统失去了很多公众的支持,对共和党在1982年选举中的损失也有一定影响。政府为了削减计划赤字,要得太多,走得太快了,结果一无所获。既没有形成将开始加强信托基金的1982年和1983年适度的储蓄,也未能帮助政府清除1984年和1985年的财政障碍,政府什么也没有得到。在5月12日一揽子计划和最后成为法律的1983年社会保险修正案之间,损失了近两年时间。由于解决方案推迟到了1983年,政府不得不采取一些小得多的措施来清除短期障碍。

白宫官员们不顾一切地试图去消除5月12日的灾难所造成的危害。其解决办法就是把这个问题转给一个两党组织,就像在以前发生制度危机时所做的那样。这有助于分散任何解决社会保险问题的尝试都将伴随着的沉重的政治压力,也能分散对提案的控制,尤其是对那些给经济带来更大危害的、与总统的目标不相一致的提案的控制。于是,1981年12月,全国社会保险改革委员会诞生了。

全国社会保险改革委员会

这个有十五个成员的委员会由白宫、参议院、众议院选派同比例的人组成,由白宫任命主席。白宫没有经过多少研究和磋商,就选了艾伦·格林斯潘担任主席。接着,格林斯潘选了刚辞去卫生与人民服务部副专员一职的迈尔斯任委员会成员的行政长官。

这些人事选择是令人难以理解的。格林斯潘由于联邦政府预算赤字惹了很多麻烦,因而不可能成为一个给美国劳动者降低税率的政府计划的朋友。而且,他曾经参与了福特政府1975年不幸的指数化公式的错误选择。他受到了迈尔斯的热情推荐。显然,这个新委员会对威廉·肖小组的报告没有主动地考虑,没有真正的长期补救办法,对提高工资税也并不反感。

这个新委员会的第一个重大决定就是把它的考虑限于除健康保险以外的老年遗族伤残保险(OASDI),而把健康保险留给在其以后成立的另一个小组去考虑,这是一个错误。健康保险的赤字在九十年代将变得很大,在下一世纪将变得十分庞大。要使整个社会保险制度达到平衡,必须实现老年、遗孤伤残保险计划的主要的长期储蓄,从而保证这两个计划的一部分税收能够重新分配给健康保险。仅仅使老年遗族伤残保险协调起来,仍将使整个社会保险制度陷于大量赤字之中。如果健康保险也在委员会的考虑之中,委员会就将要求对整个社会保险制度进行重新检查,并重新确定指数化形式和退休年龄。

1982年秋,当马丁·费尔德斯坦成为经济顾问委员会主席时,财政部又有了一线希望。费尔德斯坦在全国经济研究所任职时,社会保险就是他感兴趣的问题之一。费尔德斯坦的观点是:社会保险正在使储蓄减少,并将阻碍长期的经济增长。他的观点被认为将有助于把关于社会保险的辩论引入更广阔的领域。

费尔德斯坦到任后不久,财政部官员就把社会保险制度的现状以及新委员会对解决长期问题的方法缺乏兴趣的情况向他作了简要介绍。财政部建议转向物价指数化以降低未来的社会保险金和税率的增长。费尔德斯坦把这一建议看作是威廉·肖的报告,并同意这值得再考虑一下。但费尔德斯坦把主要注意力转到了别的地方。他担心总统预算中的短期赤字将挤出私人投资。他想做民主党人曾指控政府要做的事:限制现有的社会保险金水平,以全面削减联邦政府预算赤字。他的方案将在1972年修正案实施以后重新导致初始收益和补偿率的大幅度上升。费尔德斯坦曾经在为纠正1972年修正案的错误而组成的1975年顾问委员会的咨询小组工作过,看来,这段插曲对他影响很大,因为他仍然试图纠正1972年的错误。他对于纠正1975年委员会在其咨询小组的建议基础上提出的、在1977年修正案中成为法律的工资指数化错误兴趣不大。

费尔德斯坦的建议在政治上不仅对社会保险而且对总统的税收计划都是有害的,他提出把社会保险的生活费用增长限制在低于3%的通货膨胀率的水平。这将在五年内使实际社会保险金减少15%。财政部认为国会不可能同意对现有的社会保险进行这样大幅度的削减,而放弃批评总统提出这一建议的机会。费尔德斯坦试图通过削减个人所得税率来平衡预算从而推进他的主张。他建议把所得税的指数限制在同样的小于3%的通货膨胀率的水平。这种立场对一个自称是税收指数化的支持者的人来说,是不相称的。在3%—

4%的通货膨胀条件下，这实际上是完全放弃指数化。

在公众眼中，这并不是“平衡”，社会保险的受益者们并非是一个与交纳所得税的人们截然不同的集团。对老年人来说，它将意味着，不仅他们的社会保险费用在实际价值上要下降，而且对他们的其他退休收入的征税将提高，他们将遭受两次打击。已经面临着高工资税和未来的社会保险金削减的工人们将再次遭到税级上浮的打击。这一提议削弱了总统的地位，并降低了政府对费尔德斯坦关于社会保险问题的判断的信任。结果，他的专长也没有被用于更重要的问题。

把健康保险置于考虑之外，给那些想把该委员会的注意力限于这一制度的短期亏空的人提供了方便。社会保障总署总是把健康保险看作是对老年遗族伤残保险计划构成威胁的附加项目。由于掩盖了长期赤字的严重性，把健康保险排斥在外阻碍了对这些公式的有力挑战，而这些公式使社会保险制度成为国家占支配地位的、无法承担的养老金计划，它还有助于把健康保险的资金来源从工资税转移到一般收入。由于长期的老年遗族伤残保险金的增长未被削减，健康保险基金将不得不来自一般收入。

由于提出方案的最后期限是12月，委员会终于在11月作出了第二个重要决议。它声称，社会保险制度需要在1982—1989年期间使赤字接近1 500—2 000亿美元。这一预测是基于1982年“受托人报告”所制定的最不景气的经济计划。这一计划早已过时，它是一个高通货膨胀条件下的计划，而从它公布之时起，通货膨胀就一直在大幅度下降；这个计划预测了另一年的低实际增长以及另外两年的实际工资的下降（这将削减社会保险金），而主要经济指标和实际工资也正在上升；这个计划是基于旧的人口统计，在人口普查局1980年中公布了当年人口普查后的新的出生率数据以后，就需要改动了。

但是，到12月，委员会主席以及白宫的高级官员都对委员会的持续僵局感到十分紧张。保守派反对提高工资税，自由派则坚决反对降低社会保险金的增长。显然，在最后期限12月31日，委员会不可能找到一个解决问题的办法。

艾伦·格林斯潘、蒂姆·贝克和他的助手理查德·达曼开始挑起一场新闻战以求把总统和蒂普·奥尼尔也卷进去。第一步就是使总统确信，如果把委员会提出方案的最后期限拖延一下的话，妥协是有可能的，这一步做到了。第二步就是让贝克和达曼与格林斯潘和委员会的自由派谈判以达成一个协议，但不让社会保障总署、经济顾问委员会和财政部知道，所需的数字工作都由行政管理和预算局以很粗略的方式进行。

委员会和白宫达成了一项协议，众议院几乎没作什么改动就通过了委员会的建议——包括几个令人惊讶的技术性错误。最后的 1 600 亿美元的一揽子计划，55%来自增加税收，23%是经过伪装的一般政府收入的转移，只有 22%是来自社会保险金的削减。未能正视真正的问题又一次导致了税收的大量增加。而且，把计划在 1990 年提高工资税率提前到 1988 年这一措施，对于社会保险制度摆脱短期危机是不必要的。它有另外两个目的，一是把社会保障总署用于远期的提高税率的进程提前，二是把 145 亿美元移到五年联邦预算期的最后一年以帮助行政管理和预算局降低预算赤字。

总统的社会保险目标未能实现，他被迫接受了一个他在两年前曾无可辩驳地反对过的扩大了的社会保险制度。社会保险的范围扩展到了新的联邦政府工作人员、以前被禁止享受社会保险的非盈利机构、州政府和地方政府的雇员。这些步骤将削减州政府、地方政府以及非盈利性机构的有充分基金准备的养老金计划的范围，从而导致储蓄、投资和经济增长的下降——正如总统所警告的那样。工资税率的上升由于采取诸如肖减所得税等措施，一部分被一般性收益所抵消。其结果，是更高税率和一般收益的转移，这两者都不是总统所希望的。

1983 年修正案提出的对社会保险金征税 50%的建议第一次对社会保险制度的资产进行了调整。更糟糕的是，对社会保险金征税的方法与总统所表示的增加刺激的愿望完全相悖。对社会保险金征税 50%的正确方法就是把 50%社会保险金加到应纳税收入上去。如果政治家们想给低收入者以特殊待遇，减轻他们的负担的话，一部分社会保险金可以免税，而只把超过免税水平的那部分社会保险金列为纳税收入。这种方法可能把受益者推入更高的税收等级，但与真正实行的那个提议相比，它所造成的刺激不足还是比较小的。

鉴于是委员会建议，对社会保险金征税 50%的方案就显得很可笑。委员会提出，一个单身退休者，如其来自储蓄、私人养老金或工资的收入达 2 万美元(对已婚的一对退休者为 2 万 5 千美元)，就要把 50%的社会保险金加到纳税收入上。收入为 19 999 美元的单身退休者无需为其社会保险金纳税，而挣到 2

万美元的人就要把其中的 4 000 美元加到纳税收入上去，并交纳近 1 000 美元的附加税，边际税率为 100 000%。

在对委员会的提议大声抱怨之后，众议院对提案的观点，解决了一部分问题，而且几乎没有留下什么后遗症。当其他收入超过一定限度时，众议院对50%的社会保险金进行分阶段征税。和委员会所犯错误一样，这具有提高其他收入的边际税率的作用，然而，这种作用不太引人注目，它使对社会保险的受益者的收入的边际税率增加了 50%—77%。共和党占主导地位的参议院不能对共和党的主要选民——中等或较高收入的退休者——遭受如此打击坐视不管。一个共和党参议员（查菲）甚至使一个用于确定纳税人的收入是否超过了某一免税界限的修正案得以通过。这位参议员似乎已经下了决心，不让一个为退休而储蓄的老年人漏网。

1983 年社会保险法的结果是把私人退休收入为 26 000 美元的单身退休者的边际税率从 30%提高到 45%，而一个私人退休收入为 33 000 美元的已婚退休者的边际税率从 28%提高到 50%。那些有私人退休收入的仍在工作而且"挣钱"超过社会保险收入界限的社会保险受益者们到 1990 年将面临着超过100%的边际税率。

要理解所发生的事情，就要考察一下现在处于 30%这一税收等级的单身退休者的情况。由于他的私人收入高于所允许的界限，他的社会保险金就得交税。他的私人收入每高出界限 1 美元，他就要把社会保险金的 50 美分用于纳税，直到他把他的 50%的社会保险金用于纳税，换言之，超出这一界限后，每1 美元的私人收入就带来了 1.50 美元的新增纳税收入，这就把他的新增个人收入的税率提高了 50%，即从 30%上升到 45%(1.00×0.30 美元+0.50×0.30 美元)。如果这些新增收入使他进入了更高的税收等级，那么税率的增长甚或还要高。这一现象要持续到其 50%的社会保险金都被用以纳税，到那时，实际边际税率才会下降。

这种对社会保险金征税的方法并没有多大意义，它与里根降低边际税率，增加储蓄与投资的愿望是不一致的。一旦计划退休的人认识到，对超出一定界限的私人退休收入的惩罚就是把边际税率提高 50%—77%，他们的储蓄率就会下降。结果，人们就会更多地依赖于社会保险，从而使这一制度的长期问题进一步恶化。

如果你联系现在对工薪收入的限制来考察一下对社会保险金征税的相互影响,情况就更糟了,这一收入界限使退休者继续加入劳动力大军所挣的额外收入每增加2美元,社会保险金就要削减1美元。这就相当于对额外收入课以50%的附加税,这是高于联邦政府的边际所得税率的。在这种情况下,由于社会保险金的损失,许多退休者的额外收入的边际税率将超过90%。如果再加上对额外收入的工资税和州政府所得税,边际税率就超过110%。人们不禁要问,准备改善对人们的工作刺激的政府究竟要干什么?

参议员阿姆斯特朗使参议院正式通过了一个废除收入界限的修正案,但参议院把这一废除推迟到90年代。尽管如此,众议院还是坚持保留收入界限,最后达成了妥协,把对超过收入界限的削减社会保险金的惩罚降低了,即把收入每超过界限2美元削减社会保险金1美元,改为收入每超过3美元,削减社会保险金1美元。这使对超额收入变相征税的税率从50%降到33%,而使继续加入劳动大军的退休者所面临的边际税率从110%,左右下降到83%—98%。

这也是年龄歧视的一种形式,它也许在技术上没有触犯"反歧视法",但却违背了这一法律的精神。对这个社会保险一揽子计划的全盘否定,就是要排斥对老年人不依靠政府的鼓励,这种法律是为了平息由于对社会保险问题不合适的解决方法而激起的政治风暴,而把社会保险问题排斥在议事日程之外的极为草率的行动的结果。

国际货币基金组织和国际转移支付

实用主义地解决问题容易形成习惯。一旦由于在社会保险问题上的妥协养成了这种实用主义的习惯,政府就很容易同意增加对国际货币基金组织的资助。面对着经济衰退和国际债务危机,坚持原则似乎成了一种代价高昂的主张。

起初,总统和财政部是反对把给国际货币基金组织的资金增加50%的,尽管一些财政部官员决心至少要实现25%的增长。官方会把这个问题说成是出于外交原因的一次政治妥协。反对给国际货币基金组织更多的资金,并非出于对这个组织的敌意。总统的观点是,私人投资是经济发展的关键所在。而大多数第三世界国家，由于其国内的政治和意识形态原因，往往使私人投资很不安全。通过一些超国家机构，贷款汇集到第三世界和共产党国家以补偿被剥夺的私人财产，而我们正在援助那些与我们的原则不同或敌对的国家。一些里根派人士对不断累积的债务负担也十分关注，特别是当一部分钱被浪费在非经济项目上，以及被受援国的政客和官僚们挪为他用时，他们就更关注这一问题了。债务的累积会达到一定点，到了这一点，为了避免危机，这些债务将被永久性地拖延下去。国际货币基金组织曾经经历过法定债权的迅速增长，而第三世界国家对美国、西欧和日本的要求也在提高。私人商业银行认为借钱给国际货币基金组织和其他超国家机构支持的主权国家是安全的，于是，他们放心地把钱大量贷出去。而里根派则认为债务的累积是行不通的，我们必须抵制这种压力，把这烂摊子扔给别人。

当联邦储备委员会对被错误地认为是一种膨胀性财政政策作出过分反应时，这一方案遭到了失败。由于美国的通货膨胀率突然下降，联邦储备委员会一下子陷入了国内和国际的债务危机。当债务国的出口收入下降时，指望石油和初级产品价格上升的贷款已不再看好。对国际货币基金组织增加资助作为保护国内银行体系免于世界债务危机的一项必要措施，很快得到了支持。按照这种夸张的论点，一旦世界债务危机爆发，一切就都完了。国内和国际银行体系就要崩溃，第三世界国家就会落入共产党之手。实际上，除非联邦储备委员会放弃它给银行提供清偿能力的责任，什么危机也不会爆发，除了那种认为把过多的钱借给外国政府是安全而有利可图的，以及国际金融将向更谨慎而充满希望的方向发展的观点破产以外。

据说，我国政府并无意反对给国际货币基金组织以更多的资助，因为美国曾经是仅次于英国的国际货币基金组织贷款的第二个最大的利用者。换言之，美国自己也是滥用国际贷款的；那么，它现在是在起哄肇事吗？这个观点是许多不得不认为它是错误的政府官员提出的。当然，美国是利用过它的储备地位，但从未以此扩大其贷款份额。实际上，我们不是什么大借债者，不然，第三世界国家就不会要求增加国际货币基金组织的资金来源了，因为这将意味着他们要借钱给我们。

另一种论点是，美国经济已变得较多地依赖于出口，因而，如果我们不通过国际货币基金组织给外国人提供更多的钱来购买我们的商品，我们的经济复苏就会出现摇摆。与此类似的观点是，增加出口配额就等于增加了就业。提出这类观点的人似乎忘记了各国都有自己的贸易伙伴，不可能把他们所有的新贷款都用在一个地方。他们忘记了借钱是要付利息的，而负债国将处于削减进口、增加出口的压力之下。他们忘记了把钱借到国外，就是把美国的购买力从全部国产商品转向出口商品，从而为了增加对后者的需求而降低了对前者的需求。他们还忘记了国际货币基金组织的贷款一揽子计划要求增加美国私人银行对它的贷款。贷款的政治性分配取代了市场的作用。

贷到国外的钱就不能再借给国内有信誉的消费者，或用于购买美国政府和公司的债券。美国信贷市场的资金不断外流是一件尚未引起人们注意的特殊事件，尤其是保罗·沃尔克、戴维·斯托克曼和马丁·费尔德斯坦一直在强调国内市场没有足够的资金，以及必须提高税收以减少财政部从过于拥挤的金融市场上借债。增加给国际货币基金组织的资助，不仅要求财政部多借 84 亿美元的债，而且还使美国商业银行贷给国外的资金要几倍于这个数目。财政部长里甘告诉国会，从 1977 年到 1982 年中期，每借给国际货币基金组织 1 美元，私人银行就要贷给国外 4.30 美元，在帮助巴西摆脱债务危机的一揽子计划中，大约也是这样的比率。

1983 年 1 月 27 日，在联合经济委员会就国内经济问题进行讨论时，沃尔克警告说，除非削减联邦政府赤字，否则就没有足够的信贷以满足美国国内的需要，高利率对我们的经济复苏是起反作用的。显然，其言下之意就是，美国增加给国际货币基金组织的资助的代价，要么就是高利率和缓慢的经济复苏，要么就是高税收，再就是国防和社会福利开支的削减。但九天以后(2 月 2 日)，当沃尔克在众议院银行委员会为支持扩大对国际货币基金组织的资助而作证时，他把这些代价都置于脑后了。总统或许曾试图降低税率以恢复对国内生产的刺激，但当给国际货币基金组织增加资助以保护联邦储备委员会免于因其银根过紧而可能带来的国际金融体系的崩溃而遭受指责时，减税就退居第二位了。

当那种认为不增加对国际货币基金组织的资助，银行体系就要崩溃的论调把增加对国际货币基金组织的资助视为使银行体系摆脱困境的手段时，政府官员们都认为这种政策正是因其强调银行要把更多的钱贷到国外去而使银行体系陷于困境的。危机的原因就在于债务国所负债务已超出其偿还能力，以及银行过多地向国外贷款。政府高级官员们认为，这将使银行的处境更加险恶，负债国的债务更多。这种观点清楚地表明，政府认为，如果公众相信银行不会损失什么，对国际货币基金组织的资助就会增加。

在这些论调的掩盖下，国际货币基金组织的性质和特点正在发生变化。在正常情况下，国际货币基金组织的贷款应该是提供给那些发生暂时性贸易逆差的国家以资助其国际收支平衡的一种过渡性贷款。最近，国际货币基金组织对国际收支问题又有了一个扩大化的观点，并对那些进行“结构调整”的国家给予投资贷款。这些贷款旨在让这些国家通过投资于港口和工业建设项目以增加出口，或通过投资于本国能源项目以减少进口。贷款当然是有交换条件的，1981 年给印度的 55 亿美元的结构调整贷款，就是以印度大量从法国购买武器为条件的。

国际经济新秩序的鼓吹者们对国际货币基金组织还另有他图，并把它看作进行从“北”到“南”的财富转移的一个潜在机构。国际货币基金组织的贷款不应该对一个国家的债务进行永久性拖延。迫使一个国家通过削减进口、增加出口来实现平衡的贷款条件是强加于人的。这些条件可能会导致这些国家的政治动乱，但如果只有一个或少数几个国家遇到麻烦，国际货币基金组织的政策就能成功。

然而，许多国家要同时以国际货币基金组织所要求的方式进行调整是困难的。例如，巴西的主要贸易伙伴是墨西哥、阿根廷、尼日利亚，所有这些国家处境都很相似。在总体上，他们不可能都增加出口，减少进口。这就意味着国际货币基金组织必须放宽贷款条件，长期负担大量债务，把贷款变成一种财富转移，而国际货币基金组织就成了一个提供援助的机构。如果债务国只是处于一种暂时性的流动性危机——这是一个可以用宽延偿债期限来解决的问题，这样做似乎是一种不必要的冒险。

对于国际货币基金组织导致的这种困境，选择上述措施并不是违约。相反，债务可以重新协商延长到一个较长的阶段，以减少债权人的流动性需求。银行可以采取步骤建立自己的储备以应付给国外的贷款。然而，这一决策是为了解决这一问题，而不是针对现实问题的，正如在社会保险制度发生危机时所做的那样。

统一税

毛病拖得越久，用药也就越厉害，这个道理不仅对社会保险和国际债务问题是正确的，而且对经济刺激的税收负担也是如此。

里根总统为恢复经济增长而改变经济政策的努力在为1983年预算而进行的斗争中陷入困境。30年来，决策者们已学会了把经济衰退时的赤字作为支撑需求从而使经济免于进一步恶化的"自动稳定器"，但是，里根政府却把赤字当成一个政治问题，这就否定了正统经济学给以前的政府提供的对预算赤字的保护。正如《华尔街日报》在1983年1月的第一周的一篇社论中所指出的，"总统的计划遭到了夸张的赤字预测的破坏。"

解决这一僵局的方向——政府的高开支和高税收——抽掉了里根在执政第一年所达到的财政政策转变的精髓部分。由于决策者们把注意力集中于以提高税收来缩小经济衰退时的赤字，原来通过经济高增长来平衡预算的战略渐渐地在人们的视野中消失了。由于在预算问题上屡遭挫折，里根被迫妥协，接受了增加产业税这一措施，并计划以此使1983—1987年间的预算赤字缩减2 290亿美元。然而，经济衰退却更严重了，在1982年夏到12月行政管理和预算局提出方案期间，1983—1987年赤字计划扩大了6 120亿美元。

确立一项经济增长政策的努力由于预算赤字而陷入困境，这导致了政策方针的严重不协调。削减计划的预算赤字的政治压力很大，但如何削减赤字在政治上却并未形成一致意见。大量削减非国防开支难以实现，而必须增加国防开支又是人们的普遍观点。增加税收削弱了供应学派的政策，而且迄今为止，高税收也未能削减赤字。尽管实用主义的决策因在预算问题上未能达成妥协正在遭到失败，但通过实行一个统一税税收体制作出富有想像力的努力来解决这个问题的机会也没有得到利用。

统一税（尤其是基于消费的）给经济注入的刺激比以前的减税所带来的刺激要大得多。通过削减或取消大部分税收减免，边际税率将降到一个统一的低税率上，而不会有任何收益损失。更多的刺激意味着更高的经济增长。经济增长对政府预算来说是十分重要的，1950—1980年间，美国经济实际年平均增长率约为3.5%，这种增长在1980年产生了26 000亿美元的国民生产总值和 5 170 亿美元的联邦税收收入。尽管如此,政府仍有 600 亿美元的赤字。

如果每年的经济增长加快 1.5%,1980 年的国民生产总值将达到 4 万亿美元。经济增长通过私人途径使许多以前一直由政府用联邦预算供养的人从中受惠。其结果,不仅对税收收入的需要将减少,而且,国民生产总值用于纳税的比例的缩小却将产生更多的税收收入。26 000 亿美元的国民生产总值中大约有 20%构成了 5 170 亿美元的税收收入,而在国民生产总值为 4 万亿美元的经济条件下,只要 15%就能产生 6 000 亿美元的税收收入。这将平衡 1980 年的预算,还有盈余能用以减少国债,从而减少财政收入中的利息开支。

建立统一税的主要依据在威廉·西蒙任财政部长时所提出的财政部"基本税收改革蓝图"中就提出了。转向统一税体制的难易,取决于如何平衡这种转变所产生的收益和损失。例如,房屋主人将失去抵押利息减税优惠,但他们将从较低的税收以及对其所有收入增长的较低的边际税率中得益。

收益和损失的分配是一个需要考虑的重要问题,但是把注意力过于集中在分配问题上(尤其是静态地)是一个错误。对大多数纳税者(尤其是收入水平较低者)来说,经济增长仍然是进步的动力。扶植经济增长的税收体制本身就给人们提供了一个获得成功的机会。那些希望重新分配收入的人就有赖于政府的预算开支。它本身不是一种累进的所得税,而是政府重新分配收入的转移支付。通过税收制度来实现收入再分配的努力不利于鼓励富人去挣纳税收入。这已使中产阶级的税收负担变得难以承受。把税收体制用作一种提高收益和推动经济增长的有效工具,会变得更为敏感。如果收入再分配是必要的话,它就必须通过预算的开支方面来进行,并只把税收的增长部分地重新分配给穷人,而我们现在所采取的方法是对税收体制加上过重的负担。萧条的经济状况,不断增长的地下经济以及庞大的预算赤字已经向我们清楚地发出了危险信号。

想堵塞漏洞并保持累进的所得税以及对企业收入的法定高税率的税收改革者们常常是打着"公平"的旗帜进行斗争的。然而,改革并不仅仅意味着堵塞漏洞。许多所谓的税收漏洞是写入法律的,因为在高税收体制下,某些经济活动被窒息了,而税收漏洞是使经济活动继续存在的生命线。如果税率降低了,就像我们处于统一税体制下那样,漏洞就没有必要了。如果在不降低税率的条件下堵塞漏洞,经济活动就要被窒息,也就不会有政府税收收入的增长了。

对税收减免的分散进攻可能会由于它造成了对政府开支计划的巨大需求而遭到失败。例如，对额外社会保险金（如医疗保险）征税，以及取消医疗保险费和医疗开支的减税优惠，就增加了接受私人医疗服务的人的开支，增加了对公共医疗服务的需求。为了避免取消减税优惠所造成的对政府开支计划的需求的增长，反对税收减免的行动将不得不成为降低其他税收、提高经济增长的政府计划的一部分，以便人们能够得到自己所想要的东西。

鉴于现行税收体制对不同来源的收入有种种歧视和偏爱，统一税对所有收入都将一视同仁；鉴于现行税收制度是基于个人和所有者的婚姻状况和收入规模实行种种歧视，统一税对所有个人和所有者也将一视同仁。现行的税收制度对已婚的有收入者和在经济上取得成功的人们存在着歧视，要求他们承受过多的税收负担。当各种其他形式的个人歧视——种族、性别和年龄——被宣布为非法时，这种作法与时代是格格不入的。

公平，要求人们支付的税收与其收入相适应，在统一税体制下，就是这样的。但是，没有人证明过这一点，它也不可能被证明。支持累进性的“支付能力”论并没有说明累进性的税收制度是公平的；它仅仅说明，富人可以受到不公平的待遇，因为他们有这种支付能力。

除了公平以外，还有一个效率问题。在现行的税收法则下，它常常使处于高税收等级的人们不去进行有利可图的生产性投资——这既可以增加他们的纳税收入，由于其带来的就业增长，还可以提高别人的收入。当人们把精力放在使税收最小化而不是使收入最大化时，税收制度就有问题了。过去十年来失业率的提高就是这种促使资本脱离生产性投资的税收体制的后果之一。

统一税所带来的经济增长是相当可观的。在统一税体制下，边际所得税率与平均所得税率相等，对于挣钱多的人没有任何惩罚。所有的纳税者都将能保存比例大得多的未来收入，不管这些收入是来自技术的提高，加班工作，还是来自储蓄和投资。此外，一部分税收负担将从现在对生产性活动征税转为对地下经济活动征税，一部分将转向对那些逃避税收而不是产生税收的资本征税。较低的统一税将使地下经济活动变得不是十分有利可图，也将给税收基数增加更多的资本和经济活动。减税将降低商品和劳务的价格，鼓励劳动力就业。通过削减对股息的双重征税，它将鼓励用财产替代债务。

最公平的社会就是给人们提供成功的机会最多的社会。就此而论，现行税收体制对每个人都是不公平的。统一税税收体制将使人们获得成功,取得经济上的独立——而不是因此而惩罚他们。

恢复金本位制?

即使国会将接受威廉·西蒙的声明——这个国家称得上是“拥有一个像某个人故意设计的税收体制”,并进行一次根本性的改革,较低的统一税所带来的更多的刺激还会被不稳定的货币政策带来的不利后果所抵消。的确,由于货币政策的失败,在某些方面,里根总统的供应学派的减税观念并没有起作用。

如果货币政策继续失败,供应学派的财政政策也不足以使经济走上增长之路。在货币政策的指导下,相机抉择代替了原则。其论点是如果货币当局不为种种限制所束缚,并具有灵活的优点的话,他们能做得更好。然而,实际上,相机抉择的行为是不可预测的,因此,金融市场的不确定性提高了,而货币当局则以明哲保身的方法行动。取消对联邦储备委员会的约束是逐步的,在当今的不兑换纸币和浮动汇率的体制下,它似乎已经完成了。在公众看来,金融市场的稳定完全依赖于联邦储备委员会主席的信誉。

货币的不确定性是税收状况不佳的一种表现,对相机抉择管理的希望的破灭产生了通过对其行动加以约束使联邦储备委员会承担责任的要求。货币主义者要求对联邦储备委员会用数量性规则加以约束——要求中央银行达到事先宣布的保证适度、稳定和可测的货币供给增长的目标。金本位的鼓吹者们要求实行物价规则——确定美元相对于黄金的价值,从而要求政府保护这一价值。除非货币的不稳定性下降,否则,采取这些措施可能会结束联邦储备委员会的独立性,从而使中央银行成为财政部的一个组成部分。这本身不会清除在联邦储备委员会运转过程中的困难,或确立一项可行的规则。然而通过引入一种更为直接的政治责任,它可能增加对寻求一个货币稳定结构的政治刺激。

并非每个人都认为联邦储备委员会失败了。一些经济学家认为沃尔克以经济下降这一唯一办法对付了通货膨胀。从这一点出发,问题就是继续对付通货膨胀。联邦储备委员会听取了其学术顾问们的意见,说那将导致十年的痛苦和折磨。例如,在1983年5月12日的一次会议上,顾问斯坦利·费希尔(马萨诸塞理工学院教授)告诉联邦储备委员会的董事们,“如果联邦储备委员会决心保持与通货膨胀作斗争的成果,它就将冒在上次衰退后不久造成又一次经济衰退的风险。”费希尔认为对货币政策的合适的指导意味着鉴于对支配着货币政策并导致了几次危机的通货膨胀的关注,“对80年代的预期是,这十年将更接近于50年代”。为了使紧缩货币不至于提高利率,费希尔建议财政上实行紧缩,如提高税收,以削减政府的预算赤字。

费希尔的建议听起来像是一个旨在毁灭共和党的战略。但联邦储备委员会在经济开始出现强有力的复苏信号时,从艾伦·格林斯潘和马丁·费尔德斯坦那里也听到了类似的话。必须反对经济增长或经济增长将导致通货膨胀的观点对在职的政治家们有着严肃的含义。他们不仅得对付失业以及政策对生产的影响(这种政策可能会使增加的赤字超出提高税收所能弥补的范围),而且得对付多次经济衰退对社会保险制度和世界债务状况的影响。费希尔所提出的政策在政治上或经济上都是行不通的。必须找到一条途径以扶持经济增长,而不使通货膨胀的恐惧重新出现。

这个问题的一部分就是,人们在对通货膨胀作出过分反应之后,现在希望联邦储备委员会对失业作出过分的反应并使经济保持正常运行。每周的货币指标和联邦基金率的变动被市场的参与者们像品茶叶一般反复研究以求捕捉何时抛出“证券”的信号,“证券”一词是未能反映出在货币不稳定的环境里,持有股票和长期债券的风险的一个旧术语。(为了打破人们对经济周期的预期,里根政府曾想把通货膨胀率逐步降下来。)

其他人——包括一些凯恩斯主义者和金本位制的鼓吹者们,认为货币政策失败了,但并未指责联邦储备委员会。相反,他们指责货币主义者把货币主义政策强加给联邦储备委员会。作为一个华盛顿政策战的老手,我是唯一能对这种把这样的权力归于货币主义者的观点一笑置之的。拥有一个供给主义的总统和供给主义的财政部长的供给主义者们要把供给主义政策强加于政府还有些麻烦,而货币主义者已经把货币主义强加给了没有货币主义者的联邦储备委员会或委员会的官员。

在1981—1982年间,联邦储备委员会并没有使经济下降,因为它遵循了一条货币主义政策或者说注意了财政部的贝里尔·斯普林克尔或联合经济委员会的杰里·乔丹的意见。它突然刹车是因为受到了艾伦·格林斯潘、赫伯特·斯坦以及许多其他人的批评,他们说里根政府的财政政策过于扩张了,而且,不管联邦储备委员会在货币政策上如何行动,都不可能抵消扩张性的财政政策(尤其在基础性"通货膨胀"如此之高的情况下)。联邦储备委员会只能决定它将不再为膨胀主义的政府背包袱了,并把货币撇开不管了。后来,当联邦储备委员会惊讶地发现它使经济陷于崩溃并造成一场国际流动性危机时,它对自己以前的政策作出了反应,开始大量发行货币。几个评论家曾经对联邦储备委员会的明哲保身的行动加以掩盖,声称联邦储备委员会是遵循货币主义的,直到联邦储备委员会认为货币主义不起作用了,才放弃了货币主义,采取了物价原则,并开始盯住黄金价格。

金本位制对中央银行加以约束,并把政策放在原则的基础之上,而不是基于一种多变的实用主义;这样就把货币主义者本身的主要目标付诸实现了,即用规则代替了相机抉择。金本位制的真正敌人是通货膨胀主义者,而货币主义者不是通货膨胀主义者。通货膨胀主义者可以像他们无视数量原则一样无视物价原则。在某些条件下,固定汇率会对他们有利。当我听到供应学派经济学家罗伯特·蒙代尔和法国社会主义者密特朗都呼吁恢复固定汇率制时,我不得不认为他们头脑中的目标是不一样的。让美国支持法国法郎的固定汇率制将给密特朗的社会主义政策以更大的活动余地,不能保证固定汇率制的实际后果不是一部榨取美国的机器。

如果货币的不确定性再继续下去的话,黄金问题可能会扩展到更为广泛的领域:它将带来一个极大的政策转变,以致人们会认为政府坚持这一政策不会超过 6 个月。到了一定限度,只有回到一种固定的原则才能使过久地经历了实用主义政策的多变风浪的货币和财政环境保持稳定。

第 10 章
复辟与反复辟

在玩弄花招使里根总统陷于孤立地位从而不得不在 1982 年 8 月接受增税计划之后，总统的高级顾问们又为 1 月预算中的另一个增税计划拉开了序幕。总统预料到了这场斗争，1982 年 11 月 16 日，他在新奥尔良向美国储蓄协会联盟发表演讲时公开表明了他的观点。他警告说，取消或拖延第三年的减税或个人所得税的指数化，就是“向主张高开支的人们竖起投降的白旗”。里根明确表示了他对于赤字来自何处的观点：“宣传运动可能使人相信这些赤字是由我们所谓的大规模减税和增加国防开支所造成的”，但是，“一个不容回避的事实是：现有的和计划的赤字都来源于非国防性政府开支的大幅度增长。”两周以后，在洛杉矶向全国都市同盟发表演讲时，总统强调说，摆脱现在的赤字问题的唯一途径是：“刺激经济，提高劳动生产率。”

然而，总统的顾问们已经很久没有从他那里得到什么暗示了，因而就很快转向不承认他。12 月 1 日，《华盛顿邮报》上出现了一篇文章，报道说，总统对强有力的经济增长的呼吁已经引起了“某些政府官员的恐慌”。里根知道经济复苏将使他得以抵制增税的压力，他的顾问们也很清楚这一点。他们拒绝预测会削减赤字的经济复苏。斯托克曼又提出了他的赤字计划，这一次是每年 2 000 亿美元，并以一个新论点作为依据——这些赤字是结构性的，而不是周期性的，也就是说，即使在经济复苏时，它们也不会消失。

总统在 1 月份的国情咨文中预测经济复苏的任何希望都被新任命的经济顾问委员会主席马丁・费尔德斯坦化为泡影了。费尔德斯坦克服了财政部的反对,促成了1983年的实际增长率为微不足道的1.4%的预测。财政部的官员不可能相信费尔德斯坦这一远远低于正常经济复苏水平的预测。然而,费尔德斯坦到华盛顿来,正是为了给耽迷于"疯狂乐观的"供给主义者的预测的里根政府挽回名誉。他明确表示,不采用他的预测就等于让他辞职。在这位固执的新上任的经济顾问委员会主席面前,财政部长里甘屈服了。

总统又一次陷入困境。他的行政管理和预算局局长交给他一项极为可怕的巨额预算赤字的预测,而他的经济顾问委员会主席则预测在即将到来的一年里不会有真正的经济复苏。他的助手们已经把他的计划说成是一种失败,这就使他对他们的论点没有什么选择余地。为了经济复苏,里根不得不增加税收以减少赤字。

1983年1月25日,里根在国情咨文中提出了一个大规模的增税计划,包括对企业和个人的收入增收附加税以及对石油强征消费税,如果赤字不下降的话。既然总统的顾问们并不希望赤字下降,这就被看作是使里根接受不可避免的增税计划的第一步。

对预算赤字的过高估计和对经济增长的过低估计都因其"现实性"而受到新闻界的欢迎。肯·培根和鲍勃·梅里在《华尔街日报》上宣称,"新的预算反映了传统的共和党经济学对里根先生的前两个预算中所反映的供应学派思想的胜利"。总统几乎要落入陷阱了;然而,强有力的经济复苏的信号层出不穷,以至于费尔德斯坦的"谨慎的"预测没能维持一个星期。2月2日,费尔德斯坦在给国会作证时并没有为他的低预测辩护,相反却说,越来越强烈的信号表明,经济复苏即将到来。

接着,国会预算局1983年2月向预算委员会提交了一份报告。在一片要求提高税收的喧嚣声中,国会预算局加入了供应学派的革命。它强调,"除了给纳税者增加负担以外,所有税收都给经济增加了效率成本。几乎可以肯定,较高的收入和工资税是既不鼓励人们工作,在某种程度上也不鼓励人们储蓄的;而强征消费税会使经济上的各种选择产生不正常现象"。报告还指出,仅仅把增加税收推迟到经济复苏开始以后是不够的。在任何时候,"如果未经仔细计划,增加税收都会抑制投资和经济增长。旨在解决长期赤字问题的任何增税都必须加以计划,以便把它对经济复苏和长期增长的不利影响降到最低限度"。显然,国会预算局削减赤字战略的三个目标之一,就是"把对工作、储蓄和投资的刺激不足降到最低限度，并改善投资资源的分配”。

艾丽斯·里夫林没有参与对总统的攻击，国会预算局的报告出其不意地抨击了那些认为税收无关紧要而赤字却十分要紧的政府官员们的观点。突然间，他们对总统的支持好像还比不上国会的自由派民主党官员。的确，国会预算局预测的前景比政府预测的要好。1982 年 9 月，国会预算局提出了对经济和预算前景的最新预测；它表明，在高就业的基础上，1982—1985 年计划的预算赤字平均还不到国民生产总值的 1%，几乎没有一个数字能证明斯托克曼的悲观论调。

由于出现了被认为是不可能出现的经济复苏，里根更加坚定了他的观点——行政管理和预算局及经济顾问委员会对他的政策过于悲观了。他的顾问们曾告诉他，赤字将使通货膨胀加剧，然而通货膨胀率突然下降了；他们曾告诉他，赤字将使利息率居高不下，然而金融市场上却开始了奇迹般的恢复；他们曾告诉他不会有经济复苏，然而复苏却出现了；他们曾告诉他复苏将是微弱而不稳定的，然而实际上复苏却是强有力的。

面对着全面的失败，斯托克曼更变本加厉了。1983 年 4 月 18 日，他在内阁会议上声称，除非赤字被削减，否则经济复苏将无法保持下去；除非国会在预算问题上作出妥协(要求里根接受更高的税收)，否则今后每年的赤字将达到 2 000 亿美元。跟往常一样，斯托克曼的这个报告在会议后的几小时内就被透露给了新闻界。

4 月 20 日，史蒂文·韦斯曼在《纽约时报》上撰文写道，“即便从斯托克曼的标准来看，这种警告也是不足为信的”；当然，它也没有给里根的亲信，前行政管理和预算局局长，国防部长温伯格留下很深的印象。温伯格声称，总统应该否决任何不恰当的收入和拨款议案，而不是为他的税收和国防计划作出让步以适应国会。如果国会拒绝服从总统的领导，里根可以在 1984 年的大选中把这个问题公之于众。温伯格的观点是得到了里根的另一个亲信、国家安全顾问克拉克的支持。

吉姆·贝克一派看到了这个挑战，在报纸上发动了一次惩罚性的进攻。1983 年 4 月 9 日，一个身份不明的白宫官员在《华盛顿邮报》上抱怨说，温伯格和克拉克的“不妥协态度”激怒了参议院预算委员会主席多梅尼西，致使该委员会把总统的国防开支增长指标削减了一半。克拉克被白宫顾问们说成正在把总统引向一条“军事化的道路”。第二周,《时代》和《新闻周刊》上都出现了对克拉克的攻击;这位国家安全顾问被指责为“在外交事务上缺乏专门知识”,“在政治上不敏感”,“在智力上也有缺陷”,等等。

在对付财政部和总统的国内政策顾问马丁·安德森以及政府中的其他里根派时,反对派也运用了同样的伎俩。实质一清二楚:要么迫其退出,要么使其在报纸上被搞得身败名裂。然而,这种伎俩已经过时了,因为越来越多的人注意到了所发生的一切。国会中的里根派很快转向支持温伯格、克拉克的观点,即总统不需要预算决议案,从而也不需要妥协了。众、参两院都发出了相当多的署名信,保证否决任何撤销第三年的减税和个人所得税制指数化的议案。34 名参议员和 146 名众议员要求总统否决任何进一步反对其税收政策的议案,并保证支持他的行动。总统再也不需要为保护减税而在预算问题上进行妥协了。

总统知道,减税被他的一些高级官员和参议院的共和党人歪曲了;他们把减税夸大到如此地步,以至于“损害了税收基础”,导致了2 000 亿美元的结构性赤字。这些指责与官方统计是不一致的,官方统计预测 1983—1986 财政年度的税收收入为国民生产总值的19.2%,比 70 年代的平均 18.9%和 60 年代的平均 18.6%都要高。国会预算局指出,1986 年的减税只是使作为国民生产总值一部分的税收接近于六七十年代的水平。还有人指出,19.2%这个数字,是基于费尔德斯坦的较低的经济增长预测,因而很可能还没有充分反映实际情况。

1981 年的“大幅度”减税实际上到 1983 年就已经停止了。在国会的听证会上,财政部长里甘清晰地阐述了减税是怎样被 1982 年的增税、石油税议案、不断的税级上浮、以前计划的社会保险税的增长和社会保险救济计划等等所蚕食的。

斯托克曼在 1982 年夏天促成的增税也破坏了他的事业。这次增税说明,提高税收不可能补偿不稳定的经济所导致的收入的不断下降。1982 年夏天,总统被告知,“税收公平和财政责任法”(TEFRA 法)将使政府收入增加 2 290 亿美元,并使 1983—1987 年的赤字计划削减 4 070 亿美元。与此相反,到 12 月份,赤字预测却增加到三倍,达到 12 480 亿美元(见表 10.1)。然而,财政部从某一个部门(即实际非住宅建筑)在 1981—1982 年衰退期间的情况中又发现了一线光明;在这一部门,1981 年的减税绝大部分都未被税收公平和财政责任法所抵消。经历了衰退以后，投资结构仍保持在衰退前的水平之上，而没有像以前七个经济周期那样出现下降（见图 10.1）。明显的迹象表明，如果税收没有提高的话，经济衰退的严重程度就会轻一些。“税收公平和财政责任法”还表明，政府开支的削减不能以增加税收为代价。事实上，在 1982 年增税时许诺的每增税 1 美元就削减政府开支 3 美元的比率从未兑现过。

表 10.1 联邦政府赤字和收入预测(单位:10 亿美元)

	1983	1984	1985	1986	1987	总计
① 实施税收公平和财政责任法的收入	22	35	43	58	71	229
② 税收公平和财政责任法实施后的赤字	115	93	74	66	59	407
③ 税收公平和财政责任法实施前的赤字	137	128	117	124	130	636
④ 9 月份的赤字	185	187	204	226	236	1 038
⑤ 12 月份的赤字	223	229	247	269	280	1 248
赤字的增加额(④—③)	48	59	87	102	106	402
赤字的增加额(⑤—③)	86	101	130	145	150	612
赤字的增加额(⑤—④)	38	42	43	43	44	210
赤字的增加额(⑤—②)	108	136	173	203	221	841

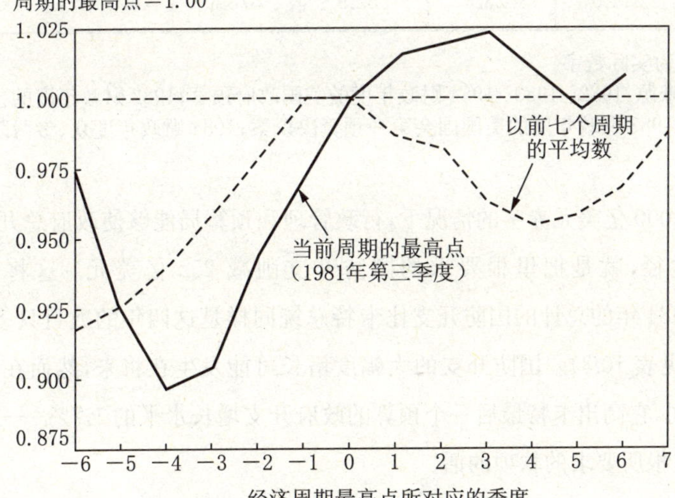

图 10.1 实际非住宅建筑

由于减税缩小了，政府开支急剧增长。从 1981 年 3 月里根提出他最初的

1981—1984年预算计划，到1983年1月他再次提出预算计划，不到两年的时间内，1981—1984年这四年的非国防政府开支就增加了2 118亿美元(见表10.2)。保守派开始怀疑罗纳德·里根是否将作为一个主张高支出者参加第二次竞选。玛格丽特·撒切尔竞选连任时的讲演是个不祥之兆。1983年5月14日，伦敦《每日邮报》引用了撒切尔对批评者们的反驳："他们说我们将取消国家医疗服务，而我们在医疗服务上的政府开支却几乎增加了一倍；他们说我们将削减教育经费，事实却恰恰相反，花在每个孩子身上的政府开支超过了所有时期的记录。"

表10.2　里根总统的非国防性政府开支计划和国会实际批准的数额(单位:10亿美元)

	1981年3月里根提出的计划	1981年5月国会实际批准的数额	1982年1月里根提出的计划	1982年6月国会批准的数额	1983年1月里根提出的计划	1983年7月国会批准的数额
1981	493.1	498.5	—	—	497.4[a]	—
1982	506.5	506.7	537.8	546.5	541.0[a]	—
1983	506.0	509.2	536.5	555.9	590.4	598.6
1984	514.6	523.2	552.9	578.6	603.2	618.9

注：a.为实际数字。

资料来源：1982、1983、1984财政年度的美国政府预算；1982财政年度的预算修正案；1982、1983财政年度的美国国会第一预算决议案；1984财政年度众、参两院联席会议报告。

在2 000亿美元赤字的情况下，行政管理和预算局能够使政府总开支增加的唯一途径，就是把里根要求的国防开支削减252亿美元。这将使里根1981—1984年的总计的国防开支比卡特总统同样是这四年的数目只多了136亿美元(见表10.3)。国防开支的大幅度增长可能发生在将来，然而在1981—1984年间，它高出卡特最后一个预算的政府开支增长水平的1.7%——如果国会拨出里根所要求的款项的话。

由于事实得到了澄清，那种认为里根庞大的国防开支和庞大的减税由于巨额的结构性赤字而威胁着1983—1984年的经济复苏的指责已经没人相信了。而且，人们开始注意到，突然出现的戴维·斯托克曼的结构性赤字使得经济衰退中的周期性赤字也相形见绌了。根据行政管理和预算局估算，1983年

表 10.3　政府预算所计划的国防开支及国会实际批准的数额(单位:10 亿美元)

	1981 年 1 月卡特提出的计划	1981 年 3 月里根的修正案	1981 年 5 月国会实际批准的数额	1982 年 1 月里根提出的计划	1982 年 6 月国会实际批准的数额	1983 年 1 月里根提出的计划	1983 年 7 月国会实际批准的数额
1981	161.1	162.1	162.9	—	—	159.8[a]	—
1982	184.4	188.8	188.8	187.5	187.6	187.4[a]	—
1983	210.4	226.0	223.1	221.1	213.9	214.8	214.3
1984	237.8	255.6	250.6	253.0	243.3	245.3	240.0

注:a.为实际数字。
资料来源:与表 10.2 同。

的赤字只有 31%应归于周期性因素(经济衰退),69%是结构性的。行政管理和预算局把赤字的大部分归咎于结构性因素,这与它自己在 1982 年 11 月发布的测算是不一致的;那次预测认为,每一个百分点的失业率都使 1983 年的预算赤字增加 350 亿美元。而 1983 年失业率的预测是将近 11%,而不是 6%,这样,1983 年的赤字将包括 1 750 亿美元的失业赤字;政府自己也这样认为。1984 年的预算文件说,“在今后 6 年内,与 1984 年预算中所作的谨慎的预测相比,实际国民生产总值的年平均增长率将高出1.33%,这将使预算在 1988 年达到平衡。这个高增长方案是根据以往历史经验而制定的。”归根结底,庞大的结构性赤字还是基于没能维持一个星期的费尔德斯坦的预测。

其他方面对行政管理和预算局关于结构性赤字的估算也提出了疑问。1983 年 3 月 9 日,经济合作与发展组织在一个题为“结构性预算赤字和反经济衰退的财政政策”的研究报告中估计,美国的结构性赤字只有“官方估算的一半”。该组织还指出,“结构性预算赤字的出现与大多数经济合作与发展组织国家在经济迅速扩张之后出现的始难逆料的低经济增长率有关。由于公共开支未能像收入那样很快地适应长期较低的经济增长,因而就出现了持续的赤字”。换言之,解决经济增长问题的方法不是靠增加税收。1983 年 4 月 23 日,商务部经济分析局的预测所估计的赤字也比行政管理和预算局要低,它认为 1984 年和 1985 年的结构性赤字分别为 661 亿美元和 883 亿美元,而行政管理和预算局的预测则要比它高出二倍。

1983年5月17日，真正的里根总统东山再起了；在那天的记者招待会上，他充满信心地说：

> 现在是划定界限并与民众站在一起的时候了。在我们走出经济衰退之际，我不会支持有关提高税收的预算决议案。我将否决任何想这样做的税收议案……美国人民选我们上台，不是让我们继续增加他们的税收和在浪费性的计划上增加更多的开支，或者削弱国防；他们把我们送到这里是为了制止这些活动。这也正是我们将竭力要做的事情。

总统的顾问们明确表示，里根将不得不在没有他们帮助的情况下做这些事情。5月21日，《华盛顿邮报》上出现了题为"里根的顾问们支持增税"的头条新闻，文章介绍了"已向总统提出的"到1985年1月1日增税450亿美元的白宫计划。第二天，《华盛顿邮报》报道说，总统对此计划不感兴趣，他说："这也许是政府中某些人的态度，但绝不是我的态度。"

1981—1982年间，从供给方面来研究经济政策的方法，一部分成了货币政策失败的牺牲品；一部分成了高级顾问与总统的内部斗争的牺牲品；一部分成了新闻界对供应学派的攻击的牺牲品。经济复苏和上述事实解除了这些压力。但到1983年6月，总统还不是完全自由的，他的许多顾问仍然公开显示出悲观主义，尽管商务部长鲍德里奇已经指出，这可能是一次30年来最强有力的经济复苏。到了年中，显然，1983年的实际经济增长不仅高于费尔德斯坦1月份的预测，而且高于供应学派的"疯狂乐观的"估计。一度对供应学派的1983年实际经济增长率为5%的预测作过极度贬低的费尔德斯坦，6月21日也宣称他现在认为该年的经济增长率将为5.5%，比"乐观的方案"提高了10%。同一天，商务部长鲍德里奇说，在今后两年内，经济增长可能高于5%。许多曾讽刺过供应学派的私人预测家们都一拥而上，提高了他们的预测。

然而，费尔德斯坦和斯托克曼却转而致力于不让经济复苏使总统对"庞大的结构性赤字"掉以轻心。在年中重新预测时，他们声称1983年和1984年较高的实际经济增长率不会把未来年份的国民生产总值水平提高到1月份的预测水平之上。其结果是，尽管经济复苏了，但1988年的国民生产总值的预测将保持在同样水平上。这就是总统的顾问们认为经济复苏不会削减结构性赤字的原因所在。那些顾问们想把未来的经济增长预测得低一点，以抵消目前的高增长；在这种预测方法的指导下，经济复苏的唯一作用就是把未来的经济增长移到现在。由于经济复苏在长时期内将会消失,因而它就不可能减少赤字。

在经济政策方面,总统的支持者比以前更少了,而货币政策的危机却正在酝酿之中。很多经济学家相信,联邦储备委员会慑于它以前采取的过于紧缩的货币政策所造成的后果,已经使货币增长再次失控。政府的高级官员们要求沃尔克采取紧缩政策以避免通货膨胀的复苏;换言之,总统的一些顾问们过多地把这次强有力的复苏看作是一件好事,并愿意把高利率作为一种使经济复苏稳定下来的方法。6 月 21 日,当格林斯潘说,"从现有水平来看,一个适度的利率上升看来不会使现在正在进行的经济高涨夭折"时,他已开始为此铺平道路。

如果总统的经济计划能得到他所有顾问的支持,那就可能有一个统一的论调来解释,高利率只是一个在货币方面进行必要调整的暂时性结果,它将能恢复对货币供应量的控制。然而,在政府中,有这么多官员为了不担风险而声称利息率取决于赤字或财政政策,而不是取决于货币政策,所以现在就不会有一个统一的论调。一旦利率上升,不管是由于货币紧缩,还是由于货币的迅速增长不能为市场所承受,总统的官员们都有机会针对赤字声称"我们早就告诉过你结果会是这样的"。他们能使总统重新处于防守地位,并迫使他提高税收。里根政府头两年半的经历表明,没有任何力量能阻止总统的官员们这样做。当联邦政府的开支作为国民生产总值的一部分而增长时,里根已经被推向一种以增税来平衡预算的政策。

尽管沃尔克正在继续停停走走地推行货币政策,很多政府高级官员对他重新被任命为联邦储备委员会主席仍表示强烈支持。6 月 9 日,总统对此进行了抵制并公开声明,鉴于 1981—1982 年期间沃尔克的货币政策,"如果这根绳子没有拉得这么紧和这么长,我们也许不会有如此之深的经济衰退。"看来,总统确实知道他所面临的问题;面对着为沃尔克的重新任命而进行的这场配合默契的斗争,以及新闻界提出的各种问题的围困,里根屈服于这种压力。6 月 18 日,他宣布了对沃尔克这个给他带来了经济衰退并使他的经济计划名誉扫地的民主党人的重新任命。

通过重新任命沃尔克再次担任联邦储备委员会主席,里根实际上使货币政策避免了为经济衰退和高利率承担责任。沃尔克与费尔德斯坦和斯托克曼持同样观点,即认为,为了使放松银根的货币政策持续下去,增税是必要的;当放松银根使利率下降从而使投资高涨时，提高税收将使通货膨胀下降。

在反对总统计划的斗争中，真正的元凶是那种认为以增税来弥补预算赤字比让财政部借债来弥补赤字对投资和经济增长更为有利的论调。从这种论调来看，债务负担将通过提高利率落在投资上，而税收负担则将落在消费上。显然，这种所谓"税收挤占消费，借债挤占投资"的观点，只能是一种奇谈怪论，缺乏经验的和有分析的证明。而这个观点的可信性又依赖于几个软弱无力和不可靠的人。马丁·费尔德斯坦和奥托·埃克斯坦在1970年发表过一篇文章。他们通过分析1954—1969年的实证材料，发现私人部门所持有的公债每增加10%，资信最高的公司债券的利率就提高15—28个基点。换言之，公债的大量增加，只能造成利率的微弱上升(公债增加1个百分点，利率上升1/4个百分点，甚至更少)。

但是，当财政部用1969—1982年的材料对"费尔德斯坦—埃克斯坦方程"进行重新验证时，这一方程却没有得出同样的结论(实际上，公债的增加与利率的下降是一致的)。显然，这一方程不能作为对利息率和赤字的关系作经验主义表述的基础。财政部并不是唯一对此表示怀疑的；大量的其他方面的研究也未能支持费尔德斯坦的结论。

征税比借债更为可取的观点在经济分析中也是可以商榷的，因为它假设较高的税收不会减少私人部门的储蓄或投资的税后收益率。这样的税收是很难找到的，当然这不包括1982年的"税收公平和财政责任法"；也不包括取消第三年的个人所得税率的削减或取消税收指数化，以及对企业和个人的收入强征附加税。

"税收公平和财政责任法"应该通过增加收入从而降低预算赤字和利率来帮助投资。但是事实却相反，它通过增加税收从而使企业更多地依赖于借债以资助投资而减少了产业部门的现金流动。由于企业信用等级低于财政部信用等级，企业借款遂为财政部借款所取代，这就促使利率提高。此外，税收公平和财政责任法通过提高厂房和设备的税后成本直接降低了投资的收益。税收公平和财政责任法能对降低利率有所贡献的唯一途径就是通过削减私人投资来减少信贷需求。请读者注意这种本末倒置：政府想通过增加收益和降低利率来增加投资；然而，实际上它却要通过减少投资来降低利率。

许多人还有这样一个错误观点——对个人收入征税，除了减少对产品的需求以外，对企业没有什么不利后果。他们相信，个人收入的高税率能削减政府赤字和降低利率，因而对企业是有帮助的。然而实际上，较高的个人税率削减了私人部门的储蓄，提高了企业的信贷成本和劳动力成本。财政部在考察肯尼迪减税的影响时发现，个人储蓄率上升了。这表明，如果税率上升，储蓄率就会下降；的确，由于税级上浮把储蓄推向更高的税收等级，储蓄率下降了。

对企业来说，较高的所得税率提高了劳动力成本，从而损害了其产品在国内和国际市场上的竞争力。工人的边际税率越高，对企业来说，使其工资不受通货膨胀的影响或实现其实际工资增长的代价就越高。由于增加的收入是根据工人的最高税收等级来征税的，因此，税率越高，相对于净工资所需要的总工资也越高。

这并不是说赤字对经济是一件好事。但是，这意味着那种认为高税收比高负债更为可行的论点完全是未经验证的。因此，这种未经验证的论点被用来作为反对总统降低税率和增加经济刺激的努力的手段是不负责任的。成功的经济的关键就是刺激，忘记了这一点，任何经济政策——即使是削减赤字的政策——都必将失败。

费尔德斯坦的论点遭到了失败，不只是因为论据不足。作为其基础的方程忽略了1954—1969年发生的税收变化——在这一时期曾发生过肯尼迪减税，这些减税提高了工厂和设备的税后收益率，它能提高企业对投资资金的需求，从而提高利率。这比赤字更能解释较高的实际利率。它们是经济增长而不是一次夭折的经济复苏的预兆。另一方面，财政部用来重新验证这个方程的时期包括一段时间的对投资收益的税收增加(特别在70年代后期)、收益率下降以及利息率下跌——即一段时间的经济停滞。较高的实际利息率并不可怕，如果它是较高的资本收益和经济增长的象征的话。

当政府面临传统的或暂时的赤字时(诸如在经济衰退时所导致的赤字)，借债是比增税更为有效的弥补赤字的方法；税收常常落在对资源利用得最有效的人以及商品和劳务的生产者身上。然而，在一个富于成效的资本市场上，政府借债把资源从利用效率最低的地方转移出来。鉴于国会增加税收的任意性，以及它很少或不考虑不同税收对就业、储蓄和产出的经济影响，借债是最安全的方法。增加税收——经常变成永久性的——决不能用于弥补暂时性赤字。在政府开支增长快于经济增长而产生赤字的情况下，提高税率是自己给自己拆台。征税不是控制政府开支增长的失败的替代物。

经济学家们最终也许会精明地分辨出增加私人财产的赤字和损害这种财产的赤字之间的区别。由于削减边际所得税率而产生的赤字强化了人们用他们的工作以及他们的人力资本、金融资本和实物资本来创造收入的要求，这种赤字可能只是暂时的，因为它们与刺激的提高相伴随，并将产生出更大的税收基础。另一方面，由于转移支付和津贴的增长而产生的赤字，通过把一部分收入来源转给他人而损害了人们以他们的劳动和资本来创造财富的要求。其结果是，生产性刺激下降，致使税基的增长下降；随后，政府用通货膨胀的办法所实现的税基的增长又取代了实际经济的增长；而对一般收入增长征税，进一步损害了这种创造财富的要求。

不论里根总统与其助手们的斗争结果如何，除非经济学的艺术和科学屈服于马克思主义的幻想，逃避现实而变成纯粹的数学，或者在工业政策的幌子下建立一个计划体系而变得与此无关，供应学派经济学最终是要获胜的。我们有几十年的经验，事实可以表明对经济活动刺激不足的后果，从中国和苏联到欧洲的福利国家都是如此。显然，刺激不足使中央计划、政府投资计划和保持总需求的目标受挫。另一方面，我们又有充分的材料可以说明良好的刺激所产生的与之相反的作用。只有自由的人才是有生产能力的人和有远见的人。然而，当他们创造财富的权力被利益集团的政治学所葬送时，他们就不再是自由的了。供应学派经济学是自由社会的经济学。在任何地方，只要自由本身占优势，它就会占优势。

译后记

一

在26年前的一次聚会中，陈昕、石磊找我商量，想在上海出一套全面引进和介绍当今世界哲学社会科学领域出现的新学科、新思潮、新观点的大型翻译丛书，冠名“当代学术思潮译丛”。我拍案叫好。陈昕的眼光和胆略总是令人信服的。

随后就开始了紧张而有条不紊的筹备工作。先是确定“译丛”由上海翻译界最权威的上海译文出版社出版，然后是找人，成立“编辑委员会”。陈昕、石磊推荐上海译文出版社社长、著名翻译家汤永宽先生担任主编；陈昕和我担任副主编。我们邀请复旦大学、华东师范大学、上海社会科学院的一批著名青年学者担任编委，他们是(以姓氏笔画为序)：王沪宁、王晴佳、张汝伦、陈琦伟、汪耀进、武伟。记得我在复旦与王沪宁商谈此事时，沪宁当即爽朗地答应了，并对“译丛”选题提出了他的要求：一定要新、精、高。当时我与沪宁稔熟，彼此除了见面交谈，还以书信交换看法。他的淡定、深邃和勤勉给我留下了极深的印象。

编委会成立以后召开了几次工作会议，议题主要是遴选和确定选题及译者。沪宁推荐了西方政治学的名著：达尔的《现代政治分析》，并由他本人亲自翻译。我推荐了我在研究里根经济学过程中发现的美国学术界的一部最新著作《供应学派革命：华盛顿决策内幕》。编委会确定的“译丛”第一辑的其他著作有：《熵：一种新的世界观》、《从无序到有序》、《系统、结构和经验》、《第三思潮：马斯洛心理学》、《结构主义和符号学》、《比较政治学：体系、过程和政策》、《当代史学主要趋势》、《大众传播模式论》，合计十种。

“译丛”第一辑于1987年2月正式推出，轰动一时，受到读者和媒体的热捧，因其封面为黄色，被称为“黄皮书”，总发行量超过百万册。

第二辑14种，于1988年12月推出，续演轰动。在这辑中，沪宁推荐了亨廷顿的《变动社会的政治秩序》（这应是亨廷顿名著在大陆的最早译本了），我和虞虹翻译了《理性预期：八十年代的宏观经济学》。

1989年5月中旬，编委会在北京京西宾馆召开“译丛”新闻发布会，名家云集，声誉远播……

二

20多年过去了。

2008年，国内媒体联合评出改革开放“30年中国最具影响力的300本书”，《供应学派革命》名列其中。这一年的一个偶然场合，冯江华教授突然拿出这本纸张早已发黄的书要我签名，我一时语塞，呆了半天才在扉页写下了“岁月如歌，理想不灭”。

2009年夏，在陈昕的支持下格致出版社隆重再版我1987年出版的专著《论里根经济学》，发布会上胡锦华、俞惠煜、陈振鸿、邓伟志、戚本禹、邓正来、钱文忠、萧功秦、谢春彦、朱大可、董锡健、康从之、王昌达、万雯娟、陆红军、卢明明、李韦森、钱宏、何元龙、曹锦清、谭建忠、于向东、吴申等到场祝贺。

2010年夏，在上海银河宾馆举行的我的五卷本文集的首发式上，特地从南京赶来的独立经济学家袁剑先生在讲话中突然提道：他的书架上迄今还放着《供应学派革命》一书，全场先是静默，后是长时间的掌声……

其后，格致出版社何元龙社长拍板决定：2011年春天再版我在20世纪80年代的两本重要译著：《供应学派革命》和《理性预期》。无疑，这两本书是当今西方经济学中两个重要流派的开山之作。

三

即使以今天的眼光来看，这两本书也确实没有过时。我这样说的意思是，它们不光有学术价值，而且具有相当的现实意义。

凯恩斯将经济危机的原因解释为“有效需求不足”。供应学派则反其道而行之，认为“供应不足”才是问题所在。2008 年金融危机，中国以 4 万亿财政增加“供应”，供应学派的幽灵已经徘徊于京城决策圈。

至于理性预期，早已成了现代经济活动中不可或缺的要素。有预期，才会有对策。对策就是对政府政策的应对之策。有什么样的预期，就会有什么样的对策。在一定意义上，政府制定政策的成败决定于公众预期。温家宝说，对付通货膨胀最重要的是改变民众对通货膨胀的预期。如此精准、专业的话出自中国总理之口，理性预期学派的先生们应该开香槟了。

四

此外，这两本书在沉闷的经济学叙述中，仍然闪烁出思想的熠熠光芒：

> 这些年来，对我们的经济制度的指控是颇为尖锐的。市场经济常常不再被看作是一种改善个人自身境遇的制度，而是一种压榨贫穷而不幸的人们的冷酷无情的机器。(《供应学派革命》，第 63 页)

> 社会保险制度的任何变革在政治上都将是敏感的，甚至那些用以弥补暂时的财政问题的变革也是如此。然而，短期的危机却是从总体上重新检查这一制度的一个机会。(《供应学派革命》，第 234 页)

> 毛病拖得越久，用药也就越厉害……只有自由的人才是有生产能力的人和有远见的人。然而，当他们创造财富的权力被利益集团的政治学所葬送时，他们就不再是自由的了。供应学派经济学是自由社会的经济学。在任何地方，只要自由本身占优势，它就会占优势。(《供应学派革命》，第 260 和 281 页)

> 经济研究不能像醉汉漫步那样靠碰运气来进行。确切地说经济研究的方向有赖于世界的态势。由于现有的理论在解释这一时期萧条的经济状况方面宣告失败，理性预期理论便应运而生了。然而，经济研究者们还是倾向于像在路灯光下找汽车钥匙的醉汉那样处世行事，而不是在黑暗中摸索……经济学家们在果断地平息他们的论战方面的无能是经济思想复杂化的原因之一。实际上，对通货膨胀原因的解释没有一种已被证明

是不能成立的……理论卷入复杂的政治实践给理论本身带来了问题……认为政府有办法采取控制经济的强有力政策的观点一直是以(政府干预派)宏观经济理论为基础的,而现在这一巨变不仅打破了政府控制经济的政治神话,而且动摇了经济学家们对具有决定性力量的财政政策和货币政策的信念。(《理性预期》,第2,6,8,9页)

五

2011年的春天来临了。

一本书能够在出版24年后再版,怎么说都是幸运的。顺便说一下,24年前在中国出翻译书是不存在版权问题的,出了也就出了。现在却不同,这次再版,格致出版社是花了美元向原作者购买了相关版权的。这也折射出中国的进步及与国际社会的接轨。

不过,这个春天也是令人忧伤的,继前些日子的新西兰地震、云南地震之后,日本又发生了史上最惨烈的地震和海啸,万人涂炭,更有核泄漏……帅霆(我16岁的儿子)问我:为什么人类越成功,灾难就越多?

是的,人类应该共同回答这个问题了。

这些年来,我一直困惑于经济学的贫乏和无能。经济学无法解释的事太多了。我知道没有一个学科是万能的,经济学解释不了经济以外的事情。所以,经济学家只懂经济是远远不够的。经济学家还应该研究政治、历史、法律、宗教、哲学、社会以及与人类命运相关的自然科学……

我想说,对人类前途和命运的刻骨牵挂、魂牵梦绕,应该是经济学家,不,应该是一切有良知的知识分子的基本品质和职业操守。

——写于上海浦东滨江

图书在版编目(CIP)数据

供应学派革命:华盛顿决策内幕/(美)保罗·克雷·罗伯茨著;杨鲁军等译.—上海:格致出版社:上海人民出版社,2018.8
(格致经济史译丛)
ISBN 978-7-5432-2889-4

Ⅰ.①供… Ⅱ.①保… ②杨… Ⅲ.①供应学派-现代资产阶级经济学-美国 Ⅳ.①F097.12

中国版本图书馆CIP数据核字(2018)第152557号

责任编辑 张宇溪
装帧设计 路 静

格致经济史译丛
供应学派革命
——华盛顿决策内幕
[美]保罗·克雷·罗伯茨 著
杨鲁军 虞虹 等译

出 版 格致出版社
上海人民出版社
(200001 上海福建中路193号)
发 行 上海人民出版社发行中心
印 刷 苏州望电印刷有限公司
开 本 710×1000 1/16
印 张 16.25
插 页 1
字 数 251,000
版 次 2018年8月第1版
印 次 2018年8月第1次印刷
ISBN 978-7-5432-2889-4/F·1134
定 价 58.00元

上海市版权局著作权合同登记号:图字 09-2011-060 号

格致经济史译丛

供应学派革命

保罗·克雷·罗伯茨　著

制度变迁与美国经济增长(即出)

兰斯·E.戴维斯　道格拉斯·C.诺思　著

荣衰互鉴:中国、俄罗斯以及西方的经济史

弗拉基米尔·波波夫　著

紧缩——一个危险观念的演变史

马克·布莱恩　著

信贷立国——疆域、权力与欧洲政体的发展

斯塔萨维奇　著